バングラデシュ、貧困の村で立ち上がる日本人と仏教系先住民たち

仏陀バンクの挑戦

伊勢祥延【著】
Ise Yoshinobu
上川泰憲（四方僧伽 Catuddisa Sangha 代表）【監修】
Kamikawa Taiken

集広舎

インタビュー　絶望を希望に変える仏陀バンク

四方僧伽代表　上川泰憲（聞き手：集広舎編集部）

仏陀バンクとは

編集部：まず仏陀バンクがどういうものか教えてください。

上川：仏陀バンクは私たちの団体「四方僧伽《しほうさんが》」の主要プロジェクトの1つとして、2009年に始まりました。最初にカンボジア、タイ、ミャンマーで一定の成果を上げ、本書で書かれたバングラデシュは2010年に開始しました。仏陀バンクが進める活動は現地のお寺を通じて村人に小規模融資をする仏教ベースのマイクロクレジットです。

編集部：マイクロクレジットとは、支援などによる資金をもとにして、貧しい村の村人に少額の資金を貸し出し、経済的自立を促すものですね。本書（第1章NO6）を読むと、たとえば100人規模の村の場合、原資10万円を村人10人に1万円ずつ貸し、借りた村人は毎月千円ずつを返済。1カ月後には10人から千円ずつの1万円戻ってくるので、それを新たな村人へ貸し出し、翌月の返済額も新たな村人へ貸し出されます。こうしたことを続けて、少額融資の対象者が増えていくわけですね。仏教ベースとはどういうことなのでしょうか？

上川：仏教ベースというのは、仏教徒なので信仰心があることが前提となってお金を貸し出せることです。仏陀バンクは「人を信頼する」ことからスタートしています。具体的には、貸し出すお金に利子を付けません。通常、お金を銀行などで借りる時には利息や担保が必要になります。あのノーベル平和賞を受賞したマイクロクレジットのグラミンバンクでさえ、5人の連帯保証人と20パーセント近くの利息

▼四方僧伽▲

「四方僧伽」は仏教の言葉で、「四方」とは、あらゆる方角を表わし、「僧伽」とは、4人以上の出家者の集団を原意とする言葉。「四方僧伽」には、国籍や言葉、宗教の違いも、生まれ、地位、貧富、身分、肌の色の差別もなく、出家と在家の区別もないとされる。一般社団法人「四方僧伽」は、さまざまな垣根を越えて、互いに心を通わせ、非暴力・反暴力を教えとする仏教の側から、世界平和への道を提言・実践することを目的としている。カンボジア、タイ、バングラデシュなどで日本の仏教徒とともに「四方僧伽」の活動が伝わり、その波紋がアジア世界に広がっている。

が必要です。仏陀バンクは利息がないので借りたお金だけを返せばいいし、担保も取らないので自立への道が開かれるのです。

その代わり、お金を借りた村人は、お金を貸してくれた〝仏陀〟へのお礼として、少しのお布施（1カ月分の返済額）を元金に乗せて返します。このお布施が普通の利子と違うのは仏陀バンクの利益や人件費などになるわけでなく、あくまで村人に貸し出す原資に加えられることです。つまり、原資はお布施の分だけ増え、また新たな村人へ貸し出されることになります。これを繰り返すことで、お金を借りて自立への一歩を踏み出す人がどんどん増えていくシステムなのです。

編集部：お寺を拠点にしているからこそ「人を信頼する」ことからお金を貸せるわけですね。

上川：その通りです。担保や利息を取らないのは、村人の「こころ」を信じているからです。ここに仏教徒の暮らす地域で行う仏陀バンクの特質があります。お寺から借りたお金を返すのは仏教徒としての信仰の約束でもあります。さらに仏教には伝統的に「お布施」という教えがあります。これは融資への対価ではなく、おかげさまの感謝の気持ちです。そのお布施が、新たな村人へ貸し出されることになります。借りた自分がお布施をすることで、他の人が自立できる機会がうまれるのです。

編集部：このようなシステムをどのような経緯で思いついたのですか？

上川：15年ほど前、仏陀バンクの仕組みを考案したのは、当時の四方僧伽の代表だった井本勝幸です。当時井本が私に語った話によれば、カンボジアのある村で、籐のかごを作り売っていた女性と出会いました。彼女はかご作りの技術はあったのですが、材料を買うお金がなく、借金でまかなっていました。ところが、せっかくかごが売れても、お金を返す時には、高利貸の利息分しか返金できず、いつまで経っても貧しいままでした。「利息がなければ確実に自立できるのに」と思ったそうです。

この出会いがきっかけで井本が仏陀バンクの仕組みを考案しました。当時「四方僧伽」のメンバーとしてカンボジアでの活動に携わっていた私も、その仕組みに感動し、「貧困をなくせるかもしれない」と思いました。

「仏陀がお金を貸してくれた」

編集部：現在仏陀バンクの活動の中心はバングラデシュ南東部のチッタゴン丘陵地帯ですね。ここはミャンマーやインドとの国境地帯にあって、ジュマと呼ばれる多くの少数民族が暮らしています。バングラデシュと言えばイスラム教国家のイメージがありますが、ここに暮らすジュマの大多数の人が仏教徒であることは本書を読むまで知りませんでした。

上川：私が初めてチッタゴン丘陵地帯を訪ねた時、仏教徒は私の姿を見ると駆け寄ってきて、合掌し、五体投地（五体、すなわち両手・両膝・額を地面に投げ伏して、仏や高僧などに礼拝すること。仏教において最も丁寧な礼拝方法の1つとされ、対象への絶対的な帰依を表す）で出迎えてくれました。遠く日本から来たひとりの僧侶に最高の歓迎をして受け入れてくれたのです。仏教文化を伝統的に取り入れた彼らの生活からは、経済的な豊かさとは別の奥深い心の豊かさを感じました。

編集部：本書で詳しく書かれているように、バングラデシュ国民のわずか1パーセントにも満たない仏教徒は、マイノリティーとして危機的な状況にあります。日本でチッタゴン丘陵地帯が紹介されることはあまり多くないですから、多くの日本人が知らないことだと思います。実際に訪れてどのような感想を抱きましたか?

上川:この地に来て、私は何も知らないことを知りました。私の知らない所で多くの苦しんでいる人たちがいることを実感しました。バングラデシュはノーベル平和賞を受賞したユヌス博士がグラミンバンクを生み出した国です。でも、ジュマの人たちには、マイクロクレジットの恩恵が届いていませんでした。仏陀の救いは、彼らには届いているのだろうかと考えました。

ジュマの人たちの村には、私の想像を超える貧困が現実としてありました。貧困の苦しさはその当事者にしかわかりません。そして貧困は、生まれた国や社会環境や家庭に左右されてしまうものです。同じ人間として生まれているのに、なんと理不尽なことでしょうか。国は違っても、同じ仏教徒の仲間として、また1人の人間として、この友人たちのために何ができるだろうかと考えました。その答えが仏陀バンクでした。

編集部:仏陀バンクはチッタゴン丘陵地帯で少しずつ成果をあげていることが本書を読むとわかります。上川さんはどのように手応えを感じていますか?

上川:アジアの仏教徒の仲間たちとともに試行錯誤を繰り返す中で、少しずつではありますが、仏陀バンクは成果を出しつつあります。自立して生計を立てられる村人が少しずつ増え、小さな経済が回り始めています。

編集部:利子や担保を必要としない仏教ベースのマイクロクレジットがチッタゴン丘陵地帯で役に立っているわけですね。

上川:ジュマの人たちの笑顔を見ると本当に嬉しくなります。村人からは「日本の僧侶がわざわざ来てくれたことに感謝します。お借りするお金は仏陀の慈悲そのものです」などと感謝されています。仏陀バンクは、経済的に苦しい立場の人たちが個人として自立できるプロジェクトだと信じています。

編集部：経済面以外でも効果が出ていますか？

上川：仏陀バンクによって、個人の自立だけでなく、連帯もうまれます。仏陀バンクが貸し出したお金で始める事業については、村人全員が一致団結してその事業が成功するように見守ります。そうするとコミュニティがいい方向に変わっていきます。このようにして持続可能な地域づくりを支援していきます。

編集部：自分の自立だけでなく、村全体や他の村人のことを考える人も結構いるのですね。

上川：仏教を信仰するこころが大きく影響していると思うのです。ある村人は「仏陀が、お金を貸してくださった」と言いました。仏陀からお金をお借りしたのだから、裏切れませんし、お金を返せなかった時には〝ばちが当たる〟と考えるようです。借りた人はお金を返すだけでなく、生まれた利益の中から、そのお寺にお布施をします。先にも言ったように、そのお布施によって、徐々に原資が増えていきます。村人はお布施をすることで、新たに借りられる村人が増えることに喜びを感じています。バングラデシュで仏陀バンクの活動の現場を訪ねた時に感じたのは、「人は誰かの役に立ちたい」という思いをみんなが根源的に持ち合わせていることでした。仏陀の慈悲が仏陀バンクとなって、バングラデシュで笑顔をつくりながら、めぐっているのを感じます。

編集部：まさしく仏陀のバンクなのですね。

上川：この活動やジュマの人々を通じて、私は「仏教が生きている」と感じています。私自身、日本で暮らし、お寺の日常に流されてしまい、見失いかけていたものです。

日本にいるだけではわからなかったこと

編集部：今の上川さんの言葉からは、仏陀バンクの活動が一方的な支援なのではなくて、お互いのためになっていることを強く感じさせます。

上川：仏陀バンクの活動を通じて、私も彼らに助けられています。たとえば、ジュマの人たちの伝統的な仏教の教えを守り続ける姿や、どんなに苦しくても未来を諦めない勇気などは、私に仏教徒としての勇気と希望を与えてくれています。仏教とは？　信仰とは？　幸せな人生とは？……私自身、この仏陀バンクに関わり感じるのは、遠くの仏教徒と繋がることで、日本にいるだけでは感じにくかったことですが、僧侶として日々の生活により深い意義を感じられたことです。

編集部：それは日本にいるだけでは実感できなかったのでしょうか？

上川：お寺の長男として生まれ育った私は小学5年の時に得度《とくど》（お坊さんになる儀式）して、お坊さんの道を歩み始めました。大学入学と同時に日蓮宗の大本山のお寺で随身（小僧）として修業し、悩み苦しみながらも卒業し、生まれ育った寺へ戻ってきました。副住職としての役割にも徐々に慣れていき、卒なく、不満なく過ぎていきました。

けれども、このままでいいのだろうか、との不安も感じていました。これが僧侶としての生き方なのか、と。

そんな私がアジアの仏教徒との出会いに引き寄せられたのは必然だったのかもしれません。仏陀バンクを通じて私は〝本当の仏教〟に出会っていることを感じます。

妻の死と代表就任

編集部：本書にも出てきますが、仏陀バンクを行う「四方僧伽」の創立者は井本勝幸さんです。「四方僧伽」の代表は初代が井本さんで、２代目が小島知広《ちこう》さん。上川さんは３代目の代表です。その際、代表に就任してほしいとの要請を受けたと聞きましたが、すんなり受け入れられたのでしょうか？

上川：いいえ、すぐには受けられませんでした。井本勝幸は、私から見ればスーパーマンです。行動力も決断力も、活動への熱意も並外れていました。彼に比べると、私は表に立つのが苦手だし、人を導いていけるだけのリーダーシップを持っていない凡人です。この活動に人生をかけられる自信もありませんでした。

編集部：その上川さんが代表に就任することになるきっかけは何だったのでしょうか？

上川：妻が亡くなったことです。２０１３年10月29日。10年連れ添った妻が永眠しました。悪性リンパ腫という血液のガン。肝臓に腫瘍が見つかり診断からわずか２カ月でこの世を去りました。突然の別れでした。その年の３月には５人目の子どもが産まれて、娘５人との幸せな日々を暮らしていたさなかのことでした。妻は「四方僧伽」の活動も全面的に応援してくれていました。２歳の長女と４カ月の次女を連れてカンボジアへ活動の視察に同行したこともありました。お寺の留守を守ることが多かった妻は、私が海外での「四方僧伽」の活動から帰国すると、どんな成果があったのか、聞き役に徹してくれ、時には厳しく思いを伝えてくれました。

編集部：さぞやつらいことだったと思いますが、そのことが代表を受けることを後押ししたのですか？

上川：そうです。お通夜には仲間たちが最後の別れに来てくれ、とても嬉しかったし、心強くもありました。その時ふと「四方僧伽代表の就任」の要請を受けようと決意したのです。そんな時になぜ決意したのかはわかりませんが、今考えると妻が後押ししてくれたように感じます。「私がいなくてもしっかりとやり遂げなさい」と言われたようでもありました。

編集部：代表として心がけていることはありますか？

上川：まずバングラデシュでは、少数民族であるジュマの人たち以外にもバルワと呼ばれるベンガル人の仏教徒がいます。同じ仏教徒としてジュマの人たちだけでなく、バルワの人たちとも連携を深めるよう努めています。

日本国内では、この仏陀バンクの活動を多くの人たちに知ってもらうことを心がけています。「四方僧伽」や仏陀バンクを知ってもらうための広報活動、たとえばホームページやSNSでの発信、他団体との交流などをしています。ほかに、2カ月に1度、寺カフェを開いて、その売り上げをバングラデシュの村の人たちに届けています。

仏陀バンクの活動をホームページやSNSで発信していると、「活動に賛同します！」などのメッセージをもらうことがあります。そんな時、「応援してくれる人がいるから私は頑張れるのだ！」と励まされます。バングラデシュの友人たちのためだけでなく、応援してくれる人たちの想いをしっかりと繋げるのも私の役目なのだと気が引き締まります。

奇跡の仕組みを伝えたい

編集部：上川さんはホームページで、「仏陀バンクに出会って本当に感謝しています。微力ながらも貢献できる機会と同じ夢を志す仲間に出会えたからです」と書いています。仲間や応援してくれる人の声が行動を後押ししているのですね。

上川：仏教には「変化《へんげ》の菩薩《ぼさつ》」（仏様の教えを守り正

しく生きようと努力しているものには困難な状況になった時に菩薩が姿を変えて助けてくれるという教え）という教えがあります。仏様が、姿を変えて私を励ましてくれているように、いつもみんなに助けてもらっていて、私の周りは「変化の菩薩」だらけです。確実に仏様はそばにいます。

編集部：そうした中で今回本書を出版することになりました。著者の伊勢さんはバングラデシュの現場の仕事を現地スタッフと担っているわけですね。

上川：伊勢とは、彼がアフガニスタンに行く時の壮行会で知り合いました。その時はあまり話さなかったのですが、後に彼が東南アジアをめぐる旅に出ることになったので、ぜひカンボジアの私たちの活動現場を見てきてほしいと現地スタッフを紹介しました。帰国してからカンボジアでの写真ライブをお寺で開催した時に、彼の写真からカンボジアの空気が感じられました。最初は私がカンボジアに行ったことがあるからそう感じたのかとも思ったのですが、参加者の1人も同じような感想を持っていて、彼の写真を通じて言葉では伝わらないことが写真で伝えられることを知りました。やがて写真集が生まれ、それをきっかけに彼も「四方僧伽」の活動に関わるようになりました。今はバングラデシュの仏陀バンクプロジェクトのリーダーです。

本書を読むと、彼自身の心の成長が感じられ、「四方僧伽」に関わってくれてうれしく思います。バングラデシュでの仏陀バンクの草創期は伊勢と二人三脚で進めてきた思いもあり、今の発展は感慨深いものがあります。

編集部：本書を出そうと思ったきっかけは？

上川：仏陀バンクのプロジェクトサイト（活動地）は70に達しました。周辺で噂も広がり、仏陀バンクの開設を心待ちにしている村もたくさんあります。これまでは仏陀バンクを広めるにも、急速に広げると間違った方向に行く可能性もあるので慎重に進めてきましたが、地盤が固まりつつあり、これからさらに仏陀バンクを広げていきたいので、本書を出して多くの人に知ってもらおうと思いました。

編集部：まずは仏陀バンクのことを知ってもらいたいわけですね。

上川：先にも言ったように、仏陀バンクは人のこころを信じることからスタートしました。人のこころを信じる共同体の助け合いが循環するマイクロクレジットは、まったく新しい経済の形です。少しずつ、でも確かに「貧困を無くせる」未来に進んでいると感じています。

編集部：もっと多くの日本の方が仏陀バンクの活動を応援し、ジュマの人々の暮らしが豊かになることを願っています。

上川：貧困は、過去から今に続いてきているものです。でも、今を変えることで新しい未来を作り出すことができます。そうすると過去も光り輝いてきます。仏陀バンクという仕組みによって、貧困という連鎖を断ち切り、未来の夢や希望を生み出していくこと。仏陀バンクは絶望を希望に変えるプロジェクトなのだと私は思っています。

私は、この仕組みを多くの人に知ってほしい。ほんの少しのお金と感謝が仏陀の慈悲としてめぐり、皆が幸せに、笑顔になっていく、この奇跡の仕組みを伝えていきたいと思うのです。1人あたり5000円から1万円のお金があれば、自分たちの生活をスタートさせることができます。彼らにとってはまたとないチャンスです。月1回のランチを寄付に回してくれたら、どれだけの人が自立のきっかけを手にすることでしょう。

編集部：この本を通じてジュマの人たちのことを知り、さらに何かをスタートさせることが大切なのですね。

上川：ジュマのことを知ってしまった段階で過去の自分ではない。そのことをなかったことにするか、受け入れて行動するかで、大きく人生が異なってくると思います。行動に出た時、相手の苦しみを受けざるを得なくなる。さて、どうするか？　そうやって考えながら他者に関わることで、自分も成長できると思います。他者のために自分ができることを積み重ねていくことが人生を豊かにすると私は思います。読者の方にも本書がそんなちょっとしたきっかけになってくれたらいいなと思います。

《プロフィール》

上川泰憲（かみかわ　たいけん、法華宗孝勝寺副住職）

1973年北海道夕張市生まれ。立正大学在学中に日蓮聖人入滅の地、池上本門寺にて4年間随身生活。その時、四方僧伽設立者井本勝幸氏に出会う。自坊にて副住職の任を務めながら、四方僧伽に賛同し、東南アジアを中心に仏教徒ネットワークの確立を目指す平和運動を行なっている。2014年3代目の代表就任。バングラデシュの少数民族仏教徒への「仏陀バンク」をメインプロジェクトに活動を展開している。

主な登場人物一覧

先住民（ジュマ）

アウン ―― 仏陀バンクマネージャー、ＮＧＯエコ・デベロップメント（Eco Development）代表。ラズビラ村などバンダルバン県全域およびラグニア地区を管轄。
（マルマ族）

ビプロップ ―― 仏陀バンクサブマネージャー、ＮＧＯアシカ（ASHIKA）代表。ディグリバ村などランガマティ県のほぼ全域を管轄。
（チャクマ族）

ハークルイ ―― ゴングル村など全キャング族の村を管轄。
（キャング族）

クラスミテミ ―― ナランギリパラ村およびトンチャンギャ族の村の調査員。
（トンチャンギャ族）

スジェル・カンテ ―― ＮＧＯの JUM FOUDATION 代表。カグラチョリ県全域およびランガマティ県バガイチャリ郡を管轄。
（チャクマ族）

スノモジュテ僧侶 ―― ランガマティ県ラジャストリ地区のナランギリパラ村担当。

コクシ ―― ＮＧＯアシカ（ASHIKA）秘書、事務官。
（チャクマ族）

バングシャ僧侶 ―― 通称モンクキング。ズィナマイズ孤児院理事。
（マルマ族）

ミャンマー移民

トォウン ―― ＮＧＯエコ・デベロップメント（Eco Development）マネージャー。バンダルバン県全域およびラグニア地区の調査員。
（ラカイン族）

ス・ラン ―― バンダルバン県ラマ郡バボ村、ドショパラ村（ラカイン革命軍）担当。
（ラカイン族）

バルワ族（ベンガル人）

アシッシ――ファースト(最初の)四方僧伽バングラデシュメンバー。ラウザン地区ルワパラ村担当。

シャンガプリヤ僧侶――創立時のチェアマン(ボス)。ポテヤ市近郊シャプラ村担当。

アヌパン――アシッシの幼馴染。衣料会社社長。ラウザン地区ポットバラ村担当。

オビジリ――大学教授。シャンガプリヤ僧の寺院にて理事および信者代表。

スマンガル僧侶――ダマナンダ寺院住職、同孤児院院長。全ラグニア地区管轄。

キャンドラ僧侶(仮名)――チッタゴンのある大学の学部長。

日本人

伊勢――仏陀バンクプロジェクトリーダー。本書の著者。

上川僧侶――四方僧伽代表（現在）

井本僧侶――四方僧伽創立者、初代代表。

矢野――四方僧伽アートプロジェクト代表。バンコク在住、俳優。

山本僧侶――マハムニ母子寮教師。

チッタゴン丘陵地帯

① サジェク村落
② ギラチョリ村
③ ムカ村
④ ウチャラ村
⑤ マリチョリモ村
⑥ ディグリバ村
⑦ シャリダシュ村
⑧ ガグラ村
⑨ デワン村孤児院
⑩ 北マルタカ村
⑪ ハジョチョリ村
⑫ ナランギリパラ村
⑬ ラズビラ村
⑭ ゴングル村
⑮ ドッキンドル村
⑯ ズィナマイズ孤児院
⑰ ドショパラ村
⑱ バボ村
⑲ ルワパラ村
⑳ ポットバラ村
㉑ ダマナンダ孤児院
㉒ 王宮
㉓ ポテヤ市
㉔ シャプラ村
㉕ ロヒンギャ難民キャンプ

撮影：伊勢祥延

カバー写真（表）　：バングラデシュの先住少数民族の村訪問の時
カバー写真（裏）　：バングラデシュの先住少数民族ジュマの少女
カバー写真（袖）　：チャクマ族のガグラ村にて（本文ＮＯ 68)
表紙写真　　　　　：丘陵の雨上がり
扉写真　　　　　　：交流の時

本書で使用した図表の出典は、すべて『チッタゴン丘陵白書　バングラデシュ・チッタゴン丘陵地帯の先住民族　紛争・人権・内紛・土地問題 2007 ～ 2013』（著：木村真希子、日下部尚徳、下澤嶽、トム・エスキルセン　発行：ジュマ・ネット　発行年：2015 年）によるものである。

NO1 プロローグ

2009年6月、ひょんなことからバングラデシュに行く機会を得た。元来旅好きの筆者が新しい国に行けると、旅感覚の軽い気持ちで引き受けた現地視察だった。

これまでも写真家として、また旅人として、いろんな国を見てきた。人は世界中どこに行っても暮らしていて、さほど変わらないが、ひとつ大きな違いがある。それは貧富の差。

その貧困の凄まじさに衝撃を受けた。

人口密度が世界一なら貧困頻度も世界一と思える。これでもかというぐらいたくさん貧しい人を見た。「四方僧伽《しほうさんが》」の創立者の井本氏が言っていた！「この人達の自由と幸福を奪ったのは自分のような気がした」と。

その言葉を聞いたとき俺は、はっ！　とした。そして強い共感をおぼえた。

彼、彼女達の飾り様もなく生きている姿が人間臭く輝いて見え、美しく愛しい。

貧しい人達という言い方、それはこちらの価値観、上目線からの驕りであろう。

物が豊かで便利、衛生的な日本で生まれ育ち、家族がいて、高い教育を受け、さらに蓄えがある人でも、心の貧しい人は、いくらでもいる。どちらが貧しくどちらが豊かなんて誰にも言えない。

だがこれだけは言えると思う。富と自由を持っている人が、それを持たない人に、わずかでも、分けることができたなら、どちらも豊かになれるはず。

そう……だけどそんなこと頭ではみんなわかっている。わからないのは「どうやってやるか」なのだ。みんなわからないんだ、それが……。

でも答えがあったんだよ、それができる方法が。

それは「仏陀バンク」と呼ばれている。

チッタゴン市街地

第1章

仏陀バンクを始める

NO2 バングラデシュ入国（2010年6月1日夜9時50分）

俺はバングラデシュの首都、ダッカに降り立った。海外に来た余韻など全くなく、殺伐とした色気もクソもない空港のイミグレでさっそくトラブルが起こる……日本人は要らないはずのアライバルビザ料金の50ドルを請求される！　これまでは必要なかったはずだ……。

前回、無料のはずのものを賄賂欲しさの輩が「30ドル払え」とふざけたことをぬかしたことがあった。なので、今回もまた同じ手口のハッタリかと思い、「嘘言うなよ！　俺は昨日大使館に電話して聞いたんだぞ！」と、こっちもハッタリかましてみたが、半年前から法律が変わったとかで、悔しいが払うしかなかった。

くそっ！　それにしても、無料からいきなり5000円以上とは。

さらにカメラにも難癖つけてくる。「何に使うんだ？　職業はなんだ？」と入管。「俺は床屋で、写真撮んのが趣味なんだよ！」とか言いながらすったもんだ。毎度のことだが入国するだけで余計な消耗だぜ全く……。

目的地のチッタゴンに移動するのは翌日。とりあえずダッカ市内に移動してホテルを探す。安宿を数件あたるが、なぜかすべて外国人はだめとかで門前払いになる！　探し回ること5件、それは政府の方針だと知りあきらめるしかなかった。その理由はすぐに飲み込めた。以前アフガニスタンのカブールでもそうだった。警備の薄い安宿で外国人を狙った誘拐などの犯罪に巻き込まれると面倒になるからである。ノーチョイス、仕方なく高いホテルへ。まあ高いと言っても日本円で2000円ぐらいなもんだ。俺がケチすぎるのだ。

住民曰く、このあたりは政治的に不安定らしい。その証拠に宿泊したホテルのレセプションでは、パスポートを取られ（チェックアウトまで）、写真も撮られた。まるで囚人扱い……初っ端からテンパらされる。幸先悪ければ後は良しと自分に言い聞かせて痩せ我慢。

一歩外に出るとゴミと人だらけで、けっして好きな匂いではない。だけど飯はうまい。混沌としたこの空気、なぜか古巣に戻ったような不思議な感覚がよみがえる。その夜、深夜長旅で疲れたせいか靴を履いたまま部屋のベッドに横たわり、うとうとしながらテレビのニュースを見ていた。そこへすさまじい映像が飛び込んで来た！

ダッカ市内のビルが倒壊、100人以上の人が死んだという。

何が起きた！　自爆テロか？　地震？　それともまたサイクロンが襲ったか？　と思いきや、な、なんと原因はビルの老朽化による倒壊。落下して一面に山積みになった瓦礫の下に、大勢の人が埋もれている！

この国では、ずさんな工事と管理とで、首都のダッカだけでも3000以上の老朽化したビルが、いつ崩壊してもおかしくないという。

しかしそれはまだ衝撃の序章だった。さらにその後すぐ、今度は漏電で大きなビルが全焼、1700人もが犠牲になった。大型ダンプに死体を山積みにして運ぶ映像はまさに悪夢としか言えん。空き地に放り込んで埋めるシーン、病院の中に惨たらしい死体が並べられ、周りでは家族や友人が叫び嘆き悲しんでいる。そのシーンがこれでもかというぐらい繰り返し流れている。日本ではこういう映像は流さない。否応にもバングラデシュにいることの実感がわいてくる。

NO3　バングラデシュの少数民族、ジュマ（Jumma）

少数民族とは一般的に、独自の文化と言語、宗教を持ち、先祖伝来の土地で暮らす先住民のことをいう。ほかにトライブとかエスニックとかとも呼ばれる。その数はアフリカを除いても約80カ国近くに暮らし、2億5000万人ともいわれる。

ここバングラデシュにも昔から南東部にジュマ民族と呼ばれる先住民の人々が暮らしている。その一部はインドやミャンマーにも暮らし、顔つきは日本人とあまり変わらないアジア系モンゴロイドである。したがって、アジア系（東アジア～東南アジアのモンゴロイド顔）とインド系（南アジアのインド・アーリア系の顔）の人種の境界線は、ビルマ（現ミャンマー）とバングラデシュ～インドの国境線に符合するものと思われているが、本当の境界線はバングラデシュの国内にあるということはほとんど知られていない。

「ジュマ」とは焼き畑（農業）をする人々の総称で、チャクマ族やマルマ族など計12ほどの部族からなり、それぞれ異なる言語と文化を持つ。彼らは古来それぞれ王制を敷いて仏教を信仰し、現金をそれほど必要としない自給自足に近い生活をしてきた山岳民族である。主食は米であり、タケノコなど豊富な山菜料理は日本の食文化とも通じ、顔つきも日本人とそっくりである。

米を材料にした地酒の焼酎や醗酵酒どぶろくを嗜み、竹でこしらえた水パイプで煙草を吸う。また女性達が受け継いできた機織り柄などは日本の着物を彷彿させ、自然染（草木染）を使った自然に優しい技法が今も継承されている（現代では機械による大量生産が主流になり少なくなってきている）。

村のお出迎え

民族楽器には竹笛や太鼓、アイヌ民族の楽器ムックリにそっくりな口琴を演奏する部族もいる。それらを奏でながら美しい古典舞踊を踊り、そして唄うのである。また竹馬や木の実を使ったビー玉遊びなど、著者と同世代の日本人なら誰しも童のころを思い出すだろう。

そう、ここはアジア文化圏の最西端なのである。

対照的にイスラム教国家バングラデシュに暮らすベンガル人にとって、わずか0・3パーセントに満たないジュマ民族の存在は、異教徒であり山に暮らし異質な文化を持つ他民族。顔も違い豚肉を食べる野蛮な存在として偏見や差別的な見方をする人も多い。それどころか存在自体、まして迫害されていることなどもあまり知られていない。

ジュマに限らず、先住民のように一見文明や近代化が遅れているように見える人々や生活習慣に対し、日本人を含む現代人は、とりわけ上から目線で取り残されているのだと決めつけたがる。しかしそれは多くの場合偏見である。元来ジュマの人々は近代国民国家など必要としていないのだ。以前旅の過程で、アフリカのマサイ族や砂漠の遊牧民、またインドや中東の先住民と寝食を共にした。そしてその時、痛感した……彼らは取り残されたんじゃない、自らの意志で受け継がれた文化を継承し従来の生活習慣を守っていたのだ……。

近代化や物質文明に巻き込まれずに生き続けることは、近代化することよりも遥かに困難なことなのである。それを維持することは気高く崇高な行為であり、尊重すべきであると俺は信じる。

先住民の土地のまわりに近代国家が設立すると、必ずと言っていいほど従属を強いられ、受け入れないと侵略される。遥か以前よりその土地に根付き暮らす者として、また民族のアイデンティティを守り後世に伝えるためにも、先住権と自決権を主張するのは当然の権利である。

しかし彼らの多くは不当に土地を奪われ深刻な人権侵害にあっている。これまでも多くのマイノリティーが暮らす土地がそうされたように、支配する体制側が、外国人の立ち入りを厳しく制限し、それらの地域は必然的に世界から取り残されることとなる。チッタゴン丘陵地帯に暮らす少数民族「ジュマ」は、その真っ只中にいると言っていい。

NO4　きっかけははずみだった

そもそもバングラデシュに来るきっかけになったのは、1年前、バンコクでアジアの仏教国の僧侶とその10数カ国の支援者からなる国際NGO「四方僧伽《しほうさんが》」の国際会議が行われた折、参加できなかったバングラデシュメンバーの代わりに、報告を兼ね著者が派遣されたことだ。

要するに誰でも良かったのだが、多少の語学力があり、スケジュール的にもフレシキブルに動ける人間。さらに見知らぬ土地に1人で赴くとなると、そうはなかなかいないものだ。

そこで「自分が行きますか？」と言ってしまった。すると「救世主が現れた！」と祭り上げられ引くに引けなくなった……。

なんとか任務をこなし帰国後提出したレポートを見た、「四方僧伽」の創立者で当時代表の井本氏は「手書きのレポートを久しぶりに見たよ！」と笑い、「活動費の残りを返しに来た奴も初めて見たぞ～！」と仲間に語ったそうだ。

その翌年には、まったく予想もしていなかったことに「四方僧伽」のバングラデシュ支部代表に任命されることになる。その時、驚いた俺は井本氏に訊いた。「こんな不相応な人間がそんな重要な立場になっても良いものなのですかね？」。すると井本氏は「なんせ人材不足なもので、不相応な人間も不相応でなくなることもある」と。そして「世の中、上に立っている連中も不相応な人間ばかりですから」と付け加えた。

それってやっぱ不相応ってことでしょ！

NO5　俺のミッション

両替

バングラデシュ到着の翌朝、ミッションの実行のための最初の仕事として、現地通貨への両替をした。この国はレートの変動が激しく、特に空港のレートは悪いため大金向けではない。とは言え現地通貨の持ち合わせがないため、昨日、入国と同時に空港で一部両替した。その時のこと。日本円3万円が現地通貨2万1600タカになった。バングラデシュの紙幣は一番高額でも1000タカ札、それもあまり出回ってないので500タカまたは100タカ札が一般的だ。そのため、諭吉3枚で返って来た現地通貨のタカは、指3本分はあるほどのぶ厚い札束となる。レンガ1個ほどの直方体の塊がどさっと渡された！

それを数えると思うと、見るだけでストレスだ。そこに来て日本円のレートが前年より3円も下がっているので、とても愛想を撒く気分じゃない。俺は両替屋のおやじが居る目の前で嫌味っぽく、しっかりゆっくりと数えた。最後の札を弾いた瞬間だった……ん、1000タカ足りない！　数え違いか!?　と思った瞬間！　おやじの手元から滑るようにすーっと500タカ札2枚が差し出された！

その間わずか0・5秒！　まるで手品師がトランプのカードを撒くような鮮やかな手際だった。これだけの札束だ。外国人渡航者なら面倒で数えない人は多いのだろう。たとえ数えても数え間違いに気がつかないケースも多いことは想像がつく。それを見越してこうやって数枚抜いているのだ！　気がつかれた瞬間に差し出せば文句を言われることはない。こいつらプロだぜ!!

その翌日、ミッションに必要な原資50万円を持ってダッカ市内の銀行を数軒当たる。しかし日本円は予想に反しなかなか難しい。強いはずのジャパンマネーもこの国では厄介者扱い。大手銀行をいくつか当たり、４件目でやっと両替。50万円は36万４５００タカ、すこしはマシなレートだった。

それ以前に、基本この国では許される外貨の持ち込みは２０００ドル（当時）、約22万円まで。この時点で法律違反、見つかれば高額の罰金を取られるかもしれない。そんなリスクを冒してまでこんな大金を持ち込んで、いったい何に使うのか？

実は俺の猫背とその肩には、責任重大なミッションが乗っかっていた。

なんせ50万円もの現生を人から預かっているのだ。それにこれまでこんな大金持ち歩いたことない……したがって今回の訪問はいつものような自由気ままなバックパック旅行とは訳が違う。

それはこの物語の主役「仏陀バンク」、またの名ＢＯＢ（バンク・オブ・ブッダ）誕生の資金である。ジュマ（Ｊｕｍｍａ）など少数民族の多く暮らす丘陵地帯で実施する小規模融資機関の設立だ。それは俺の長いようで短い人生のうち最も似つかわしくない仕事と言ってもいいだろう。

NO6 仏陀バンク（BOB）ってなに？

それでは仏陀バンク、通称BOB（バンク・オブ・ブッダ）について説明しよう。行なう母体はアジアの仏教僧侶を中心とした非営利の組織「四方僧伽」（シホウサンガ、英語でCatuddisa Sangha）で、ここが考案し運営する独創的な小規模融資、マイクロファイナンスのことである。

それは「四方僧伽」の主要なプロジェクトの一環であり、主に途上国において、人道的に、または社会的に虐げられている状況にある人々を対象に、無利子で必要なお金を融資することで、継続可能な自立、独立をサポートする。

これまでカンボジア、タイ、ミャンマーなどで実行され成果が出ている。そこでこの年は、チベット（インド国内に暮らすチベット人コミュニティ）、スリランカ、そしてバングラデシュの3カ所でもスタートしたのである。

なんたって名前が仏陀バンクである、その由来は仏教徒と僧侶が中心であることは名前が物語るが、それはあくまで形であって、システムを世界に広めることに本来の趣旨がある。イスラム教だろうがキリスト教だろうが、国や宗教に関係なく、民間のコミュニティでも利用されることを最終目的としている。

しかしそのためには一定の条件が揃わなければ機能しない。その大きな理由は、絶対不可能と思われていた無利子の銀行だからである。

この発想は、国や地域および社会の仕組みによって、本来生活する能力があっても、貧困から脱出できない人達の存在が少なくない現状を見兼ねたことから生まれた。その理由の多くは、借り入れしたお金にのしかかる多額の利息にある。担保などの財産がないそれらの人達は、分かっていてもその場の苦しさから逃れるため、お金を借りざるを得ない状況に置かれ、結果的に法外に高い利息の返済に追われ、幾ら働いても生活は向上しない悪循環に陥る。過酷な労働を強いられ、生活をよくするどころか、返済のためだけに働くような日々に追い込まれる。

言い換えれば利息さえなければ生活を立て直し十分生きていける能力と気力のある人達がたくさんいるということだ。

そこで生まれたのが、無利子で融資し、さらに原資を増やす機関……その不可能を可能にする、類い稀なシステムを有するのが仏陀バンクだ。

仏陀バンクの仕組み

簡単に言うと、仏陀バンクを始めるにあたり、それぞれの地域のお寺と僧侶、さらに村の頭（カリバリと呼ばれる）が必ず関わるのが絶対条件と言ってもいい。村人の中から、業務に携わる人を選定し実行委員会を作る。そこで融資の申し込みを募り、受益者へと貸し出される。

原資は、基本的に日本などの僧侶達から現地の寺へ運ばれ、地元の僧侶に渡り受益者に配られる。受益者は仏教徒であり地域柄、寺の檀家でもあることが多い。要するに融資を受ける彼女、彼らは、仏さんからお金を借り、仏さんに返すことになる。もし返さなかったら仏さんを裏切り村人をも裏切ることになるので、大抵の受益者は恐ろしくて滞納なんてできないと思っているようだ。

言い方を変えれば、信仰心を担保にしていると言ってもいい。

さらにお金の受け渡しも基本的に寺院内で行われる。僧侶、村の頭、役員、ほかの受益者の皆が見ている前で行われる。それがまた縛りともなる。

なぜ増やすことができるのか

習慣や礼儀として寺院にお世話になったり、ありがたい仏さんに助けてもらったと思うならば、お布施をするものだろう。信者ならなおさらだ。浄財というやつである。受益者には利子の代わりに浄財を少し出してもらうという寸法だ。額にして5～10パーセント。

ここで「やっぱり利息取るんだ」と思うかもしれないがちょっと違う。利息とは金を貸した出資者など金融機関に払うもの。これは布施として寺に贈呈する。それはイコール受益者本人の暮らす村に還元することになる。と同時に、新たな原資の増加となり、友人や家族を含めた同村で、融資を望む次の受益者に渡る。

注目すべき特徴、ここがポイント！　それは返金されたお金を寝かせず、すぐに次の受益者に回すことが絶対ルールであり、それにより原資が常に地域で循環することとなる。

例えばこう。

10万円の原資から1人ずつ1万円を10人で借りたとする。それを毎月1000円ずつ返済するとしよう。翌月全員から返済される額は合計1万円。

その1万円を新たにもう1人に貸したら11人になり、累計で総額11万円になる。そうすると、翌月に返金される額は1100円となり、さらにまた別の人に1人貸し出すと全員で12人となる。

その調子で毎月増やすと10カ月後に受益者は20人となる。

そして最初に借りた10人に、お布施として1回多く払ってもらうと10パーセント原資が増えることとなり、循環しているお金は総額16万5000円となるのである。

1カ月目　返済金　計10000円　受益者11人に
2カ月目　返済金　計11000円　受益者12人に
3カ月目　返済金　計12000円　受益者13人に
4カ月目　返済金　計13000円　受益者14人に
5カ月目　返済金　計14000円　受益者15人に
6カ月目　返済金　計15000円　受益者16人に

7カ月目　返済金　計16000円　受益者17人に
8カ月目　返済金　計17000円　受益者18人に
9カ月目　返済金　計18000円　受益者19人に
10カ月目　返済金　計19000円　受益者20人に
20人から1000円ずつお布施　計20000円　受益者22人に
原資合計165000円

これが10年経つととんでもない金額に化ける。

仏陀バンクの仕組みは、こうやって外に出ることなく地域の中で回り続けることだ。これは大勢の人の関わりを生みだす。そして人と人とを繋ぎ、心を、村を、そして生活を豊かにするソースとなり得る。こうして地域やコミニティが自立していくことに役立つことが仏陀バンクの本来の目的なのだ。

たんに金銭的に豊かになることではない……。

中央に吸い上げられ、限られた業種や主要な産業ばかりが有利になる社会構造、格差を作りだす資本主義経済の仕組みとは、正反対と言えよう。

仏陀バンクのステータス

活動をする上で知るべきこととして、金融業にはライセンスが必要だ。ライセンスを得るには、この国では賄賂も含め相当の金を吸い取られることは必至だ。したがって海外のドナーやNGOなどは現地の業者にマージンを払い依頼することになる。さらに出資元の投資者への利益を還元しなくてはいけないため必然的に高い利息が発生してしまうケースが多い。

それに比べ仏陀バンクの原資は、全て信者さんや賛同した協力者による寄付なので返す必要がない。さらに村へ出資と言っても贈呈であって、貸すわけではない。貸し出しは、村の仏陀バンク実行委員会によって受益者に渡る。返金されたお金はその都度、寝かすことなく次の申し込み者に渡す完全循環型。したがってバンクとは名ばかりの寄付なのである。

寄付にライセンスなど必要ない。が、あまり派手にやるとヤバイ！ 言葉は悪いが、はっきり言ってヤミ金融に近い。違法行為ぎりぎりのグレーゾーンであることも事実だ。行政の汚職役人や警察にマークされ賄賂のカモにされる。チクリや現地スタッフへの嫌がらせともなりかねないのだ。

正義や人権を守り人道を重んじる善意が違法行為で罪になる……そんな理不尽がまかり通る。そういう国、地域であることは承知の事実。そして、そんな場所は世界中に存在する。

われわれは仏陀バンクという名の種を植える手伝いをしているに過ぎない。育てるのは受益者とコミュニティ。育った木々は実を付け土地を肥沃にする。新しい種を生み、ほかに分け与えられていくこととなる……。

NO7　仏陀バンクの希望

仏陀バンクの目的は金銭的に豊かになることだけではないことは、先に述べたが、現実的に重要な目的がほかにある。

それはマイノリティーである少数民族ジュマが、これからも存在し、生き延びること。

例えば同じような状況に置かれているチベットやウイグル、ミャンマーのエスニックがそうであるように、彼らが望むのは、一定の条件を満たした自治権である。決して国家として独立することではない。先住民として、公平な人権と、文化、言語、宗教などアイデンティティを守る、人として当然の権利を手にすることにある。

イスラム教国家バングラデシュは、人口のほとんどをベンガル人が占める。その中での少数民族ジュマなど異教徒は、その存在意義自体が失われつつある。

その原因はたくさんあるが、差別、宗教、政治問題以外にも現実問題として少数民族の暮らす地域での経済、教育、技術などの遅れと、それを身につけるすべが非常に少ないことがある。

それはジュマが悪いわけではなく、以前より物々交換で穏やかに生きていた素朴な民が、現代国家と資本主義経済に急に飲み込まれたことにある。今となっては時代の流れとも言え、そこに暮らし生き続けることは経済的に自立することなくしては、あり得ない。まして権利を勝ちとるためには強くなくてはならない。

それを支えるのが仏陀バンクである。与えるのではなく彼ら自身で守り、育み、持続可能にし得ること。それには少数民族同士、また仏教徒同士の団結、協力、助け合いが必要だ。さらにそれらを調整する第三国のオブザーブが必要不可欠となる。したがってアジア仏教国の連帯からなる非営利組織「四方僧伽」によるプロジェクト「仏陀バンク」の名において行うことが肝要となるだろう。

ベンガル人仏教徒バルワ族

さらに重要なファクターとして、ジュマを含んだ、バングラデシュ全土の仏教徒による連帯がある。バングラデシュの仏教徒は少数民族だけではない。

そもそもイギリスが植民地にする前まで、ここはインドだった。インドは仏教発祥の地。イスラム教国家パキスタン、その後のバングラデシュとなっても、逞しくしぶとく居残った仏教徒がいる。

平原地帯に暮らす彼らをベンガル人仏教徒、バルワ族と呼ぶ。

傾向として、バルワ族は、高い教育を受けた人も多く、社会的に高い地位の人も少なくない。商売に長けビジネスで成功するなど、先住民ジュマとは色濃く違う。したがってプライドが高く、ひと筋縄ではいかないという難点もある。

とは言え、貧しい農村や集落も多く、周りをイスラム教の村やモスクに囲まれ、嫌がらせを受けるなど肩身の狭い暮らしを強いられる所もあるという。少数民族地区と同じように、彼らが暮らす地域も襲撃され、多くの寺院や民家が焼かれたり破壊されている。

それゆえ、人種は違えどバングラデシュに暮らす同胞として、以前から先住民ジュマを陰に日向に支えてきたのもこのバルワ族である。

残念ながら現在この2つの仏教徒は、微妙な関係にあり、僧院など宗教界以外では、決して仲がいいとは言えない。それが力を弱め衰退している要因にもなっているようだ。

仏陀バンクの使命

イスラム教国家バングラデシュにおいて仏教徒が生き延びるためにはこの両輪がしっかりと結ばれることが鍵である。

仏陀バンクのプロジェクトはこの両方に分け隔てなく行うことに大切な意味がある。これらを繋げることができる唯一の希望だと信じている。だから仏の銀行と呼ぶのだろう……。

NO8　バンク・オブ・仏陀の道

チッタゴンへ

ダッカで両替した大金を持ってバングラデシュ第2の都市チッタゴンへ乗り込む。いよいよ少数民族ジュマの暮らすチッタゴン丘陵地帯とその周辺でミッションを展開する時が来た。そのために、まずはプロジェクトを推進する主要な現地メンバーと会う。

空港の出口に進む。タクシードライバーが声をかけてくる。目的地を告げると案の定値段交渉が始まる。「1000タカ、じゃあ900、いやいや800……」。元来旅先で何度もボラれ、痛い目にあっている俺は大のタクシー嫌い。「バスかオートリキシャ（3輪スクーター）で行く」とつっぱねる。が、リキシャは空港内では禁止なので、ここにはいないとドライバー達は言う。とりあえずバスを拾える通りを教えてもらい、空港を出ると、その瞬間に大後悔！

なまら暑い……汗が一気に吹き出る。まるで滝のようだ……タクシーにしときゃ良かった〜。気がつくとさっきまであんなにしたかったションベンが全然したくない！　全部汗で出たのか？もう一歩も歩きたくない……。

すると、なんといないはずのオートリキシャがいるじゃないか！「タクシーどもめ嘘つきやがって」。ここはノーチョイスだろ、けど一応値段交渉……これ旅の常識。「なにぃ、５００タカ～、２００にしろよ、いい、じゃあバスにするから」と乗らないふり。案の定追いかけるよう後ろから声が。「３００でどうだ?」。「オーケー」。交渉成立。旅先の値段交渉は、強気が鉄則だ。弱気になったら高い授業料を払うことになる。

首尾よくオートリキシャで市内のホテルに向かったのだが、もの凄い渋滞だ。運転手はみんなクレイジー……両側を走っている車とのすきまが僅か5センチぐらいしかない時がある、車間距離はマジ10センチだ！ そのうえ1時間たらずの走行で接触が2回！ なのにドライバーのリアクションときたらチラ見するだけ。さらに突然の急ブレーキで、俺は鉄の仕切りに頭を打ち付けること数回。その度に命の次に大事なニコン（Nikon）と、買ったばかりのＭａｃの入ったバックを床に叩き付けられる。

……ざけんなよ！ あったまくんな！

目的地に到着した時、俺の財布の中には、一番でかい札、５００タカ札しかない。仕方がなく差し出し「釣りをよこせよ」と言う。すると「残りはチップだ！」と抜かしてきた。妥協して「50だけやる」と言うが、「いや１００だ」……結局75タカでディール。なんだぁ、チップまで値段交渉かよ……。

クセ者ぞろいの現地メンバー

仏陀バンクの構想を考えた当時の「四方僧伽」代表、井本氏により選出されたメンバーが中心となりタイやカンボジアなどで、すでに仏陀バンクを始めていた。ここバングラデシュにもその中心となるべき主要なスタッフが数人おり、仏陀バンクを始める準備をしていた。

翌日、まずはその中で最もボス的な存在、僧侶のシャンガプリヤの寺に挨拶がてら出向いた。

この僧侶、この地では、地位や知名度も高く、バングラデシュ仏教界の要職にあると言ってもいいだろう。それだけに横柄な態度や、物言いは目に余るものがある。印象を一言で言うと、いや一言では表現できない……。

笑うと七福神、怒ると阿修羅、気質は日本ふうに言うと瞬間湯沸かし器。さらにヒキガエルのような低くてヴィブラートの効いたダミ声。凄まれると毒蛇に睨まれた青カエルの気分だ……。

僧の寺院は彼のテリトリーとも言えるポテヤという大きな街にあり、清楚な住宅地に建つ。シャンガプリヤ僧侶の寺は現在工事中のため仮店舗……いや仮寺と言ったほうがいいのか、一時的に粗末な建物で寺の業務を営んでいた。すぐ横の敷地にはビルと見間違いそうな、巨大な寺を建設中だった。2年ほど前から着工が始まったらしいが、あと2年で完成したいと言う。

到着するなり僧侶が自ら建設中の地上5階建てのビル、いや寺を詳しい解説付きで案内する。訊ねてもいなけりゃ、全く興味もないのに「ここが本堂で、ここが事務所……それから修行僧の寮にゲストルームで」などと詳しく解説……。

その意図がやっと読めた時、俺は嫌味な質問をしてみた。「これじゃ、お金がいくらあっても足りないでしょう?」。僧侶が答える。「いやぁ四方僧伽に期待していますよ」と上目づかいでうったえる。

やっぱそうきたかぁ……まさに期待を裏切らない答え。

通常の訪問者なら幾らか包むのだろう。まして俺は表向きは、仏陀バンクという金融業の代表として開業するために、リッチカントリー日本から大金運んで来ていると思われているわけだから、そりゃ業突く張りの住職なら期待するわな。だが、この時の俺は「この坊さん何抜かしてやがんだ、ゼッテイ寄付なんかしてやらねーぞ」としか思わなかった。

なので、耳が痛くなるようないやらしい話をしてやったのである。

それはバングラデシュに来るつい数日前、タイの寺で起きた出来事である。タイで行なわれた「四方僧伽」の国際シンポジウムは、予算を有効に使うために、参加者全員が地元の寺院に宿泊させてもらったのだが、そこの住職ときたら、最終日に高額な布施を要求してきた。そこで当時「四方僧伽」のボスだった井本氏は「タイの寺では信者から集めた布施で己の寺を大きくすることばかり考えている、本末転倒だ!」って一喝した。そのことを言ってやった。

言ったとたん、シャンガプリヤ僧侶は沈黙。

それにしても理解できん……なんでこんなばかでかいビル、いや寺が必要なんだ。

この寺を再び訪れたのは、それから2年後だった。結果は後ほど。

翌日、チッタゴンにてシャンガプリヤ僧、および後に仏陀バンク最大の功労者となるアウン・マルマと共に、バングラデシュで最初に「四方僧伽」メンバーとなった男、アシッシ・バルワの家にて、仏陀バンク始動の初会合を持った。

ところでこのアシッシという男だが、以前バンコクの会合で一度だけ会ったことがあったが、はっきり言って印象は悪い。彼を初めて見た時、彼は少数民族ジュマの僧侶と大声で口論していた。その様子は、感情も歯も丸出しで唾を飛ばし、今にも殴り掛からんばかりだった。ほかの海外メンバーが必死になだめるのをいいことに、ここぞとばかり演説まがいに不満をぶちまけていた。ベンガル語が通じる同士なのに、英語で口論すること自体が、パフォーマンスとしか思えない。のちにこの2人の口論の原因は、少数民族ジュマとベンガル人との歴史的にも政治的にも根深い民族対立を浮き彫りにしていたのだということを知ることになる。

人口の9割がイスラム教徒のバングラデシュに暮らす仏教徒は、かなりの少数派で、主にジュマの人々が多いが、先に述べたように以前から平原地帯で暮らすベンガル人仏教徒バルワ族の存在がある。アシッシはシャンガプリヤ同様にバルワ族なのである。父親の事業の関係で幼少及び学生時代を日本で過ごし、日本への思い入れは強いを超えて執着に近い。日本語はフルエントリーで、それが彼にとって大きな武器と言えよう。以前デルタ地帯にサイクロンが襲い、甚大な被害をもたらした時、井本氏の依頼で復興事業に加わったことが「四方僧伽」に関わる馴れ初めであり、人道支援活動に目覚めたのだと言う。そして創立者井本氏が直々に任命し、「四方僧伽バングラデシュ」の草分けとなった。家柄、信仰、教育、どれをとっても組織の主要な立場として申し分ない。

しかしプライドがとても高いうえ仕事ができないことは、この後のストーリーと共に露わになっていく。バンコクで見たあの光景は、このあと、俺に降りかかる悪夢の前兆だった……。

会合の内容に入る前に、後に仏陀バンク最大の功労者となるアウン・マルマに触れておく。主要な少数民族の一つ、マルマ族が多く暮らすバンダルバン県にオフィスを構え、中堅規模のローカルＮＧＯ、エコ・デベロップメントを運営する。名前の通りマルマ族である。幼少期を孤児院で過ごし、努力して大学を卒業。その後先住民として初めて地元にＮＧＯを立ち上げたパイオニア的存在である。頭脳明晰、クールでスマートな判断力、人柄も穏和なバランスのとれた人物。組織のリーダーに最もふさわしいと言える。

ほかのメンバーとの大きな違いは、大袈裟な言い方をするとアウン・マルマという人物は、著者の伊勢によって発掘されたと言ってもいい。２００９年に代理の視察という名目でここバングラデシュを初めて訪れた折、本来会うべきはずの人物と連絡が取れず、代役として彼が出迎えることとなった。しかしその時は、まだ仏陀バンクの構想もなければ、「四方僧伽」の主要なメンバーになることも、全く想像になかった。のちに仏陀バンク構想を引っ下げ井本氏がバングラデシュに乗り込み、その日からアウンはバングラデシュでの仏陀バンクを託されたと言っていい。

NO9　初会合

初会合はチッタゴン市内ミドルクラスとも言える住宅街にあるアシッシの家で行われた。

ところが、驚いたことに、アシッシとシャンガプリヤ僧にビジョンらしきものは何もなく、冒頭から自慢話ばかり、自分達はこれまでどれだけ貢献し「四方僧伽」の事業を頑張ったかを熱弁する。2年ほど前に南部デルタ地帯を襲ったサイクロンにより壊滅的被害を受けたボツアカリ地区支援での奮闘記だ。食料や衣類、金銭などの支援を続けてきたと、そしてどれだけ住民に感謝されたかを語りながら高揚する2人。

俺は「あーそうですか、へーほー」と頷く。だが、俺はその資金の出所を知っていた。それらは「四方僧伽」メンバーでもある庭野財団の幹部を通し同会から渡された資金、確か2万5000ドル。したがって、さも頑張ったと語るこの2人の懐からはびた一文出ていない！　それどころか資金を元にオフィスをかまえ、関係者に記念品を授与したり、スタッフ全員に制服を与え、大断幕を貼るという派手なパフォーマンスを打っている。さらに高級車をチャーターして家族全員を引き連れ現場に赴くなど、本来の緊急支援としては首をかしげる。それに懲りたのか庭野財団から資金が出たのはそれっきりだ。

そんな経緯を知っているだけに、さも自分達の力でやったような大口を叩く人間に、嫌悪感を覚える。

仏陀バンクを実施する地域は全部で5カ所。予算を5等分して行なわれる。4カ所はすでに決まっていた。まだ決まってない最後の5カ所目を日本側代表である俺が決めていいことになっていた。さらにほかの4カ所も伊勢の目から見て相応しくなければノーと言う権限も与えられていた。

しかし「四方僧伽バングラデシュ」の初代メンバーであることを鼻にかけるアシッシとシャンガプリヤは、イニシアチブを取ろうと、行事のスケジュールから、最後の候補地の決定まで、アジテイトしないと気が済まない。

そして「そんな額では何もできないだろう、もっと予算増やしてくれよ」と来る。

その場にいる1人だけの先住民代表の役員、アウンは新参者という弱みもあってか、または他に考えがあるのか、黙って傍観している。その流れで5番目の候補地はアシッシらに勝手に決められ、場所は南部デルタ地帯のボツアカリという所。そこへは船と車を乗り継いで20時間かかる。往復すると滞在日を入れて最低3日は必要だ。そこへ全員で行こうとすでに決めているようだった。

スケジュール的に、1カ所だけにそれだけの日程を組むのは厳しく、全員で行ってかかる交通費、食事、宿泊費はかなりの経費を食うだろう。ふと素朴な疑問が脳をかすめる……はて、こいつら俺の予算をあてにしているのか？　はなからこの連中の思うようにはさせんぞ！　という気持ちが強いだけに、ここで一発殺し文句を出す！

「予算的に厳しいですね〜、自腹で来てくれるなら考えられますが」

案の定「シーン」

「まずは先住民地区を回りながらスケジュールに合わせ考えます」

ざまーみろ……俺は財団じゃ〜ないんだよ！

NO10 第一歩

仏陀バンクは、先住民の暮らす丘陵地帯とベンガル系仏教徒の暮らす地域で行い、開設地4カ所それぞれの責任者によりすでに準備されていた。スタートにあたり形式上、日本人代表の伊勢が赴き、正式に行われる。

1カ所目、バンダルバン県、マルマ族（先住民）ラズビラ村

丘陵地帯にある3県の1つバンダルバン県。この辺はジュマ12部族の中でも、マルマ族が暮らし、総数1万人に満たない部族、キャング族やトリプラ族などのほか、奥地にはムロ族など、現在も原始的な生活を営む部族も暮らしている。

バングラデシュ最高峰があり1000メートル級の険しい山々が連なる。美しい滝や川があり、高原の避暑地としても知られる。

中心となるバンダルバン市は山に囲まれた盆地の街だ。

この先、仏陀バンクの要となっていくアウンは、ここバンダルバン市を拠点にする。バンダルバン市からバイクで1時間ほどのラズビラ村は、人口は1000人ほどで、わりと大きいほうである。アウンの運営するNGOのエコ・デベロップメントとネパールのNGOのCCIMODとの共同で運営している「アウトレットセンター」という集会場のような施設がある。施設と言っても箱は広いが、床は土間、竹造りの壁にトタン屋根が乗っているだけの粗末なものだが、村にとって僧院以外で唯一の公共施設である。

ミシンが備え付けられ編物の指導が行われていた。さまざまなワークショップや集会を行う所である。

この日は、仏陀バンクの説明を聞くために、村民15人ほどが集まっていた。初めて聞く仏陀バンクの仕組みに村民は目を輝かせ、特に女性達は興味津々である。応募者を募り検討したうえ、翌日この場に集まり、いよいよ融資をスタートする。

道を挟んでセンターのすぐ横にある急な丘、100段以上の石段を登ると、村で唯一の仏教寺院がある。いつ建てられたものか、相当古く老朽化した寺院。これまで何代の僧侶に受け継がれたのだろうか、樹齢100年はくだらない大きな菩提樹の木。古くから仏教が土地に根付いていることをうかがわせる。

寺院内では孤児院を運営しており、30人以上の少年が暮らしていた。親のいない子や帰る所のない子どもばかりじゃなく、生活が困窮していたり、教育を受けさせる機会を与えられないなどの理由である。

後にわかっていったことだが、チッタゴン丘陵地帯の仏教寺院の多くが孤児院を兼ね備える。

ほかにそれに代わる施設がないからである。そのためわれわれは必然的に孤児院サポートにも関わることになっていく。

寺内の孤児院にて

日の丸でお出迎え（アウトレットセンターにて）

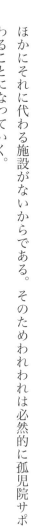

翌日の2010年6月5日朝9時、記念すべきバングラデシュで最初の仏陀バンクがスタートした。ラズビラに到着した時、会場の入り口を潜ると、村の婦人がミシンで張り合わせた、大きな日の丸の旗を広げて迎えてくれた。

ちょっと、じんわりきた。涙がこみあげそうだ。

午前10時過ぎ、「四方僧伽バングラデシュ」の主要メンバーに寺の住職の僧侶が加わり、簡単なセレモニーが行われた。それぞれの挨拶で始まったが、アシッシとシャンガプリヤ僧の演説は偉そうで長く、いらつきと今後の不安をかき立てる。俺とアウンは短く簡単に済ます。

最初の受益者となる男性5人と女性5人が、写真付の企画申し込み書を持ち寄り集まった。

お店を開く人、家畜を飼う人、香辛料の栽培やマンゴー農園を開く人、などなど。基本的に収入が見込まれる3カ月後からの返済になる。実行委員会を設立し4人を選抜、運営を託すこととなった。

帰り道、山岳の山道を進むと、わらぶき屋根の家と集落が多く点在する。昔ながらの素朴で質素なたたずまいだ。河の上流や山の奥深くにも村落が点在する。電気などインフラの設備のない村が多い。そんな自然の景色の中に、似つかわしくない近代的な建物が、あちこちに点在するのが見える。その度に、ここはなんだろうと思っていた。よくよく見るとバリケードが施されゲートで外の世界と隔離されていた。それらは、すべて軍隊の施設だった……そのギャップに強い違和感を感じる。この辺一帯は、あちこちに軍隊が駐屯する。ジュマなどのマイノリティーに対しての無言の威嚇と圧力である。現に俺達外国人は、パーミッション（入境許可書）なしではどこにも行けない。さらに時間制限や侵入禁止区域など厳しい条件を強いられる。そしてうんざりするぐらい検問が多い。

チッタゴン丘陵地帯における軍または軍事的なキャンプ
(2011年11月時点)

県	陸軍拠点	BGB	その他（警察部隊、自警団、警察）	合計
ランガマティ	64	59	48	171
カグラチョリ	53	46	40	139
バンダルバン	31	23	18	72
合計	148	128	106	382

2カ所目、バルワ族（ベンガル人）シャプラ村

そこはシャンガプリヤ僧侶のテリトリー、丘陵地帯とチッタゴン市の間にあるポテヤという大きな街から1時間。丘陵地帯と違い平坦な土地で、街の喧騒とは大きく様変わりし穏やかな仏教徒の村。しかしここで行なわれた仏陀バンクは、われわれが理想としていた仏陀バンク本来の自立独立支援とは、かけ離れたものだった。

なぜなら、受益者は5人、全員が働き盛りの男性。薬局オーナー、食料油、豆の精製など皆定職がある。そしてその5人の受益者全員が仏陀バンクの監視運営にあたる委員会メンバーでもある。それは金を借りた人間が、同時に集金する側となり、次に貸し出す人間を選別する権利を持つということだ……さらにこれら受益者に布施の義務はなく、それは原資が増える可能性のないことを意味する。これじゃあ、ただの生活支援だ。借金の返済に使って終わりじゃないのか！

本来の主旨、理想からずれていく現実、認識の違い、温度差の大きさを痛感した。

3カ所目、バルワ族（ベンガル人）、ルワパラ村

チッタゴン市から北東に2時間、アシッシの管轄するラウザン地区ルワパラ村へ到着。ここはアシッシの故郷。会場となるのは、ノルウェーの寄付で設立したオグシャル・コンプレックスというNGOの施設だった。仏教寺院を中心に敷地内には小中学校、技術専門学校、及び、寮を兼ね備えた少数民族の女子校を運営している。少数民族だけの女子校はバングラデシュでここ1カ所しかないという。仏陀バンク実施会場の入口では、「四方僧伽」のシンボルマークの入った旗を持ったバルワの女性達が並んで迎えて、花束が贈呈され思わぬ歓迎に感激した。

四方僧伽の旗で迎えてくれたルワパラ村

ところがだ。そんな酔いも束の間、途中から来たシャンガプリヤ僧侶のなが〜い説教。この坊さんが何処に行っても一番偉いんだ〜ということに俺もやっと気づき始めた。さらに後に続き、地元仏陀バンク委員会メンバーとなった施設内の小中学校校長によるあいさつが始まった。まるでその話し方ときたら選挙演説でもしているかのような上から目線。いつ終わるかもわからない偉そうな話に、俺はじりじりしながら申込者の名簿に目を通していた。

前日のシャプラ村の件があったため、女性の受益者を増やすようにと強く訴えたせいか、ここでは打って変わり、女性のみに貸し出す方針をとるそうだ……それもまた極端だな。

ところが申込者数、総額共に、指示してあった限度を遥かに超えていた。今回初年度立ち上げる仏陀バンクは5カ所、それぞれ均等の額を原則としていた。金額に例外はないと、あれほど言ってあったのに……困惑する俺に追い討ちをかけるように「こんな額じゃ何もできないでしょう、もっと予算を増やしてくださいよ」とぬかすアシッシ。

横にいたアウンは「5カ所でスタートするため、予算は限られている。それに1カ所だけ特別扱いすると、あとあと不満が出るだろう」とつぶやく。

かと言って、朝9時から5時間以上も待っている主婦達を、手ぶらで帰すのも忍びない。そこで、アウンは渋ったのだが、今回だけ特別ということで、必要経費の中から2万タカを追加した。

貸し出しが終わり、女性達がみんなうれしそうに笑顔で帰っていく。役員の長いあいさつを我慢して聞かされたルワパラ村の女性達、お金を借りられてみんな安堵の表情を浮かべていたのが救いだった。

この訪問で初めて分かった。表向きはアシッシが運営責任者のようだが、実際に行われる仏陀バンク事業は、この組織に全て委託する形になっており、彼はパイプ役として中継ぎをしたに過ぎない。仏陀バンクを運営する実行委員会のメンバーは、全員がこの複合施設の役員達であり、僧侶と、小学校校長、もと丸紅のバングラ支社長、などの顔ぶれだ。

要するにアシッシは何もしなくていいのだ。したことと言えば、見栄を張って金額を勝手に盛ったことぐらいだ。無理に言えば俺が折れると読んでいたのか？　俺はまんまとはめられたのか!?　アシッシは案内を流しただけで、現場の担当者にすべてまかせっきりだった。

その例として受益者の中の3人の女性は、何の具体的な計画もなく、ただ金を借りに来ていた。何も知らずに来た彼女達は、その場で取って付けたように、申し込み用紙に、使用目的を書き込んだ。家畜を飼うとか、肥料を買うとか。

受益者に罪はないが、そんないい加減な利用者のために、2万タカもの経費を失ったのだ。これから予定している別の仏陀バンク開設場所での予算に支障をきたしたことは確かだ。

そのことを知って俺は憤りと悔しさが込み上げる。知っていれば絶対出さなかった！　アウンにも「なんで止めなかったんだ！」と喰ってかかる始末。それにしても、事前の段取りの悪さと問題点が露出した。俺の責任だ……。


この日の夜、俺はチッタゴン市からチャクマ族の多く暮らす土地、ランガマティ市に移動するため夜行長距離バスに乗りこんだ。胸がむかつく。さらに昨日はモスキートのせいでほとんど寝てないためか、頭痛がひどい。道がひどいので、バスは激しく揺れる。うだるような暑さに、ほこり、強烈な排気ガスの臭《にお》い。鳴り止むことのないクラクションの音音音、不快指数をマックスに押し上げる。バングラデシュ第2の都市チッタゴン、この街はファックだ！

NO11　バガイチャリの襲撃事件

翌6月9日。ランガマティ県は北東部に位置し、インドのシッキム州と国境を接する。ここに来たのは、わずか3カ月前に悲惨な事件のあったバガイチャリ郡のサジェクという土地に向かうためだ。そこは襲撃、焼き討ちという暴挙により壊滅的な被害を受けた集落だ。

訪問にあたりランガマティ県を中心に活動する地元NGO、ASHIKA（アシカ）が全面的にサポートしてくれることになっていた。ASHIKAは60人以上のスタッフを擁し、UNDP（国連開発計画）などの仕事も含め、多くの海外のドナーを持ち、主に地元チャクマ族やトンチャンギャ族の人々の支援活動を中心に、幅広い活動を行っている。代表は、のちに仏陀バンクプロジェクトの中心の1人となるビプロップ・チャクマだった。

初めて会った彼の印象はパワフルで、歯に衣を着せない直球タイプ。人情身深く、強いリーダーシップ……この男絶対使える。

ビプロップは学校の教員でもあり学術的にも広い見識を持つ。そう、この男との出逢いが、いずれ仏陀バンクを大きく飛躍させる求心力となる。

ランガマティ初日の朝7時、俺達はオートリキシャ（三輪車）に乗り込み、事件のあったサジェクに向かう。約3時間走って途中からオートバイに乗り換え2時間走。その間カメラを隠して5カ所ほどの軍の検問を掻い潜り、バガイチャリ郡へ到着した。

そこで現地NGO代表で地域を知り尽くしたスジェル・カンテ（後のバガイチャリ郡、カグラチョリ県の仏陀バンク責任者）に案内され、2台のバイクにそれぞれ2人乗りし、細く高低の激しい山道をさらに1時間、ようやく襲撃のあった地、サジェクの集落にたどり着いた。

ここで何が起きたのかを、簡単に説明しよう。

以前から先祖代々チャクマという少数民族の暮らしていたこの地域に、3カ月ほど前、セトラーと呼ばれるベンガル人入植者が大勢やってきて、むりやり入植地を作るための工事を始めた。さらに住人を追い出すために軍隊が出動し圧力をかけた。強制立ち退きである。そこで抵抗したチャクマ族の男性がナタで兵隊を殺してしまい、バングラ軍が発砲、それにより2人が死亡。そしてセトラー（ベンガル人入植者）が村落に火を放ち、20キロ四方の家々を焼きつくした。その結果、6日間で民家450軒と仏教寺院2つが全焼、3500人以上が家を失ったのだ。

この行為は「打ち壊し」と呼ばれ、丘陵地帯全土で以前から何度も起きている。しかし報道規制で隠蔽され、こんな大事件でさえ国際社会では一部でしか取り上げられない。

日本のマスコミは残念なことに、知られていない土地のことなどはあまり触れることはない。

チッタゴン丘陵地帯における軍による人権侵害

年	死亡	負傷	レイプ	レイプ未遂	略奪	逮捕	拷問	殴打
2004	3	5	0	0	4	53	64	26
2005	1	5	0	1	20	84	40	36
2006	1	1	2	1	1	21	42	0
2007	3	0	0	1	0	38	30	1
2008	2	2	0	0	0	11	38	1
2009	5	7	0	8	0	159	112	36
2010	0	0	0	4	6	43	9	22
2011	0	11	0	1	1	55	39	32
2012	1	0	0	4	2	51	14	3
2013	0	1	0	1	2	44	25	1
計	16	32	2	21	36	559	413	158

チッタゴン丘陵における入植者による主要な襲撃事件

日付	場所	県	住居全滅	寺院全滅	略奪	負傷	死亡	レイプ
2003/4/19	モハルチョリ	K	400	2		13	2	10
2006/4/3	マイシュチョリ	K		1	100	50		2
2008/4/20	サジェク	R	76	1				
2010/2/19	サジェク	R	450	2		数十	2	
2010/2/23	カグラチョリ	K	61		9		1	
2011/4/17	ラムゴール	K	111	2	5	20	6	
2012/9/22	ランガマティ	R				100		
2013/8/3	タインドン	K	36	2	261	12	1	

K＝カグラチョリ県、R＝ランガマティ県

焼かれた家屋と被害者

バングラデシュに限らず、1つの国が独立して国境を設定した時、国境線近くで暮らす先住民、少数民族の人達は、曖昧な国境線の両方にまたがっていることが多い。そしてある日突然、それぞれの国民に取り込まれてしまうことがある。そもそも長い間その土地で暮らす先住民にとって、先祖から代々受け継がれてきた土地である。彼ら独自の習慣とルールで継承されてきた土地に、従来の法治国家が慣例とする登記、または登録義務なんてものはない。そこに新たに出来た国家及び体制側が、人口分布政策などで登記されていない土地を個人や民間、不動産業者などに売りさばく。その土地こそが、ここで綴られる、チッタゴン丘陵地帯の先住民、ジュマの人達の土地なのだ。

事前通告もなく人手に渡ってしまうという……。

買い取った業者は、政府から発行された権利書を楯に、突然ブルドーザーやショベル機などの重機とともにやって来る。さらに悪いことに業者が政府の役人や軍の幹部と癒着している。なぜなら同じように国軍が基地建設を理由にジュマの土地を奪っているからである。事件の起きたこのあたりは、軍事基地が多く、軍隊がたくさん駐留している。俺達はそこを避けながら大きく迂回し、被害地の一番奥を目指した。そのため一部の現場しか見ることはできなかったが、まる焦げの柱だけになった家々は、その凄惨さを知るには十分過ぎるぐらいだった。病院を兼ねた施設まで丸焼けとなり、柱という柱は焼き尽きた炭のようにどす黒くおぞましい。

劫火の中で一体どれだけの阿鼻叫喚が起きたのかと思うと、同じ人間として許し難く、ただただだ理不尽な現実が存在することに驚嘆するばかりだ。軍隊を否定するつもりはない。むしろ肯定する。誇りを持てる職業であると思う。ただし軍隊は他国などの脅威から自国民の権利と財産を守るため存在することに限って許される。自国の民間人相手に、それも権力維持のため暴力を行使する軍隊など畜生以下の何者でもない。

すぐ横に建てられた粗末な仮設の建物に数十世帯が肩を寄せ合い暮らしていた。印象的だったのは、悲壮感より現実を受け止めようとする姿がなんとも痛々しかったことだ。そして人びとはおおらかで優しかった。真実を知られたくない軍関係者は、外部からの侵入者に神経を尖らしていた。村の人の話では、同じ日の午前中、クリスチャン系のサポートグループが救済活動にやって来たらしいが、存在に気づいた軍の兵士がさんざん質問攻めしたあげく追い返してしまった。

俺は、運がよかったんだ……。

現場に着いてまだ30分だったが、また6時間かけてランガマティにとんぼがえりする。パーミッション（入境許可書）の関係で、夕方6時半にはここバガイチャリ郡を出なくてはならない。そのパーミッションはコネと根回しでやっと発行され、厳しい時間制限が課せられていた。

帰る途中、道沿いにある難民キャンプに寄った。サジェクのような「打ち壊し・焼き討ち」とは別に、紛争で土地を奪われ、村ごと難民となりインドに逃げていた人達だ。平和協定（P93コラム参照）成立を理由にインド政府に追い返され、行き場を失いやむなく帰国難民として暮らす。「打ち壊し」のような襲撃を含むセトラー（ベンガル人入植者）による土地略奪とともに、建国以来ジュマの人達が長い間直面する深刻な問題である。

この難民キャンプは、郡内に以前あった1つの村の25家族が滞在し、そのほか21家族ほどがまだインドに残っているため、家族離れ離れの人も多い。バングラデシュ政府は、口ばかりで、土地を返そうとしない。もしくは軍が政府の意向を無視しているかだ。

その夜ビプロップと、ジュマ民族の置かれた状況にわれわれは何ができるのかを語り合った。その折、彼との出会いから、心に強く抱いた思いを口に出した。「四方僧伽のメンバーに加わり私達と一緒に活動して欲しい」

ビプロップは迷うことなく意欲的に賛同の意思を表明してくれた。

彼は仏陀バンクの構想は、極めて理想的で高い可能性を秘めていることを感じ取っていた。民族存亡と人権を勝ち取るという、ジュマ民族が渇望する理想の社会の構築にリンクしていたからにほかならない。ビプロップは、この活動は彼の運営する組織の活動やビジネスではなく、「私個人、人としての大願として取り組ましてもらいます」と言い、そのために使えるあらゆる能力を動員すると語った。

もう1つの理由として、日本人伊勢を信じてくれたことがある。その背景にアウンの言葉があった。「あのアウンがとても伊勢という人間を高く評価している」とビプロップが語ってくれたことを、今も忘れられない。

それは能力でも経験でもない。国際NGO、金融業、法律、政治、全てにおいてズブの素人であることは、その道の人間から見れば一目瞭然。そんな人間を評価したアウンの洞察力は鋭い。見ているところが違う……俺の中にあったのは純粋に「少数民族ジュマの力になる」その使命感、ただそれだけだった。

ビプロップの積極的な返答、その時の高揚感は、入国して以来初めて、成功に向かう感触を得た瞬間だった。同時にひとつの提案をせずにはいられなかった。それはつい数時間前に訪れた焼かれたサジェクの集落、あの住民を救いたい、力になりたい。激しい怒りとシンパシーを受けたその思いを発露する。「あの村でぜひ仏陀バンクを！」

ビプロップのレスポンスは冷静で明快。まず彼らが自立できるためのプロジェクトとその指導、環境づくりが先決で、それをしないと、ただお金をつかってしまうだけだろうと言う。

そうだ……素人の俺が調子に乗ったことを言ってしまった。甘いよな、まったく……。

代わりにビプロップからは、それができそうな環境の村が2カ所ほどあるので、まずそのどちらかでやってみてはどうだろう、と提案される。チャクマ族と、トンチャンギャ族の村だ。後日一緒に訪問し、どちらにするか最終決定は伊勢に任すと言う。

思いあぐねていた最後5番目の仏陀バンク開設の見通しが立った。そして強力な新メンバーも加わった。テンションが上がって、この日の夜は、出会った多くの地元の仲間も加わり地酒で乾杯。米を原料にして作った焼酎だ。

「メチャ強ぇ！　ついでに禁煙終了……たばこがウメー」

NO12　湖畔の美しい村ディグリバ

翌日、仏陀バンク最初の候補地に向かう。ビプロップの250ccヤマハにダンデムして、カプタイ湖沿いのワインディングロードを突っ走る。かなりのスピード狂！　加えて日本ではできないノーヘル走行が瞬間的な開放感を演出する。

幹線道路沿いから近いチャクマ族とトンチャンギャ族110世帯が暮らす小さな村に到着。仏陀バンクの候補地視察として先住民の村を訪問するのはこの時が初めて。

素朴で綺麗に清掃された、こじんまりとした村、俺が昭和の童《わらべ》だった頃の故郷を想い出す。井戸の生活、電気は来ておらず質素な暮らし。伝統の機織りをする女性、米の籾殻をゴザに広げ乾燥させる農民、ジュマ民族ならではの昔からの暮らしがあった。

カリバリと呼ばれる村の頭《かしら》と村の長老、数人の男性と面談し、仏陀バンクの話をする。初めて聞く無利子融資。俺自身も初めて語る仏陀バンク。双方戸惑いながらも情熱だけは伝わったようだ。

あれこれ難しいことを説明するより、直接会って伝え、信じてもらうこと。大切なのはその誠意と熱意だ。今できることはそれだけなのだから。

村の長の家では、とれたてのジャックフルーツが出た。この大味な果物、あまりうまいと思ったことがなかった。しかしなんとジューシーで、まったり甘いことか、今気づいた。これまで、うまいのを食ってなかったんだぁ。

ジャックフルーツに限らず、旬の果物がこれほど美味しいのかと思い知らされることは、滞在中よく起きる。それだけ適した土地ということだ。

次の日、もう1つの候補地へ。そこは日本の琵琶湖ほどもある巨大な人工ダム、カプタイ湖に浮かぶ小島。ランガマティ市内の船着き場から、定員20人ほどのエンジン付小型ボートに乗り込む。真っ青に晴れわたった空の下、俺達を乗せたボートは、まるで湖面を滑るように快走する。子ども達が湖畔岸から手を振っているのが見える。くそ熱いここバングラデシュだが、この時ばかりは、気持ちのよい風が全身をなでるように通りすぎていく。南国独特の真っ青な空と雲が、鏡のように穏やかな水面にくっきりと映し出されていた。

1時間ほどでディグリバという美しい小島の村に着いた。船以外に交通手段はない。湖畔から丘を登ると、マンゴーやジャックフルーツの木がいたるところに生えており、ゆるい風が枝々を躍らせる。遊歩道がきれいに正装されていた。歩いていくと、うっそうと緑の茂った丘に囲まれた、美しい沼がいくつもあるのが見える。

世帯数は160家族。まずはカリバリ（頭）のところへ、そのあと村の有力者数人とASHIKA（アシカ）のスタッフ4人をつれだってお寺へ向かう。そこで僧侶を囲んで、仏陀バンクやわれわれの活動、さらに将来の構想などをビプロップは熱弁する。その姿は、まるでずっと昔から「四方僧伽」のメンバーだったみたいで驚くも嬉しくもあり、俺の目に狂いはなかったと自画自賛したくなるほどだ。

村人とのほのぼのとしたやりとりは、ビプロップとアシカのスタッフらによる、時間をかけ積み重ねてきた信頼関係を彷彿させる。村人の素朴な笑顔、結束力、心温まる交流を通し、この村から高い可能性を感じることができる。

僧侶も村の有力者も全面的に協力を惜しまないと言う。

帰り道ビプロップが俺に向かって「昨日の村か、それとも今日の村か、どっちにする？」といきなり切りだしたが、俺は迷わず答えた。「この村」。「よしわかった」とビプロップが答える。「わかったって、あんたはどっちなんだよ？」と俺。彼の答えは〝Here（ここ）〟。〝are you serious（ほんとに）？〟。〝Yes I'm serious（ああ、本気さ）！〟とビプロップ。

いずれこの村での仏陀バンクは大成功を収め、そのサクセスストーリーは、モデルケースとして語り継がれることとなる……。

NO13　アシッシの抵抗

ところがこのことが、アシッシを初めとするバルワ側から、何の相談もなく勝手に独断で進めたと、大きな非難の的になった。

俺は、この場ではプロジェクトの責任者ではあり、日本の組織を代表して来ている。とは言え、何を決定するにも、バングラデシュの役員全員のコンセンサスを取る必要がある。したがってディグリバ村で5番目の仏陀バンクを始める件も、ビプロップを「四方僧伽バングラデシュ」のメンバーに推薦することも、役員全員の承認が必要になる。そのため俺はチッタゴンのアシッシに電話で報告し協力を要請した。

こちらとしては筋を通し、後日予定している役員会議で検討してほしいと伝えた。電話越しにいったんは聞き入れてくれたように見えたが、案の定、その平和は2時間しか持たなかった。

再び電話で「われわれを差し置いて勝手に決めるのは許さん。いつどこで仏陀バンクを始めるのか、われわれの承認をとってから始めるのが筋だろう」と、一見まともなことを言ってはいるが、シャンガプリヤ坊主の入れ知恵なのは間違いない。「ボウズ、いやボスは俺だ」と言いたいのだ。

結果的に彼らの中で思い描いていたシナリオ、南部ボツアカリ行きが中止になったことが原因のようだ。過去の経緯やキャラクター、そして先日のずさんな仏陀バンクのやり方を見ても「こんなやつらにまかせられるか」というのが正直本音だ。ましてこの件は、場所も人も俺自身で確信を持って進めたこと。絶対譲れない。

電話越しに怒り、困惑の声色でアシッシは言う。「行くって言ってあるんですよ。みんな待っているんですよ！ 仏陀バンクはしなくてもいいですから、ボツアカリに行くだけ行ってください」

それに対し、「みんな待っているところに行って、期待させてなにもしないのは、もっと彼らを落胆させるだろう」と俺は答えた。

「それは、私も心が痛いです」とアシッシ。

電話を切ったあとも、このままだとせっかくの取り決めが妨害されるかもしれない。暗雲の展開に不安を残し気分が重かった。

その夜泊めてもらっていたASHIKAの宿泊施設、そこへ地酒を持参したビプロップがやって来て話が多岐にわたる。ほろ酔い気分で「伊勢は、なぜシングルなんだ？ それはよくないな。年をとったらつまらん人生だぞ～」……て、あんたまだ37のくせして。俺より一回り下なんだけど。

「どうだ、チャクマの女と結婚しないか！ 俺が明日いいのを紹介してやるよ」って大真面目。

いやー、参った……でもちょっと期待……。

おかげで重い気分も中和されたようだ。

だがその翌日、バングラデシュの習慣を軽んじ、民主主義を無視した伊勢の勝手な行動のため、ボツアカリに訪問できなくなった。そんな内容をアシッシが創立者の井本氏にメールで送ったことを知らされた。

当時彼らの行なった、ボツアカリ地区でのサイクロン被災地支援では、日本から提供された資金を、経費も含め自由に分配できた。被災者に嘆願され、敬われ、感謝される日々で、相当良い気持ちになったのだろう。いわば人のふんどしで相撲を取り勝ち誇っている力士だ。

後からボツアカリの人間と電話で話してみて分かったが、現地の人達にずいぶんといいことを言った手前、当てにされ引くに引けなくなり恥をかいたのだ。

これは身から出た錆。自分を大きく見せようとする人間は見栄をはる。

NO14　正念場

数日後、「四方僧伽バングラデシュ」役員が全員集まり協議する予定になっていた。チッタゴンのアシッシに電話し日時を決める。ビプロップを皆に紹介し、新役員としての承認を要請するために。

多忙なビプロップは、その当日はダッカで開かれる某国際機関の会議に出席することが以前から決まっており、午後2時にはチッタゴン空港に行かなければならないが、それ以前の時間であれば、何とか都合をつけるということで、アシッシに電話で集合時間を11時と提案した。

アシッシは、「僕は大丈夫ですよ」といったんは了解した。だが30分もしないうち彼から電話が入り変更を要求してきた。

また同じパターンだぜ！

アシッシ曰く、シャンガプリヤ僧が4時にしろと言っているらしい。この国ではお坊さんが上なので絶対従わないといけないとアシッシは続ける。

そこで、やむを得ず妥協案を出した。午前の部と午後の部の2回行う。まず11時に集まり、4時にもう1度お坊さんに入ってもらう。しかしアシッシは、われわれ役員だけで集まればいいだろうと譲らない。こちらとしては集まりの席でビプロップを役員に推薦するのが重要な目的なので、彼なしでは意味がない。

アシッシは自分を含め役員を決定したのは、創立者井本氏であると突っ張る。何かと理由をつけ外部の人間を受け入れたくないのだろう。

さらに前日決めたボツアカリ行き中止の件を何度も蒸し返す始末。伊勢の思うようにはさせないぞと言わんばかりに、事あるごとに井本氏の名を出す。そしてこちらが妥協しないと見ると、突然開き直ったように言い放つ。「僕は行きませんから、大事な用事があるので」。それからは、こちらが何を言っても「とにかく僕は行きませんから」の一点張り……30分前には来ると言っていたのにそんな急に大事な用事が出来るかよ……！ と思いながらも、このまま子どものように拗ねて、開き直られると後が面倒だ、ここはなんとしてでも2人を会わせておかないとチャンスはもうないだろう。そうなれば永久にビプロップを役員に迎えられなくなるばかりか、せっかく決めたディグリバ村やランガマティ県での仏陀バンクの展開は遥か遠い先になるやもしれない。

グッとこらえた！

この時ほど俺は大人になったなぁ、と自分で実感したことはない。

「分かりました。あなたの提案に従いましょう。4時で結構です」と俺はアシッシに伝えた。するとと「私じゃなくお坊さんに従うのですよ」と勝ち誇ったように言う。

この時どんだけ憎たらしかったことか……。

だが俺もこの流れで、奴が気持ちよくなり満足して気を許した瞬間を待っていた。そして断れない言い回しで要求した。

「協力に感謝します。ほんとうにありがとうございます。そこでアシッシさん、ひとつお願いがあります。バングラデシュのリーダーであるあなただけは11時に来てビプロップさんに会ってもらいたいんです」

意表を突かれたアシッシは断る理由が見つからなかったのだろう、一瞬困惑しながらも反射的に弱々しく小さな声で答える。「わかりました……」

説得

翌日の早朝、いつも陽気なビプロップが、神妙な顔をして俺の部屋にやってきた。口を開いた彼は、自分はあまり歓迎されていないようだし、現段階でアシッシさんなど役員には会わないほうがよいだろう。そのことで、伊勢をトラブルに巻き込みたくはない、と。

それはまずい。アシッシをやっと説得したのに、こちらサイドで消極的になられては……。

俺はすかさず嘆願するように話しだした。いま会わなければさらに疑心が増すばかり。とにかく自分のいるうちに、1度直接会ってお互いを知ることから始めてほしい。それを実現しておかないと、仏陀バンクの展開がほんとうに危ういのだ。

「仏陀バンクは始まったばかり、最初が肝心。あなたが言っていたように、仏陀バンクはコミュニティのために存在します。もともと反目しているバルワ族（ベンガル人仏教徒）とチャクマやマルマなどのジュマ民族が、手を取り合い、協力し合うことが、そう簡単だとは僕も思ってはいません。しかし仏陀バンクはそれを実現するための第一歩なんです」

さらに続けた。「そのためには海外のネットワークとサポートが絶対必要なんです。だからわれわれが存在する。仏陀バンクは結果を出した方が必然的にイニシアチブをにぎるべきで、そうやってフェアでベストな形になっていけばいいんじゃないでしょうか。代表（当時）の井本さんは、僕に、すべてを任せてくれている」

最後に「もしアシッシ、彼がまたあなたに会うことを拒むようなことがあれば、こちらにも相応の考えがあります」と俺は強い決意を伝えた。

なんとか食い下がり、説得に成功、辛うじて先の見通しが繋がり、ふーとため息。

オープニングゲーム

その日の夜は、南アフリカで行われるサッカーワールドカップのオープニングゲームがある。南アフリカ対メキシコの試合を、ここランガマティのサッカースタジアムに大型スクリーンを設置して中継するという。

ビプロップに連れられて見にいく。会場には、この特別な日をみんなで盛り上がろうと、数百人の観衆が集まっていた。ところが、なにやら機械の調子が悪いみたいで、ゲームが始まってすでに15分も経つのに、大型スクリーンはずっと「砂の嵐」。と、突然、スピーカーが破れるかのような大音響が鳴り響く、と同時に画像が現れた。その瞬間、場内は割れんばかりの大喝采がこだました。

高感度フイルムで撮影したような、ひどく荒れた映像の中、ゲームが動くたびに、歓声と、どよめき、ドラや太鼓の音が鳴り響く。すっかりその場の雰囲気に乗せられたのか、初ゴールの瞬間、立ち上がってこぶしを振りかざす、いつもと違う知らない自分の姿に、我ながらびっくりしたのだった。

翌朝、チッタゴンでの再会を約束し、いったんビプロップと別れる。バス停に見送りにきた彼は、俺の目をまっすぐ見、鋭く真剣な眼差しでこう言った。「この仏陀バンク、本気で成功させたい」。そう語る彼の姿に、俺はじーんと胸が熱くなった。

NO15　ミッションコンプリート

チッタゴンに到着後、最も大切な最終会合を翌日に控え、アシッシに直ぐにでも会う必要があった。これまでの誤解を解くためだ。そして、彼の真意を確かめる。それにより、今後どう関わるべきかを見定める。仏陀バンクが始動したことで、役員全員が、その責務を自覚し、団結して実行していく意思を表明する。必ず成功させるために。

アシッシに電話。「もしもし、ご飯でも食べませんか？」40分後、一緒にオートリキシャ（エンジン付3輪車）に乗り食事に出かける。

するとアシッシ。「ちょっと寄りたいところがあるんですが、いいですか？」ん、まあ、いいか……と着いたのは彼が応援しているとかいう市議会議員の候補者の選挙事務所だった。

投票日を数日後にひかえ大勢の支持者が集まっていた。どうぞ、と言われて候補者の前に引き出され、「日本の友人を連れてきました」とアシッシが誇らしげに言う。俺は支持者でもなんでもないが、従来の客商売で染み付いてしまった悪い癖で、候補者や幹部役員と笑顔で握手を交わす……。

アシッシはここぞとばかり自慢の日本語を披露する。見せびらかしたいだけだから、話の内容に中身などあるはずもなく、トンチンカンで何を言いたいのか分からない。

候補者の議員も負けじと英語で応戦……いかにも取り巻いている支持者達を意識しての芝居がかった口調で俺に向かって話す。女性の人権がどうとか、私がアメリカにいた時はとか……。

またもアシッシの自己ピーアールのパフォーマンスに利用されたようだ……こういう国では、人間の中身はともかく、先進国と呼ばれる国の友人がいることや、海外のアソシエーションと繋がりがあることは、一種のステータスだ。自分の社交の広さや影響力を見せつけるために使われることがよくある。俺も例外に漏れず、ここでは「ミスタージャパン」。こうやってお飾りとしてもてはやされるのだ。

さらに追い討ちをかけるようにアシッシが言う。「友人の夕食会にさそわれているんですけど、一緒に行きましょう」

またあ……もうその手には乗らんぞ。大事な話があるだろうに。何考えてんだよ！　……抑えろ……カムダウン……ミッションを成功させるために、今日は何を言われても感情的にならず、とことん奴の言い分を聞こうと決めたはずじゃないか、と俺は自分に言い聞かせた。

「今日は疲れているので、部外者のいないところで話しましょう」と俺。そのあと入ったレストランでやっと2人になり本題に入る。俺は、うんうんうんうん、とうなずきながら、相当溜まっていたらしい彼の勝手な言い分を、黙って我慢して聞き続けた。

話を聞くと、「四方僧伽」の創立者である井本氏のことが大好きで、活動に賛同しているのは事実のようだ。困っている人達を助けたいという気持ちも嘘ではなさそうだ。ただ、やはり「四方僧伽」には大きなファンドがあり、豊富な活動のための資金を持っていると思っている。さらに井本氏に言えばなんでも助けてもらえると思っているようだ。

そこで、このプロジェクトの予算をどうやって捻出したか、いかに予算不足なのかを、事細かく説明し、井本氏はすでに直接関わっていないことを伝えた。

わかりやすいアシッシの顔は、みるみる困惑していった。俺は話を続けた。だからボツアカリの人達には「今回だめでも次回は」とか言わないでほしい。言えば期待される。現時点では全く先が見えないのだから。さらに先日、誤解を生んだ新規仏陀バンク開設地と、ビプロップの役員への推薦の件で、それまでの経緯を誠心誠意語った。

アシッシは言う。「僕はただ民主的にやりたいんですから」。何かあるたびに民主主義を振りかざす彼。どちらが民主的行動かよくわからんが、ここは「はい、もちろんです」と答えておく。

会合当日午前の部

翌6月14日、チッタゴンレールステーション向かいに建つ、でっかいパラマウントホテル。そのロビーで、みなを待っていた。約束の時間11時から25分が経過、おかしい、誰も来ない……。

「来た」……アシッシだった。

ビプロップが遅い。どうした？　この後すぐダッカ行きの飛行機に乗らなければいけないはずなのに……。

俺は今日がバングラデシュ滞在の最終日。もう後がない。不安と焦りで、じりじりとした気分が続く。ネガティブな感情から、海外支援活動を長くしている知人から聞いた印象深い言葉を思い出す。

海外での活動の心得3A……1、焦らない　2、当てにしない　3、あきらめない。

その時、ビプロップから電話があり、運悪く雨と選挙運動時期が重なり渋滞がひどいらしい。少し時間が経過。ザーと雨音がドアマンの開けたロビーの入口から聞こえたと同時に、ビプロップが勢いよく入り込んできた。来た。よかったー。間に合った。

簡単なあいさつの後、まずはアシッシのほうから話を切り出す。これまでの活動や創立者、井本氏との密接な関係やら仏陀バンクへの想いなど、準備していたのであろう彼なりの主張を淡々と語り始めた。だまって、うなずき聞いているビプロップ。ひと通りアシッシが話し終わると、彼が話しだす。アシッシをリスペクトしながら、いかに「四方僧伽」の活動に共感したか、どういう気持ちで取り組んでいくのかを、熱く語る彼の勢いに、圧倒されたかたちのアシッシだった。

最後は笑顔で握手をかわし、ビプロップは急いで飛行場に向かった。終始和やかな雰囲気で終わることができ、横で見ていた俺は、うれしくて涙が出そうだった。

アシッシは俺に向かって言った。「とてもいい人ですね」

最終会合、午後の部

午後5時、予定より1時間遅れて会議が行なわれたアシッシ宅。スリランカ出張で留守だった僧侶のスノモジュテが帰国し、初めて仏陀バンクプロジェクト正規役員が全員そろった。彼は5カ所の仏陀バンク開設地の1つで、4カ所目にあたるラジャストリ地区のナランギリパラ村の責任者だ。

ところがちょっと気になる点がある。その村の返済方法は、年1回の一括払いだということである。なぜなら収穫は年に1度だけで、それが年間の収入のすべてだかららしい。

基本的に地域の状況や慣習を尊重するように考えてはいたが、一般論として、それではちょっとリスクが大きいのではないか？　たとえば収穫寸前に、何か問題でも起きて、返済ができないようなことになれば、借りた本人が苦しむことになる。その点、返済を数回に分けたほうが、村人の間で、状況もわかり柔軟に対応できるのでは、と提案してみた。しかしスノモジュテ僧侶は「自分がちゃんと見て回るから大丈夫ですよ」と言う。とりあえずここは尊重することにしたが、懸念が残ることに……その結果は3章で紹介する。

会議進行中に、とにかくその存在感を見せつけたのは、やはりここでもシャンガプリヤ僧侶。とにかく黒幕はこいつだ。新しい役員や仏陀バンク開設場所を自分に相談なしに勝手に決めたということで、えらい憤慨している。俺が何を説明しても、ほとんど無視……勢いあるベンガル語の巻き舌、低いヴィブラートのきいたダミ声でまくし立てる。

この僧侶、完全にボスのつもりでいる……。

ミーティングが始まってからというもの、あらゆる議題にも、とにかく口をはさんでくる……気の短い俺は、その度にイラっとしテンションが上がってくる。それを察したか、タイミング良くアウンが提案する。「四方僧伽メンバーは、役割が違うだけで上下関係はなく、公平がポリシーである以上、いちメンバーとして受け入れるのは特に問題ないはず。あなたさえ良ければ、次期役員候補とし、正式な役員には、今後の活動を見て決めていくというのでは、どうでしょう？」

さすがアウン。彼は思慮深いだけじゃなく、空気を読み全体を見通すバランス感覚がずば抜けている。うまーくボス、いや坊主の機嫌をとって、話をまとめた。誰が聞いても正論で、反対することはできない。実は、こうなることは分かっていたため、事前にアウンと打ち合わせて妥協策を準備していた。ビプロップを正式に役員として迎え入れられなかったのは心の底から無念！ だがとりあえず仕方ない……。

それにしても、このお坊様には誰も逆らえないと見える。日本の仏教とは異なる上座部仏教。バングラデシュでは超マイナーな仏教だが、東南アジアを中心にタイ、カンボジア、ミャンマーなどでは、僧侶の地位は極めて高い。僧侶という存在が偉いのであって、その人間が偉いわけではない。長く聖職についていると、そのなかには勘違いする輩もいる……。

最後にアシッシのほうから、重要な案件があると言う。嫌な予感がした。

まずは、これからの運営にかかる経費をどうするのか？　と。やはり金がらみ……さらに

Administer（管理、運営、施行する人）とFinancier（財務、金融の管理人）の2つの役割担当を決めると言うのである。

「さあどうする？　イセさん、あなたが決めなさい」ボスが低音のダミ声で威圧感いっぱいに迫る。

意表を突かれた俺は一瞬蛇に睨まれたカエルの気分。頭の中は真っ白。今の現状で、二択の役割分担をはっきりさせる必要があるのかないのかなんてことは、考えも及ばない。そんなこちらの事情などお構いなく、有無を言わさず今この場で即決定しろとボスが迫る。

ここはアウェー、会議の流れが仕組まれ、うまく誘導されているのは感じ取っていた。不意打ちをかけ、叩き込むように次々と案件を決めていくやり方は、有利に事を運ぼうとする連中の常套手段。プロジェクトが始まった初年度の会合で主導権を取ろうという狙いは見え見えだ。

したがって返答じゃなく質問で切り返す。「あなた方のご希望は？」

それに対し、「われわれがAdministerとして、運営、施行を担当して、Financier、財務、金銭に関しては、アウンがいいんじゃないか」と来た。活動の権限は握り、めんどくさい金に関しては、人にやらせるという考えなのか？　こいつらに運営を任したら全てがお釈迦になるのは目に見えている……ん！　仏教僧侶と信者だからお釈迦になるのは本望か！

かと言って財務を任せたら自分達に都合いいようにしか金を動かさないだろう。どちらに転んだとしても、この2人に有利に働く。そもそも、今どうしても決める必要があるのか疑問だ。

俺の本心は「どちらもこの2人に任せる気はさらさらない」だ！

しかしそんなこと言える雰囲気じゃない。せっかく場が和んで来たのに……。

とりあえず「そんな大切なこと、僕1人ではとても決められません。日本に帰って幹部と相談します！」と何とかその場をかわし会合は終了。

アシッシとシャンガプリヤ僧、このコンビが主導権を持ち、「四方僧伽」として初めての救済活動をしたサイクロン支援はわずか2年前。バングラデシュデルタ地帯の災害の規模は非常に大きく、被災者680万人、死者3300人。この時、日本から出た多額の支援金で、その全てを任された彼らは、支援活動で得た、名誉という蜜の味が忘れられないのだろう。実際はこれまで、人と金が日本からやって来ないと何もできない、と言うか何もしようとしないのが現状。今回新たに立ち上がったジャパンファンドによる「四方僧伽」の仏陀バンクプロジェクト。その美味しい思い、逃す手はない。

ところが、そうはどっこい思うようにはさせない、何てったって日本側の責任者が、この俺なのだから。

2010年、こうしてバングラデシュにおける仏陀バンクは始まった。

原資総額、39万7500タカ＝53万4000円。

午後7時半、今回の渡航での仕事はすべて終了した。そして30分後のバングラ時間8時からは、まるでスケジュールを合わせたかのように、サッカーワールドカップ日本チームの初戦、ジャパンVSカメルーンの試合が始まった。アシッシがカミさんに作らせたという彼の日本の大好物、ハウスバーモンドカレーを一緒に食べながら試合を観戦。カレーのパッケージを見ると賞味期限はなんと2009年6月、ちなみにこの日は2010年6月14日！

そして10時に試合終了、念願だったジャパンチームの初勝利が、バングラデシュミッションの成功に花を添えてくれた。彼らの勝利を見届け、俺は11時発のダッカ行き夜行列車に飛び乗った。明日にはバンコク、冷えたビールにありつける……そして至福のタイマッサージが待っている！

帰国後わずか4カ月後、俺は再びこの地に舞い戻ることになった……。

コラム

チッタゴン丘陵地帯とは

少数民族ジュマが暮らすチッタゴン丘陵地帯は、バングラデシュ南東部に位置し、アラカン山脈につながるバングラデシュ唯一の丘陵地帯である。その大きさは5090平方マイル（1平方マイル＝2・59平方キロ）、バングラデシュ全体の10パーセントにあたる。ほとんどが数フィート（1フィート＝0・305メートル）以下の低い平原地帯のバングラデシュにおいて、ここには400フィートの渓谷があり、土地と何処までも続く深い森を擁する。

ミャンマーと国境を接し、ランガマティ県、バンダルバン県、カグラチョリ県の3県からなる。

イギリスのインド・ビルマ統治下時代は、自治区として認められており、それぞれの部族の王がイギリスに年貢を納めることで平安を維持してきた。しかし第2次大戦後、アジア諸国が相次いで独立し近代化するなか、ジュマの人々は、インドから東パキスタン、その後のバングラデシュへと、国家体制に強引に取りこまれていった。

歴史的背景、文化や習慣、宗教的にも本来ならミャンマーもしくはインドに帰属するべき民族である。

バングラデシュのチベット

１９７０年代後半になって政府は、開発および平原地帯に住むベンガル人の丘陵地帯への一方的な入植政策を取る。世界銀行やアメリカ、カナダの援助によってランガマティ県に建設された発電用のカプタイ・ダムは、ジュマの人々の広大で肥沃な農地２２０平方キロメートルと家屋を強引に水没させた。その広さは、この地域の農地全体の40パーセントにあたり、一緒に沈んだ森林は約２６０平方マイル（約６８０平方キロメートル）、日本の琵琶湖に匹敵する。人口の４分の１にあたる10万人の少数民族ジュマが立ち退かされ、その半分近くは代替え地を与え

チッタゴン丘陵地帯

チッタゴン丘陵地帯の人口動態（注：2001年と2011年は国勢調査で民族別の人口動態が表記されなかったため、人口の合計のみ示す）

	1872	1901	1951	1974	1981	1991	2001	2011
ジュマ民族	61957	116000	261538	372526	441774	501144		
ベンガル人	1097	8762	26150	135673	304873	473301		
合計	63054	124762	287688	508199	746647	974445	1331966	1598231

られなかった。

数百の村が沈んだ。チャクマ族の王宮もともに沈んでいる。

ダム建設の理由は電力不足を補うことだけではない。正当な自治権を主張する先住民ジュマの力を弱めることと、平原地帯で暮らす溢れるベンガル人人口の分布政策である。

土地と支援金と食料援助を約束された大量の労働者が平原地帯から送られた。参加する者には刑期中の重犯罪者で放免された者もいる。必然的に労働者達は先住民の土地に住み着き入植者となった。その後も〝セトラー〟と呼ばれるさらなるベンガル人入植者が、政府から土地の利権を与えられ、やってくる。その数40万。その土地というのは先祖代々受け継がれた少数民族ジュマの土地である。政府の政策により不当に広大な土地の権利が剥奪され、入植者に渡されていったのである。

それは入植者セトラーと少数民族ジュマとの間で、根深く絶え間ない争いの原因となり、２０２０年になった今も悲惨な事件を繰り返している。その結果、本来はチッタゴン丘陵地帯の人口の9割を占めていたジュマ民族だったが、現在この地は、セトラーと呼ばれるベンガル人入植者の人口が50パーセント以上を占め、ジュマの総人口をしのいでしまった。さらに、２０１７

年にミャンマーのラカイン州からコックスバザール地区に避難したロヒンギャ難民が、政府の政策により移住先として大量に入り込んでいる。その頻度は1分単位だという。20年後には少数民族ジュマは全体の数パーセントとなり絶滅に追いやられるだろう。

これは北海道の同化政策及び中国におけるチベット政策と構図が驚くほど似ている。そう、ここはバングラデシュのチベットなのだ。

入植者達は、軍や警察を後ろ盾に我が物顔で多くのジュマの土地と家屋を奪った。地元ベンガル人の有力者が入植者を先導し軍や警察の治安部隊が後方で見守る中、ナタなどの凶器でジュマの村になだれ込み家々に放火する。そうした手口が何度も繰り返されている。

抵抗を試みる者達は、拉致され行方不明となり、ある者は殺された。また、ある者は警察の手によって不当に刑務所に入れられ拷問された。村ごと家を壊され、放火された。70年代から続き、大規模な襲撃事件だけで10回以上。1日で数百の家屋を焼き払うという残忍な手口である。そうした「打ち壊し」は一般家屋ばかりか仏教寺院にまで及ぶ。経典が燃やされ、仏像の首が刎ねられ、地面に転がされた。

多くのジュマの女達がレイプされ、中にはレイプの後に殺害された。その多くは集団レイプであり15歳以下の子どもが多くを占める。そうした襲撃、収奪被害は２０２０年となった今でも続いている。

これらの襲撃事件や人権侵害が放置され減らない理由は、事件に関係した軍人及びセトラーをふくむベンガル人が処罰されないことにある。支配と締め出しの道具とされているからだ。

バングラデシュという国は、表面的にはわかりずらいが、軍事国家の側面を持つ。場所によっては憲法や政府の決定よりも、軍の権限が強い。その傾向が最も強い場所がここ、チッタゴン丘陵地帯と言える。ベンガル人入植者が軍や警察と癒着し、先住民である少数民族ジュマを迫害する構図がある。

ここ丘陵地帯には無言の圧力として無数の軍事施設及び演習場が作られ、その数は400カ所以上と言われ、場所によっては実弾の音が絶えない。そのほとんどの土地は少数民族ジュマから奪ったものだ。バングラデシュ全体の人口のわずか100分の1以下が暮らすチッタゴン丘陵地帯に、国軍の35パーセントが駐留している。ありとあらゆる所に軍隊及び警察の検問所があり、出入りする者を厳しく監視する。

そう、はっきり言ってこの土地は軍隊という名の自治区、治外法権地域、はたまた兵隊王国なのだ。さらに軍は民政にも深く介入し続けていて、政府もこの土地を軍に与えることで、ガス抜きし、なんとか手懐けている節がある。

そのせいか外国人の入境は特に厳しく制限され、さまざまな条件を課せられる。ここで繰り返される事件は軍隊にとって最も外部に知られたくない問題であり、隠蔽していることでもある。

抵抗運動

70年代初頭に独立を果たしたバングラデシュ政府に対し、少数民族ジュマは先住民の権限を訴えるも完全に無視され、弾圧の危機に立たされることとなった。そこでジュマは政治的に対抗するため平和軍を形成し事実上バングラデシュ政府軍との長い内戦となる。それは1992年の休戦宣言まで続く。紛争の激化により12万世帯が土地を失い、6万人のジュマは難民となり隣国インドへ逃げた。

平和協定

1997年、先住民側の武装解除とバングラデシュ軍基地の撤退、難民の帰還、少数民族ジュマによる自治権を条件に平和協定が結ばれた。内戦も終わり、平和に向かうかと思われ誰もが期待した。

しかし実際にインドとミャンマーで難民となった人々は帰還できたが、平和協定で約束されたはずの以前の土地は、ほとんど戻らなかった。予定された軍の駐屯地撤退も数カ所だけで、ほぼ実現していない。

それどころか住民の話では、平和協定が結ばれた後にも、突然山が頂上から丸裸に削られ新たな演習場や駐屯

軍が支援した入植者の襲撃事件の被害状況

年	住居全滅	寺院全滅	略奪	負傷	死亡
2003	409	2	32	14	2
2004	0	0	1	0	1
2005	0	0	0	0	0
2006	0	0	0	0	0
2007	3	0	0	0	0
2008	76	1	2	7	1
2009	0	0	0	0	0
2010	517	2	0	17	3
2011	135	2	0	22	6
2012	0	0	0	100	0
2013	2	1	36	10	0
合計	1142	8	71	170	13

地が作られている。

このように平和協定で結ばれた項目はほとんど実施されていない。悪いことに、先住民側の武装解除をいいことに過激な民間組織による襲撃が以前より容易になってしまった。平和協定から20年以上経った今も実質的に軍政が引かれ、土地に飢えた入植者は、軍や政権に利用されジュマ民族への襲撃、収奪、レイプを繰り返す。行政も中立とは言えず軍の前にひれ伏したままである。

入植者による土地収奪の手口（単位：エーカー）

手口	土地収奪	収奪未遂	小屋	事件数	事件数%
襲撃	101	445	15	21	18
一斉占拠	9349	723	834	55	46
脅迫	263	10	6	14	12
嫌がらせ	1075	2	0	4	3
訴訟	0	529	0	4	3
行政手続	275	250	0	3	3
不明	3805	330	150	19	16
合計	14868	2289	1005	120	

チッタゴン丘陵地帯における軍による人権侵害

年	住居破壊	住居焼失	寺院破壊	寺院焼失	宗教弾圧	嫌がらせ	不当退去
2004	0	0	1	0	1	10	0
2005	0	0	0	0	0	0	1
2006	0	0	0	0	1	0	275
2007	0	5	2	0	1	0	0
2008	0	0	1	0	2	0	9
2009	0	0	1	0	4	33	0
2010	0	0	1	0	5	24	0
2011	0	0	1	0	3	18	0
2012	0	0	0	0	0	8	0
2013	0	0	0	0	0	12	0
計	0	5	7	0	17	105	285

チッタゴン丘陵地帯におけるレイプ・レイプ未遂被害者数（年齢別）

年齢（歳）	強姦殺人	強姦	強姦未遂	合計	割合（%）
不詳	1	12	5	18	
0 ～ 4 歳	0	1	1	2	2
5 ～ 9 歳	3	1	3	7	6
10 ～ 14 歳	3	22	13	38	34
15 ～ 19 歳	1	17	18	36	32
20 ～ 24 歳	0	4	9	13	12
25 ～ 29 歳	1	2	2	5	4
30 ～ 34 歳	2	2	1	5	4
35 ～ 39 歳	0	1	3	4	4
40 ～ 49 歳	0	1	1	2	2
50 歳以上	0	1	0	1	1
合計	11	64	56	131	100
20 歳未満	7	41	35	83	73
成人	3	11	16	30	27

警察が警官による女性に対する暴力を隠蔽しようとした事件

日付	容疑者	被害者	犯行	種別	隠蔽策	訴追状況
2010/01/19	警察官	13 歳ジュマ少女	レイプ	受理拒否	警察署長が告訴状の受理を拒否しようとした。	抗議後告受理未捕
2012/05/30	警察官	チャクマ女性 4 人	暴行で早産・痴漢・殴打	濡れ衣	ジュマが警察を攻撃したとして濡れ衣事件ででっち上げ。	泣き寝入
2012/08/21	警察官	11 歳ジュマ少女	レイプ	示談強要	警察は 1000 タカの見舞金で示談させようとした。	抗議後告受理逮捕
2013/08/02	警察官	20 歳マルマ女性	レイプ未遂	示談強要	警察は村人に示談を持ちかけ、容疑者を裁くことを拒否した。	泣き寝入

軍が女性に対する暴力を隠蔽しようとした事件

日付	容疑者	被害者	犯行	種別	隠蔽策	訴追状況
09/10/24	軍人	マルマ女性4名	レイプ未遂	圧力	軍はジュマ青年を濡れ衣逮捕し、レイプを告発しないように村人に圧力をかけた。	泣き寝入
09/11/08	軍人	チャクマ女性	レイプ未遂	示談強要	軍司令官が被害者の夫に補償金を受け入れさせようとした。	泣き寝入
10/03/09	軍人	ジュマ女性2名	レイプ未遂	圧力	軍司令官は、被害者が犯人を特定しても罰せず、告訴しないよう圧力をかけた。	泣き寝入
11/11/27	軍人	チャクマ少女	レイプ未遂	調停強要	軍司令官が調停会議を開いて示談させようとした。	泣き寝入
12/10/14	軍人	チャクマ少女3名	レイプ未遂	事実否認	軍司令官が見せかけの調査をしたあとに、事件が起こらなかったと決めつけた。	泣き寝入
13/09/23	軍人	チャクマ女性	レイプ未遂	事実否認	軍は、村人が捕まえた犯人を連れさるが、罰することなく、庇護した。	泣き寝入
07/08/15	ベンガル人入植者	16歳トリプラ少女	レイプ	受診遅延	治療代として500タカ渡したが、入院を許可せず、わざと法医検査を遅らせた。	泣き寝入
7/11/26	ベンガル人入植者	16歳トリプラ少女	レイプ	調停強要	軍司令官が調停会議を主催し、犯人に5000タカの罰金を科した。	調停
8/01/19	ベンガル人入植者	14歳チャウマ少女	レイプ未遂	脅迫	軍司令官は、村の調停会議で決められた500タカの罰金を撤回し、犯人側に3万タカ支払うようジュマ長老を脅迫した。	泣き寝入
9/11/16	ベンガル人入植者	14歳チャクマ少女	レイプ未遂	調停	軍司令官と郡行政官が調停会議で鞭打ちと5000タカずつの罰金を科す。	調停
2/10/24	ベンガル人入植者	17歳トリプラ少女	誘拐	圧力	軍は対処を約束し、告訴しないように圧力かけたが、逮捕・救出せず。	告訴受理未捕

セトラーによる襲撃
（アウン作成の英文を著者が訳出）

最近の発生率

今月（2019年3月）、先住民族の女性MP、Basonti Chakma氏の発言が全国で脚光を浴びています。国会で彼女は、1986年カグラチョリ県のPanchari村で起きた、その恐ろしい事件の様子を語りました。彼女の話の内容は、ベンガルの入植者と軍隊によって実行された先住民に対する集団虐殺の様子でした。

彼女のスピーチに賛同した、人間の鎖など、集結した活動家は政府に対し、軍を支持する政党、Bengali Oikia Parishad（ベンガル合同評議会）、Bengali Chhatra Parishad（ベンガル学生評議会）の議席を撤回し、懲罰的措置を講じるように求めています。

このように、先住民族に対する人権侵害は常に何らかの形で今も続いています。

著しい人権侵害のいくつかは以下の通りです。

◆ 1980年、治安部隊はKawkhali村を攻撃し、300人が死亡しました。その同じ年の3月3日、治安部隊が400人の無実の先住民族を殺害するという大虐殺が起きました。

◆ 1981年3月25日、ベンガル人入植者がマティランガ村で500人を攻撃し殺害。

◆ 1981年から1994年の間に、2,500人の先住民の女性が治安部隊に強姦されたと推定されています。

◆ 1989年にLongudu で40人の部族の人々が殺害され、13,000人が避難しました。

◆ 1992年、Logangで100人の部族の人々が残酷に殺されました。

◆ 1993 年に学生グループがデモを行い、先導した Hill Youth Federation が攻撃されました。その直後、オフィスのある Naniachar 村で、100 人が無差別に虐殺されました。
◆ 1995 年 3 月 15 日、バンダルバンで、治安部隊に後押しされた多数のベンガル人入植者が Hill Student's Council（丘陵地帯学生集会）に残忍な攻撃を行い、約 300 戸の先住民の家屋が焼け落ちました。

打ち壊しの現場（「ジュマ・ネット」ホームページより）

Recent Incidence

In this month (March,2019) the remarks of an indigenous female MP Ms.Basonti Chakma has become a limelight all over the country. During the parliament session she was sharing her memorial account of the horrible incidence took place back in 1986. While telling her memoir she said,"A group of Bengali settlers and government armed forces carried out a massacre uttering'Allah Akbar'on the fateful day on 1 May,1986 in a village of Panchari in Khagrachari district." Following her speech,demonstrations,agitation rallies and human chains were held by army backed political parties like Bengali Oikia Parishad (Bengali United Council), Bengali Chhatra Parishad (Bengali Student Council) and the like in many places in all 3 hill districts asking the government to withdraw her MP seat and take punitive action. In this way,human rights violation against the indigenous people is always going on in one way or the other. Some of the remarkable human rights violations took place are as follows:

◆ In 1980,the security forces attacked the village of Kawkhali and left 300 dead. Another massacre occurred on 3 March in the same year when the security forces killed 400 innocent indigenous people.

◆ Another massacre carried out on 25 March 1981 in which Bengali settlers attacked and killed 500 innocent villagers in Matiranga.

◆ Between 1981 and 1994 it is estimated that 2,500 tribal women had been raped by the security forces.

◆ In a massacre occurred in 1989 in Longudu,40 tribal peoples are killed and 13,000 displaced.

◆ Another massacre took place in 1992 in Logang where hundreds of tribal people were brutally killed.

◆ In 1993,100 people were indiscriminately slaughtered in a village of Naniachar after a group of student held demonstration led by the JSS and Hill Youth Federation was attacked.

◆ On 15 March 1995,a large number of Bengalis,backed by security forces,carried out brutal attack on a peaceful rally of Pahari Parishad (Hill Student's Council) and around 300 houses of indigenous community were burnt down in the district town of Bandarban.

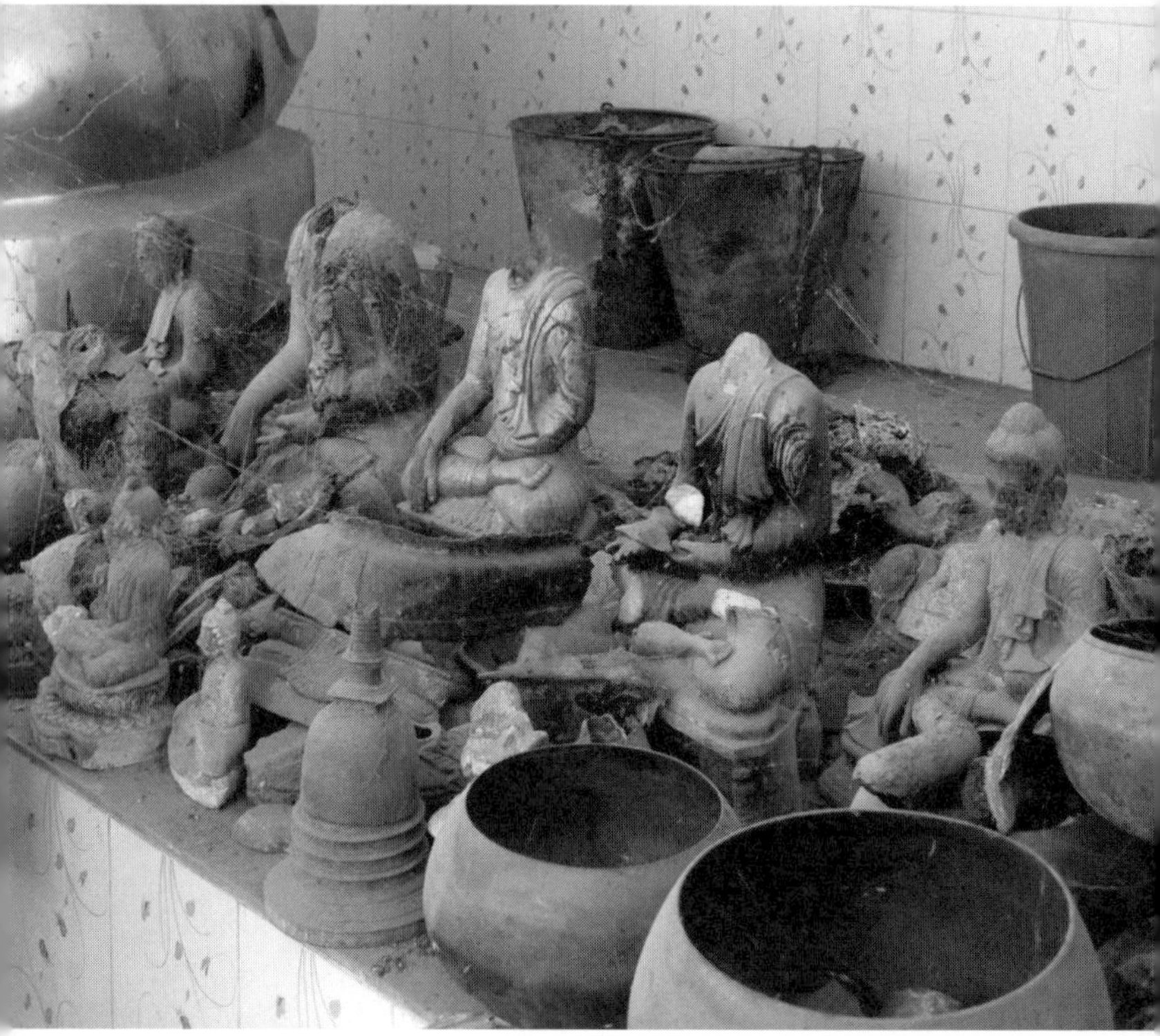

首のない焼けた仏像たち

ナランギリパラ

第2章 生みの苦しみ

NO16　法登録の道のり

バングラデシュで仏陀バンクが始まった同じ年の10月、俺は再びチッタゴンにいた。こんなに早く舞い戻った理由は、返済の時期に入ったプロジェクトの進行具合の確認を兼ねることもあるが、本筋は〝legalize〟、すなわち仏陀バンクを法的に登録手続きをして、国から認可を受けるためである。

われわれの活動は、たとえ人道支援の一環として行っていることでも違法行為になってしまうのである。どんな理由があるにせよ、他国の組織が社会活動するには当事国政府に申告し了解を得ることは必要だろう。

しかし現実は自国民が貧困に喘いでいても何もできない政府が、外国から救済に来ている組織に登録義務を課して金を巻き上げるのである。何とも矛盾した理不尽なことだ。とにかくそれが今回のプライオリティ、俺の使命なのだ。

当時の「四方僧伽」代表の井本氏より、既にアウンの口座宛に、そのために必要な資金が送金済みである。そこでアウンは、日本から伊勢が到着するのに備え、数日前に、現地役員全員を集め、報告を兼ねて法登録の件で会合を開いた。

ところが、このことでメンバーの関係に大きな亀裂が入った。アシッシとシャンガプリヤ僧侶は、アウンが法登録に必要な資金のやり取りを井本氏と行なったこと、また送金先の窓口をアウンの口座にしたことを強く非難したのだった。アウンは説明に困ったと、ぼやいていた。心配していたことが的中した。やはりすでにそういうことが起きていたか……。

暗礁

この日の3時、伊勢を含め「四方僧伽バングラデシュ」の役員5人全員が集合して会議本番となるも、かなり険悪な空気。アシッシは、法登録に必要な費用分のお金が井本氏から送金されるにあたり、受け取り先を、自称ファーストメンバーの自分じゃなく、アウンの口座にしたことが気に入らなくて仕方がない様子だ……。

ここバングラデシュでは、海外からの送金、特に大金の場合、申告義務や税金、さらに汚職など、トラブルが起こりやすく、それらを心配して、と言うのが非難の表向き理由だ。しかしそれはたてまえ、不信と懐疑、醜い嫉妬にほかならない。

将来の仏陀バンクの展開を見据え、国内に「四方僧伽」のナショナルNGOの立ち上げと、早めの法的手続きを提案したアウンは、自ら政府に掛け合い、それにかかる費用や手続きの必要項目を調べ、その詳細を記載した文書を作成し、井本氏に提出した。したがって、彼が送金先の窓口になるのは、自然なことだろう。アウンは先住民として初めて、地元バンダルバン県にエコ・

デベロップメントというＮＧＯを立ち上げた貴重な経験者として適任であることは疑う余地はない。

経験のない現時点の役員には、失礼だが能力を超えた世界だ。そして我もしかりで、少なくとも俺が滞在中に手続きは完了するものだと、楽観視していたのである。

この日、会議冒頭でシャンガプリヤ僧侶は俺に向かって、「四方僧伽バングラデシュ」の専用銀行口座を作ることを要求してきた、と言うよりほとんど命令。さらにその条件として、口座は公平安全を記すため最低３人のメンバーの同意がないとお金を引き出せないものでなければいけない、と。それも、彼らの暮らすチッタゴンの銀行、と場所まで指定してきた。

いきなりその話かよ。やっぱまずは金なんだなぁ……。

次の議題は、ＮＧＯの法手続きに必要な、最低７人の役員をどうするかだった。ナショナル登録は外国人は含まれないため、伊勢を除いた既存４人の役員のほか、さらに３人新たに必要になる。

そこで公平をたもつために少数民族のチャクマ族、マルマ族、およびバルワ族（ベンガル人仏教徒）のそれぞれの部族から出すという提案がされ、一同賛成する。さらにアシッシが出した提案は、それぞれ応募を募り、面接して決めるというものである。

俺とアウンは、信頼できるめぼしい人材が現にいるのだから、そこにあたるのが現実的じゃないかと主張した。面接という行為自体が、公平さを欠き組織に上下関係を作りやすい。全員の承認が取れるまでの手間と時間がかかるし、それに一体誰が、どこでどうやって応募を募るというのだ、さらに面接官は誰がするのか？　など懸念材料が多い。

しかしアシッシは断固譲らない。開設された5カ所の仏陀バンクの1つ、あの物議をかもしたビプロップが担当するランガマティ県のディグリバ村は既に素晴らしい成果を出していた。当然役員の1人に推薦するべきじゃないか、と主張するも、よっぽど自分の息がかかってない人間を入れるのが不満、それとも怖いのか、「シャンガプリヤ僧侶に相談しないと決められない」の一点張りだ。

その時苛立った俺は思い出したように、既に退席していたシャンガプリヤ僧侶が数時間前に「四方僧伽バングラデシュ」の専用銀行口座を作れと命令してきたことを批判した。彼らにとって都合の良いことだけに口座を利用することは目に見えていたからだ。したがって現時点で口座を持つことには絶対反対だった。だがそれが陰口と捉えられ、その日の夜に、密接な関係であるアシッシからシャンガプリヤ僧侶の耳に入り、かんかんに怒った坊主は、伊勢から謝罪がない限り、もう協力しないと言ってきたのだった……。

いきなり初日から暗礁に乗り上げた。

NO17　ビルマのゼロファイター

今まさに海外で活動する日本人として、最も注目を集めると言っても過言でない、ミャンマーの長い内戦を終結に導いた日本人革命家、井本勝幸、ビルマのゼロファイターと呼ばれる男がいる。そして彼こそが、われわれ「四方僧伽」の創立者であり、無利子銀行仏陀バンク構想の発案者である。

大学生時代から国際ボランティアで活動し、卒業後はＪＶＣの職員として主にカンボジアやソマリアの難民支援に没頭する。ソマリアの難民キャンプで従事する間、欧米諸国の軍事行動による破壊と殺戮が行われ、その度にＮＧＯなど国際ボランティアを派遣し救済にあたる、言わば飴と鞭を使い分けるような政策に矛盾を感じ取っていた。彼が所属する組織以外は、全員が欧米人であり、最終的に目指すところは中東の石油資源であること、政治との切っても切れない構図は、純粋に世界の平和を願い人道支援に人生を捧げた若者にとって心を痛めるものだった。

カンボジア難民支援では、従事しながら多くの難民の苦悩、悲惨な姿を見るたびに「この人達の幸福を奪っているのは自分達ではないか」と痛感したという。

彼はさまざまなグラスルーツの活動を経て、東南アジアで広く社会を根底から支えているのは仏教であること、また真の平和を担う可能性を仏教思想から見出し、出家を決意、僧侶となる。その後、国際ボランティアの経験を活かしアジア18カ国の連帯による人道支援組織、「四方僧伽」(英語名、Catuddisa Sangha)を創立する。

そうしたなか、敬虔な仏教徒の国、ミャンマーの少数民族の苦悩に否応なく関わることになる。「問題の本質を知っても行動しなければ真に知ったことにはならない」と単身ミャンマーの大地に降り立ち、少数民族リーダー達を一人一人説得して歩き、ビルマ少数民族統一連邦評議会(UNFC)の設立にこぎつける。そして初めて公式にミャンマー政府との交渉の窓口となり、長い内戦に終止符を打つこととなる。

台北の夜

2007年、俺は友人の縁あって、この「四方僧伽」を取材撮影する機会を得た。各国の代表が一同に集う世界同時平和法要という、年に1度の最大イベントである。各国代表によるプレゼンテーションなどが行われ、さらにチベットの独立やミャンマーの民主化などをスローガンにデモ行進する。場所をタイ、カンボジア、インド(チベット居留地)、台湾などに移動しながら行う大規模なものであった。

最終日となった台湾の夜、酒場で深夜まで参加者と語り合う井本氏は、現状を訴え将来の展望を熱く語り皆を触発した。参加者の中には日本既存の宗派の幹部や、井本氏の修行時代の仲間も数多くいた。それだけに井本氏の言葉は厳しかった。保身としがらみ、古い慣習にとらわれ本来の仏教の姿から遊離してしまった日本の仏教界。そうと知りながら、体制に甘んじている仲間達に喝を入れているかのようだった。「君達のことは当てにしてない！」、「日蓮宗には全く期待していない」など、強い口調で叱咤激励する。中には涙を流し心から共感し決意を新たにする同僚もいた。

その時、井本氏の口から出た言葉は「一番期待しているのは伊勢さんです」……俺はまるで狐につままれたようだった。それでなくとも、お偉いご僧侶達の中で、1人ポツンと部外者で場違いを感じていた俺が、よりによって井本氏から「一番期待している」と言われたのであるから。

この本を書き進むにつれ、自身が必然的に物語を遡ることになり、こんな不思議な馴れ初めに想いを巡らす。この時、彼の立案した仏陀バンクなるものを自ら推進し、こうして書物にするなんてことが想像できただろうか……。

NO18　謝罪と決意

暗礁に乗り上げた翌日の朝、昨夜から考えすぎて寝不足、頭は重く朝から憂うつな気分。外はチッタゴンに到着してからずっと梅雨のような雨、空はぶ厚い雲に覆われ、夕方のようだ。まるで俺の気分そのものだった。

気分を変えるため、小降りの時を見はからい、カメラを持ってホテルを出る。すぐ向かいはレールステーション。どこの国でも途上国と言われる土地の鉄道駅近くには貧困層が住み着く。ホームレスの溜まり場だ。

しかしバングラデシュ、ここは多すぎる……ボロを着て素足でうろうろする子ども達に多く出くわす。みなきまって袋を持ち、ペットボトルなどを拾いあつめる。親の指示であろうが、僅かでも生活費の足しにと働いているのだろう。いったいいくらになるのだろう？　大人がひと月、朝から晩まで働いても職種によっては３０００円以下にしかならないことも珍しくない国である。

カメラのレンズを向ける。シャッター音に連動するかのように、少女がキラキラした目ではにかむ。少年が満面の笑みを浮かべる。好奇心とエネルギーに満ちた弾けるような衝動。心の距離が詰まり、見えない壁が取り除かれて1つの輪となる。カメラというマシーンを通し、言葉を必要としない小世界が創り出される。

レールステーション近くにて

謝罪

ホテルに戻り、関係修復への行動を試みる。気が乗らんが、アシッシにお伺いの電話をする。個人的感情は押し殺し、シャンガプリヤ僧侶とアシッシを怒らせてしまったことで、仏陀バンクの合法化及び運営に支障をきたしてしまったことを危惧していると伝えた。どうすれば回避できるかを率直に相談した。

アシッシが言う。「私は公平で民主的にやりたいだけですから」と。いつも公平デモクラシーを振りかざすのがアシッシの常套手段だが、はっきり言って、どういう基準かわからない！　彼らのやり方、思惑に従うことは俺の基準では明らかに反民主主義だ。

「伊勢さん、あなたから直接お坊さん（シャンガプリヤ）に謝ってくださいね。さもないと彼も私も、次の集まりには参加できませんからね」とアシッシは電話越しに言う。「わかりました。私もこのまま日本に帰るわけにはいかないので、プロジェクトを成功させるためならいくらでも謝りますよ」と俺は答え、「おねがいしますよ」とアシッシ。

前と同じパターンだ、なんで俺のほうばっかり謝るんだよぉ。この先が思いやられる。何をするにも、彼らにお伺いを立て、その度に口を挟まれて、何も進まない……仏陀バンクを成功させるには、有能な人材を常に受け入れる寛容さがないと、組織の成長とプロジェクトの広がりはない。

ナショナルNGO「四方僧伽バングラデシュ」の法登録に便宜上必要になる代表者名を、シャンガプリヤ僧、連なる役員の筆頭にアシッシ。これが彼らの無言の要求であることは、アウンも含め分かっていた。それ以外この2人の協力は得られない。

少数民族ジュマとバルワ族がうまく一緒に事をなすことは至難の業である。同じ仏教徒とは言え、複雑な歴史背景があり、懐疑心が渦巻き、溝は深い。

正式に認可が下りれば、バルワ族のこの2人、代表と筆頭の強みで、ますます主張を強めてくるだろう。場合によっては全てを牛耳るかもしれない。本来の主体であるべきジュマ民族よりもバルワに大きく傾くことになる……。

決意

翌日ホテルの一室でミーティングとなったが、前日疲れて寝てしまい、シャンガプリヤ僧侶に謝罪を入れるタイミングを逃した。アシッシはそれを知るとすかさず「今電話して下さい」と強気に指図する。悔しいが前日約束した以上ここは従うしかない。その場でシャンガプリヤ僧侶に電話し、来るようにお願いするが、案の定冷たい態度で渋り、もったいぶった言い方。「あー伊勢さんね！」。そして、忙しいと言う。

ここは丁重にお願いし、全面的に僧侶の都合に合わせ、翌日の午後、報告を兼ねて特別会合を開くという形で、なんとか協力を取り付けた。アシッシは冷やかな流し目で、あたふたと、日本人によくある電話でお辞儀する俺の様子を見ながら満足気だ。勝ち誇ったようにその場を仕切り話しだす。「皆さん、伊勢さんは、僕達バングラデシュの人々のために忙しい中を遠くからわざわざ来てくれています」、「ですから僕達は、できるかぎり必要な時に集まり彼をサポートしていきましょう」

ハァ！　おめえがいちばん邪魔してんじゃんかよ……この男の、いいふりこきには毎度驚かされる。

そして、ここでアシッシの驚きの発言だ。ナショナルＮＧＯ及び仏陀バンク法登録に向けて井本氏から送金された資金は井本氏に返すと言い出したのだ！

アシッシはこう言った。「このお金は、彼の家族のための個人的なお金だと聞き、私はとても心が痛いです。私も家族がいるのでよくわかるんです。だからお返ししましょう」

横にいたアウンは困惑した顔で言う。「それは彼の意思に反するのでは」

「みんなで言いましょう」とアシッシ。

俺は呆れて言う。「あんた本気でそんなこと言ってんの？　だったら僕ははるばる何をしにここに来たんですか？」

限られた予算から航空チケットとビザの手配をして、送金手数料だって1万円近くかかっている。彼がなぜそこまでして仏陀バンクを設立させようとしているのか、その思いを汲み取るべきじゃないのか、それを返金するって言うのか！

ここは俺もこらえきれず、ついに啖呵を切った。

「これは与えられた重大なタスク、このミッションを成功させないで、僕は日本には帰れない。あんたもそのつもりで協力しなさい」

その直後、アウンとビプロップが一生懸命ベンガル語でアシッシの説得に努めてくれる。一度言い出したら聞く耳持たずはいつものこと、そして切り札の言葉が放たれる。

「伊勢さん、あなたはバングラデシュの文化を何もわかってない」

カァ〜！　このセリフを言われるといつも返す言葉がない。これまで、この殺し文句に何度苦しめられたか……だか今回ばかりはアシッシが返す言葉を失った。

俺はこう言ってやった
「俺はあんたより文化を知っている。それは〝International Standard〟、世界基準だ」
アシッシ黙る。横で聞いていたアウンとビプロップ、「よく言った」という顔。

アジテート（扇動）

法登録のために、適切な役員があと3人必要である。できればチャクマ、マルマ、バルワなど各部族、女性を含み公平なバランスが理想だ。
ここにいるビプロップはチャクマ族、そして責任者の俺自身が参加を依頼した人物。すでにランガマティ県の仏陀バンクプロジェクトでめざましい結果を出している。そこで「彼を強くメンバーの1人に推薦します。アウンさんと僕は賛成です。アシッシさんあなたはどうですか？」と問いつめた。彼は一瞬戸惑った様子を見せたが、さすが世渡り上手、本人を前にして分が悪いと見たか「賛成ですよ」と半分投げやりに答える。
よし！　と、俺は奴の気が変わる前にと、すかさず選挙活動中の政治家のように派手な握手で包容、そして、アシッシ自身の口から、この決定事項をシャンガプリヤ僧侶に伝えることを約束させた。

身を削って用意された資金

数カ月前、アウンにより法登録の必要性を提案された仏陀バンクの生みの親の井本氏は、その費用を捻出するため、預金を崩し、家族の生命保険を解約してまで、そのお金を準備した。彼の個人資産はこれまで貧困地や災害地での支援や紛争地での難民への薬品や食料支援、さらに小規模融資などに費やされ、困窮していた。

それを知った俺は「僕も保険は入ってないっすから大丈夫ですよ」と軽い冗談のつもりで言った。「僕のことはいいんです。家族のことを考えると心が痛いのです」と彼は答えた。

そりゃそうだ！　独身の俺とは状況がまるで違う。彼には奥さんと3人の子どもがいる。なんて俺は思慮の浅いことを言ったのだろうと思うと恥ずかしい。それにしてもなぜ、なぜ、そこまでする……俺にはとうていできない……。

自己を犠牲にし人々を慈悲の心で救済する。仏の道とはそういうことなのか……だとしたら俺などはとうてい及ばない。我の善意など無しに等しい。

この日の最後、心に準備していた1つの決意を皆に伝えた。

「僕は何が起ころうと、この任務を遂行します。そのためには痛みや犠牲も覚悟しています。事あるごとに非難や中傷が起きていたら、何も前に進まない」と言いながらアシッシの方を見た。

「プロジェクトを妨害したり、不適切なメンバーには、それなりの行動に出ます」

NO19 カウンター

シャンガプリヤ僧侶のリクエストに合わせ、翌日午後1時、2回目のミーティングを仕切り直す。そこで予想もしていなかったことが……。

会場になった、ホテルのレストランに入ると、そこには見知らぬ中年男性が2人。「伊勢さん、法登録に必要な役員、残り2人のメンバーを連れて来ました」とアシッシ。

数秒後、その意味を理解した俺は……やられた、そうきたか!

2人は同じバルワ（ベンガル系仏教徒）の人間だ!

昨日ビプロップの役員認定にノーとは言わせない、場合によっては、お前抜きでやる、という強い姿勢を見せたことで、昨夜のうちにシャンガプリヤと相談し先手を打ってきたのだ。巻返しを図ろうと、自分達の息のかかった人間を連れて来て強引に認めさせようと、実行支配に乗り出してきた。

前日には、バルワ、マルマ、チャクマ、ほかから1人ずつ、それも公平に面接で選ぶと主張して譲らなかった彼だが、翌日にはこの変わり身の早さ! 事前連絡なしの人海戦術……油断していた。昨日刺した楔で、しばらくおとなしくなると思ったが甘かった。いっきにこちらが劣勢に立たされることになった。

2人のうち1人は衣料品会社を営む会社社長。アシッシの友人ということだが、歳下の幼馴染、日本的に言うと舎弟分。もう1人は大学教授で、シャンガプリヤ僧の寺の理事で檀家でもある。どちらも社会的ステータスは高いと言えよう。だがどちらも彼らの身内、あわせて4人のバルワ一族、何をするにも一枚岩となり向かって来るだろう。

明らかに数の上で優位に立つための企て。このまま進むと「四方僧伽バングラデシュ」は、ナショナルNGO法登録において、公式役員7人のうち4人、そして代表、筆頭ともにバルワ（ベンガル人仏教徒）となる……。

まずい、それだけは避けないと。本来は先住民ジュマ民族救済の組織であるべきが、バルワ族が主導権を握ることになる……彼らの名誉欲と虚栄心だけを満たし、バングラデシュの人々は満たされないだろう……それは俺にとって最悪のシナリオだ。

そしてこんな時に肝心のアウンはほかの会議に出席していて、遅れている。俺が対応に困って躊躇しているのを見て、すかさずミーティングを進行するアシッシ。2人を俺に紹介し「さあ伊勢さん、あなたはバングラデシュでは日本人代表なんですから、四方僧伽とは何か、またこれまでの活動を、詳しく彼らに説明してあげてください」と、会議を仕切る。

俺は予想外のことで内心動揺していて言葉が出ない。頭が空っぽになったのか、まともに話ができない。

しかしこの2人に罪はない。それに、そんないきさつは全く知らされてないだろう。

立場上、何か話さなければならないが、話がまとまらず、しどろもどろ……横でアシッシが勝ち誇ったように、あの流し目で俺を見透かす。

そして追い討ちをかけるように俺を責めたてる。「伊勢さんはバングラデシュで活動するつもりなら、ベンガル語ぐらい覚えてくれないと困りますからね。村人とかと直接話せないとまずいでしょー、こちらで頑張っている日本人は話せる人も多いんですからね」

悔しいが言っていることは正しい。「はい、わかりました。努力します」と答えるしかなかった。

俺は悔しさで拳から汗が垂れ落ちそうだ。

中身はともかくプライドの塊、自分の意見が通らないと、人前で恥をかかされたと思うのだろう。何かで仕返しして勝ち誇らないと気が済まない性格のようだ。

さて、どうやってこの状況を変えるかだ。そうだ！　冴えていることに、俺はこの瞬間に打開策を思いついた。確か公式な登録役員には、最低必要人数が7人、政府の基準では、ほかに9人と11人という枠があると、アウンが言っていたことを思い出す。ここはそれで突っぱねるしかない。

「公平にするためにも1つの部族に役員が片寄るのはあまり好ましくない。先日アシッシさん、そうおっしゃっていましたよね？　そこでチャクマやマルマの少数民族とバルワ族、さらにほかの部族の女性などを加え、9人体制で行こうと思います」と、日本代表の権限で強気に言い切ったところに、タイミングよくアウンが登場。事態を察したアウンは、機転を利かし、ほかの少数民族、トンチャンギャ族や、キャング族から選出してはどうかと具体的な提案をした。

俺は異議を挟まれる前に、「多くの部族を巻き込むことこそが四方僧伽のポリシーなのだから」と、すかさずアウンを援護する。アウンはそこにいたスノモジュテ僧侶に誰か目ぼしい人材を見つけるよう促す。さらに得意のジョークやお世辞で、うまく機嫌をとりながら、この場を収めた。

この機転を利かせて9人体制にしたことを、後にアウンは「仏陀バンクを救った」と評価した。そうしなければ、かなりまずいことになっていただろうとも言っていた。それにしても、あれほど公平にやりたいとデモクラシーを口にしといて、やっていることはまるでクーデターだ。

NO20　スタートから4カ月、さてその経過は

仏陀バンクプロジェクトが実行されて以来の、最初の現場視察に赴く。試行されたばかりなだけに、期待が膨らむ。

まずは、5カ所の中の1つ、アシッシの担当するルワパラ村へ出向く。運営に携わるのは、ローカルNGOのオグシャル・コンプレックス。寺院を中心に女学校も運営する複合施設である。

前回貸し出しの総額は、アシッシの強い希望に半ば根負けして増やし、予算を狂わせた。

この時すでに3回目の返済が順調に済まされていたが、15パーセント強の寄付を受益者に要求しており、ほかの金融機関より低いとは言え、手放しで喜べるものでない。

この日の訪問にアウンは来れず、参加したのは「四方僧伽バングラデシュ」役員の伊勢とアシッシ、及び現地の関係者で、仏陀バンクの受益者は、平日だったせいもあってか、10人中2人だけであった。

1人の女性は、つがいでヤギを買った。子どもを作り育て増やす計画。もう1人の女性は魚の養殖を始めたそうだ。正直もう少し利用者の状況を知りたいところだが、新しい融資があるわけじゃないからそんなもんだろう……。

今回初めて会ったドクター・ビンなる人物が、細かい経理を担当しており、見たところ正しく管理、運営されている印象を受け、とても満足していると伝えた。

ところが、ここではＥＡＳＴＥＮ銀行に関係者３人の名義で仏陀バンク専用の口座を作ったという説明を受ける。現在再度の貸し出しはしておらず、返金されたお金は、すべて口座に納めてあるという。お金は貯めないで次々貸し出すのが仏陀バンクの基本ポリシーのはず。すでに10人が３度の返済を終えているなら同額の融資を新規３人の受益者に渡せるはずだ。安全と運営をしやすくするのに口座が必要と言われれば、そうかもしれないが、貯めたり、残すことになるのであれば、仏陀バンクの方針から遊離することになる。

あれだけ言ってあったにも関わらず、よく理解していなかったことが、この場で露呈する。

それどころか、融資及び返済のため、これま

ヤギを飼った女性と魚の養殖を始めた女性

でかかった文具や飲み物、交通費などの諸経費、総額3000タカの明細を提示された。彼らが言うには仏陀バンクの融資及び返済のため、今まで計4回メンバーが集まりミーティングが行われているそうだ。

かかった経費を払えってことだ！

それらは、返金の時の寄付や会費の徴収など、自分達の工夫でやってくれと言ってあったはずだ。われわれはシステムと原資を提供したのであって、それ以外の予算はないと伝えた。とは言え、そういうことを想定して、アシッシには仏陀バンクにかかる諸経費として事前に3500タカ渡してあったのだが……名誉と体裁のためにも、そのことにはふれなかった。どうせ使っちまったんだろう。

なんかお互いしっくり来ない感……腹に一物ありそうな空気をかもし出す。彼らはこう主張する。「この小規模融資仏陀バンクは、法的に認められていない。非合法であるからして、返済する利用者側も管理運営するわれわれも躊躇している」

なんか原資を提供したこちら側に落ち度があるような言い方をする。俺はちょっとムッときたんで、思いっきり嫌みを言ってやった。

「あーそうなんですか。みなさん返すときは躊躇するのに、なぜ借りる時は躊躇しないんでしょうかねえ」

アシッシは現場には全くというほどタッチしておらず、何を聞いても知ったかぶりばかりで何も把握してない。俺はあきれて彼に言った。「お願いしますよ。せめて月に1回ぐらいは電話でもいいですから、声をかけてあげて下さいね」

翌早朝5時、チッタゴン市内、俺はこぎれいな冷房の効いた長距離バスターミナルでリムジンバスに乗るためアウンを待っていた。バングラデシュで最初に仏陀バンクの立ち上がったラズビラ村視察で、バンダルバン県に向かうためである。

しかししばらく待っても現われない。電話するとローカルバスターミナルにいると言う。

バスターミナル違いだった……。

またあの壊れたブリキみたいなボロバスに乗るんだ。油臭くホコリっぽくて暑苦しいあのバスで行くのか……。

ボコボコの山道を大きく左右に揺られながら走行するバスの中で、先日のルワパラ村の様子をアウンにつたえる。「銀行口座なんて必要ない！　返金されたお金は、すぐに、ほかの応募者に貸し出すべきだ」とアウンは怒り気味に語る。

その通りだ。どんどん回していくことで、仏陀バンク本来の効力を発揮し、原資と受益者が増え無利子銀行が稼動する。

恥ずかしながらアウンに言われて、再確認。俺はいったい何を見ていたんだろう……分かっているつもりで、あまりよく考えてない。人のこと言えた義理じゃない。あーうまく行ってんじゃん、といい気になって再会を喜び握手をかわし、感謝され、善良な人助けをしている気分に酔いしれていただけだったのかもしれない。

その翌日マルマ族のラズビラ村を訪問。アウンはこの日も仕事で来れず、代わりに通訳として従兄弟であるウオン君が同行した。村ではすでに3回目の融資が行われており、当初融資総額8万7000タカ、毎回の返済ごとに1人ずつ受益者が増えており、現在では13名の受益者になっていた。

この日は伊勢の訪問に合わせ、受益者5人が集まった。野菜、香辛料、花栽培、家畜用餌作り、さらに薬屋さんのオーナーによる仕入れ金などに使われていることを確認し、農園などに現場視察を行なった。受益者の女性達の朗らかな笑顔、マルマ族ならではのシャイで控えめな振る舞いを見ていると、さすがアウンの膝元だけあってこの村は心配ないと思えてくる。

受益者の1人、薬屋さんを訪ねた。店主曰く「経営は厳しいが村に1つしかない薬局だから、村人のためにも継続することができ感謝してます」

人様から預かったお金を運んだだけ。自分だけが感謝されるのは恐縮であるが、お役に立てたという想いは何とも言えない喜び、すべてが報われる。

仏陀バンクの各サイト（活動地）の運営には、地元民最低5人で構成された仏陀バンク実行委員会があるが、リーダーの存在が要となる。ここはアウンの運営するNGOエコ・デベロップメントによるさまざまなケーススタディの多くの実績があり、信頼の置ける人材もいる。それはプロジェクトの結果を大きく左右する。仏陀バンク成功の要因であることは言うまでもない。

生え、仏陀バンクのことも理解し始めた俺は、この頃、人前で何かそれらしいことを言わなきゃと必死だった。この時に語った初々しい記念すべき演説を明記しておこう。

「われわれ四方僧伽の仏陀バンクは、あなた達から利益を求めるつもりはまったくありません。僕らは銀行マンでもビジネスマンでもない。自立を必要としている人に多く利用され、コミュニティ内でお金が回り続け、住民と村が潤うことを望んでいます。ですから、融資を受けるためには、しっかりとした計画と返済プランが必要なんです。実行委員会とリーダーを中心に、みなさんで協力してください。

いっときの金銭のサポートは簡単です。これまで多くの慈善団体がそうしてきました。しかし結果どうなったでしょう？　与えられることに慣れ、当てにするようになり、さらに自分達は貧しいのだからと言い訳をし、施されることが当たり前になっていく。いつか自分達で考え努力して立ち向かうことをやめてしまう。われわれはきっかけを創っているに過ぎません。皆さん自身の手で村と住民が豊かになること。それが四方僧伽の喜びなんです」

恐らく通訳ウオン君の語学力では、この半分も伝わってないだろう……けれども、この時ばかりは目を潤ませんばかりに必死に訴えた。その熱意と想いは、言語の壁を越えて伝わったのではないかと信じている。

次の視察はあのボス、シャンガプリヤ僧のシャプラ村。ここは当初から俺にとって怪しさ満載だったが、この時それを上回る疑心に満ちる。なぜなら謎に加え話がコロコロ変わるからだ。

4カ月前に始めた時、融資を受けたのは5人、金額は全員同じ1万5000タカ。現在そのお金を利用して全員が店をやっているという。

うーん、俺の記憶では全員定職があり、医療関係や、食品業の人もいたと思うのだが？　訝しげな顔で何度かアシッシに聞き直すものの「いやいや、全員お店を始めたんです」と同じ答えを繰り返す。横にいるシャンガプリヤ僧侶も相槌を打って凄む。

融資を受けて全員新たな事業に乗り出したということか。それなら、それでいいだろう。

それにしても、変な所だ。金額、使用目的、性別まで一緒とは？

さらに仏陀バンクを運営管理するために必要な5人の実行委員会メンバーは、融資を受けた男性5人と同一人物なのだ。借りた側が、貸し出す側を兼ねるということは、全てを牛耳るということになる……利権と癒着を生む構図ではないのか？　断定はできないが、見たところ受益者は全員、シャンガプリヤ僧の息のかかった人間だろう。

前回は男性ばかりの受益者に困惑し女性が融資を受けられるようにして欲しいと要求していたせいか、この時の新たに行なわれた融資先の3人は全員女性。鶏、アヒル、野菜作りなどの仕事を始めると言う。

シャプラ村を後にし、ランガマティ行きのバスが発着するバスターミナルに向かう。ところが大きな河にかかる橋が工事中のため足止めを食らう。ひどい渋滞。無風の炎天下、オートリキシャの中は蒸し風呂状態だ。2時間後乗っていたオートリキシャは時速5キロで走り出す。ランガマティ県ディグリバ村での仏陀バンク3回目の融資に間に合いそうにない。俺のスケジュールに合わせてくれたのに、悔しい。残念だ。

見送りに来たアシッシは、また車代をくれと言う……またかこいつ！　数十分前にシャンガプリヤ僧に車代600タカとドネーション（寄付）500タカを払わされたばかり。それもほとんど命令に近い！　で、「今度はいくら？」と聞くと、「今日の分600タカ」。俺はついに切れた。

「おまえ、もっと経費節約すること考えろよ！　バス乗って来るとかできんのか？　それになんでいつも領収書ないんだよぉ！　俺の金じゃないんだぞぉ！　それからなんで毎回毎回、あの坊さんにドネーション（寄付）を払わなきゃならないんだよ〜？　それも必ず500タカ札（当時一般に出回っている一番大きな札）じゃないかぁ！　この国では、寄付は500タカじゃなきゃいけないって決まりでもあんのか？　それとも坊さんの偉さによって値段がちがうのか？」

俺は溜まりに溜まった不満を一気に吐き出し、ランガマティ行きバスに乗り込んだのだった。

道標、ランガマティ県、ディグリバ村

ランガマティ市に到着した翌日、ビプロップと彼が代表を務めるＮＧＯ、ＡＳＨＩＫＡのスタッフ合わせて4人で、ボートに乗り込み、村に向かった。日本の琵琶湖ほどもある人工ダムのカプタイ湖に浮かぶ美しい小島の村、ディグリバに到着。

たくさんの大きな木や池、きれいに清掃された遊歩道、静寂。やはり、ここは好きだ。穏やか

な気持ちになれる。

村では前日、無事に3回目の仏陀バンクの融資が行われ、新たな3人の受益者の手に渡っていた。そして今日また、村人が俺のために集まってくれたことが嬉しい。

4カ月前、原資の日本円で約10万円は、村人10名に融資された。そして現在では、すでに約3万円の返金があり、昨日3回目の融資が行われたのだ。利用者は16名になり、利用総額は13万円ほど。ビプロップ曰く「10年後には、200万タカ（約270万円）以上になるね！」。その言葉はまんざら大袈裟ではない。

からくりを説明すると、例えば10万円のお金が1つの村の中で10年回り続けるとする。初年度10人の受益者がそれぞれ1人1万借りて毎月1000ずつ順調に返済されることで、毎月受益者を増やし、10年経つと、のべ270人が1万ずつ借りたことになる。ざっと270万円以上が循環するのである。

すごいよな。これが全世界に広がれば、ほんとうに貧困のない世の中が訪れるかもしれない！そんな可能性を秘めた仏陀バンクの構想に今さらながら感心する俺だった。

カリバリ（村のリーダー）が言う。「あなたがまたこの村に来てくれたことは、このうえない喜びです。この仏陀バンクに村人は大変感謝してます」と。

これまでのいきさつを思い浮かべると、静かな感動が胸を押しあげる……ここは4カ月前、唯一自分の足で探して決定した、かけがえのない最初の土地。パイオニア的存在。担当者、実行委員の選出にも関わった。さらに立ち上げに向け身内からの妨害もあった……それだけに、この村に対しての思い入れはひとしお。

1つの成功は、己の不安と迷いを取り除く妙薬となる。妙薬は自己を啓発させ、本人すら気がついていなかった仏陀バンクなるものの輪郭がぼんやりと見え出す。不思議にそれは我の言葉となり発せられ、まるでエコーのように反響し自己を諭す。

村の男性からこんな質問があった時のことだ。「この前の融資額は全部で現金、たった6万9000タカだ！　いったいいつ増やしてくれるんだべ？」

「今後も追加金があるかないかは約束できません。お金は日本人の仏陀バンク支援者によって作られます。その多くは、あなた達と同じ仏教徒の信者さんによる寄付です。ですからいくら寄付してもらえるか次第です。

でもこれだけは言えます。プロジェクトが失敗したら、彼らは落胆して、もう寄付はしてくれないでしょう。しかし、成功し良い報告ができれば、寄付も増え追加もあるかもしれません」

この時は、まるで台詞が降ってくるかのように言葉が放出される。

「時間はかかりますが、自分達の手で少しずつでも増やしていければ、もっと多くの人が利用できるようになる。そうなれば、ほかの村も黙ってない、きっと同じことを始めたいと、この村に成功の秘訣を尋ねてくる。そうやって人と人、村と村、民族と民族を繋げていくのが仏陀バンクなんです。このお金は、寄付じゃないんです。寄付なら、使ってしまえばもう終わりです。微微たるはした金かもしれない。でもただのお金じゃない。コメであれば種籾。種籾は食べたら終わり、植えれば増える。大切なことは、みなさんで協力して、原資を大切に守り育てていくことです。大木のタネのように、栄養を与え大切に育てれば、根を深く張り、太く大きく、毎年たくさんの実をつけるんです」

仏教徒の村には必ず菩提樹があり祀られていた。釈迦が菩提樹の下で悟りを開き人々に功徳という名の実を与えたからだ。

仏陀バンクというのは菩提樹の実でありタネだったのだ……。

搾取と迫害の歴史に翻弄されながら、人として生きる権利、信仰とアイデンティティを守り生き抜こうとするジュマ民族。イスラム教国家バングラデシュに暮らす仏教徒。その人達に俺達が唯一できることが仏陀バンクである。そう、仏陀バンクこそがその夢を勝ち取るために、最も優れた知恵なのだということを、俺はこの時、村人の前で話をしながら確信した。

伝えたい、その夢を勝ち取ってほしい、幸せを掴んで欲しい……そんな思いが、言葉となり降ってきた。

この時の気付きが、その後、仏陀バンクプロジェクトを推進する上で、道標となった。

NO21　山奥の村、ナランギリパラ村

仏陀バンクが始まった全5カ所のうち最後に訪問するのは、スノモジュテ僧が管轄するマルマ族のナランギリパラ村。

4カ月前に来た時は彼は国内におらず、最終日にしか会えなかった。ここで仏陀バンクがスタートしたのは俺が前回出国した3週間後だった。そのため村の訪問は今日まで延期していた。ランガマティ市から遠く離れた土地ラジャストリ郡は、バンダルバンとの県境に位置し深い山奥の中にあった。朝6時半、ASHIKAの若い男性スタッフを運転手兼ガイドにしたて、オートバイにダンデムし、果てしなく続く美しい湖畔の道沿いをひた走る。カラッと晴れ上がる空、むき出しの膝下と二の腕に、適度な湿気のある生ぬるい風が吹き付ける。開放的で爽快な気分に浸りながら水と森の美しい景色にうっとり。

と、突然！　バスゥーと大きな音がしたかと思うと、バゴバゴボゴシュウルルル……2人で汗だくになりながらバイクを押すこと30分、やっとオートリキシャ（三輪タクシー）が通りかかる。とりあえず俺だけ次の町まで行って待つことになった。

パンク修理で待つこと2時間……さらに1時間ほど走り、なんとかラジャストリに入った。

スノモジュテ僧侶が首を長くして待つ僧院に到着。

しかし最終到着地は遥か先、オートリキシャでさらに砂利道を30分進み、そこからは歩いて行くしかない。俺は、「ノープロブレム」と余裕を見せた。

ところが、距離は往復16キロだが、そこへは山を越え丘を越え、そのうえ5カ所もの川を渡ることになる。もちろん橋なんてものはなく、川を渡る時はズボンを膝までめくるのだが全く意味ない。大きい川では腰まで浸かる。体は乾くからいいが、カメラは水没したら一発で溺れ死ぬ。

たまたま履いていたイタリア製の革のスニーカーは、ぐちょぐちょになり、おまけに足の皮が剥けだし靴擦れも始まる。軟弱者の俺にとっては、かなり歩いたつもりなのだが、いつまで経っても着かない……もう限界だぁ。「もうすぐかい？」と訊ねてみると、スノモジュテ僧侶が涼しい顔で答える。「半分ぐらい」……まじ冗談だろ、いや違うようだ、軽装に僧着1枚をなびかせながら、まるで平坦な道を駆けるようにすいすい坂を登っていくスノモジュテ僧、彼にとっては庭を散歩するような感じなのだろう……慣れない熱帯気候で、村に到着するまで着ていたTシャツに流した汗は、雑巾で10回以上しぼった量に匹敵するかと思われる。

ようやく辿り着いたナランギリパラ村。たった1つあるお寺に、受益者をはじめ関係者が待っていた。

さっそく美味そうなパイナップルとバナナが目の前に差し出される、それといっしょにグラスに入った、少し白く濁った水が出てきた。めちゃくちゃ喉が渇いている……飲みたい……でもこの水ヤバイかも？　我慢できない。おそるおそる飲む。しかしそれは水ではなく、今このために、もがれたばかり、採れたてのココナッツだった。

乾いた喉に、なんと甘味なのどごし！　うんめーえ……こんなうまいココナッツジュース飲んだことない！

ナランギリパラ村は、想像以上に質素で90世帯ほど、大風が吹けば倒れそうな粗末な家屋、電気は来ていない。僅かなソーラパネルによる自家発電のみ。しかし時代だなー、僧侶が携帯電話を充電している。

仏陀バンクの融資を受けた村人は10名、それぞれが6900タカ（約1万円）ずつ借りている。米作りや、ショウガの畑などに役立てており、すぐ近くの農地を見せてもらう。年に1度の収穫が1年の収入の全て。そのため返済、融資など決算は、その時一括して行うというこの村独自の方針に、当初は滞納や焦げ付きなどのリスクが高いと懸念を抱いたが、これだけ人里離れた村である。その意味が、訪問してわかったような気がする。交通手段もなく、ほかの村や社会から隔離され、大袈裟な言い方をすると、物質文明から離れたこのような土地では、西側の資本主義経済が作りだしたマンスリーペイなんてもんは、意味を持たないのだろう。

エピソード、激痛と麻痺

深い山奥にあるナランギリパラ村、往復で険しい山道を徒歩で16キロ。その帰り道でのこと。

高低差の多い山道、アップダウンを繰り返し、ひたすら歩く。

角度のある急な坂道では、引力に押され走るかのように一気に下る。惰性がついて大股開きになる。と、突然ビリー！　と鈍い音、ズボンのケツが裂ける。つい前日、バンダルバン市の洋服屋で、若者が履いているのを見て涼しそうだと思い300円で買った七部丈ズボンだ。

その後も、でこぼこの坂道は永遠と思われるほど続く。角度のある坂道にさしかかるたびにビリー、ビリーっと広がっていく！　裂けた穴は縫い目から左右に開き、上下縦にどんどん広がり、股下に到達する。その直後ジッパーを破壊しフロントの「社会の窓」と一体となってしまった。ベルトとへその下のボタン1個でかろうじて体に巻き付いている。リアもフロントもカーテンのように開いており、とても見られた姿じゃなく、穴があったら入りたい。

まるで口を開けた、二匹の鯉のぼりだ……。

一番大きな川にさしかかった時である。そんな体裁など構っていられないハプニングが俺の身に起こった。来る時に腰まで浸かって渡った一番深さのある川である。川沿いの土手は地盤が緩く湿っており、急勾配になっていた。ごつごつした大きな岩の上を足場にしながら川岸に移動する。歩を進めていると、歩幅が広く、岩と岩の距離が足の届くギリギリの場面にさしかかった。いっきに渡ろうと、前足を勢いよく前方の岩に乗せ、全体重がかかる瞬間、泥でズルーっとすべる。そしてバランスを崩し川に向かって転げ落ちそうになる。その時、反射的に全エネルギーを後方の左足に掛けて踏ん張った。落ちたらカメラごと全身水没だということが一瞬脳裏をよぎった。

その甲斐あって落下はまぬがれたが、左足が攣った！　おもっいきり踏ん張ったせいである。まるでハンマーで足を叩かれているみたいな激痛が走り続ける。さらにふくらはぎが石のように硬直してしまっている。触るとギブスの上から触っているみたいに硬く、なにも感じない、そして全く動けない。

仲間は無情にも誰も気づかずどんどん先に行っている。俺は痛みで声も出ない。

動揺しながらも、〝こんな時は動かずじっとするのが一番〟とどこかで聞いたような気がして、しばらくの間、黙ってうずくまっていた。絶対どうかなってしまったと思うほどの尋常じゃない痛みと症状。しかしその処置が良かったのか、サバイバル能力なのか、運が良いのか、そのあとまるで何事もなかったかのように歩き出した！

それにしても焦った。初めての経験だった。以前よく運動不足の鈍った体で、手足が吊ったような気になったことは何度かある。だが本当に足が攣るというのはこんなに凄いのかと！

レスキューの講義などで、こういう時はよく「まずは落ち着いて」と言うが、俺的にそれは無理というもの。なぜなら予期せぬ強い痛みは恐怖が伴うからだ。

無事に川を渡り仲間と合流した時、皆の目線はヒラヒラと鯉のぼりのようにはためく俺のズボンへ……そんなこと、すっかり忘れていたぜ。

NO22 法登録への一歩

10月18日、今日は特別な日。仏陀バンクの法登録に名を連ねる9人全員が、必要書類を持ち寄って一同に集まるのである。場所は、チッタゴン市内、チッタゴン州最大の仏教寺院、ボットビア・マナストリー。

うれしそうに出迎えに出てきたアウンに「どうしたの、そんなにニコニコして?」と俺。「そりゃあ、ついに今日このミーティングにこぎ着けることができたんだから、そりゃうれしいよ」とアウンが笑う。

ここ連日、法登録に向けての書類作りでほとんど寝てないらしく、目が真っ赤だ。彼は合法化(法登録)のため、下調べと書類の準備のため、幾度も首都のダッカの役所に赴いてきた。こういう複雑な事務的作業ができるのは彼だけだ。そのために毎日奔走してきたのである。彼の脇には必要書類がどっさり山積みになっていた。「それでもまだ全体の半分だよ、伊勢」と苦笑い。

アシッシがまずは最初に始まりの挨拶とスピーチ……相変わらず、もっともらしいことを長々と話している。〝I am the first member of Bangladesh〟……「四方僧伽バングラデシュ」メンバーに最初になったのは自分であることを、ことさらに強調しているようだ。一番最初がそんなに偉いのか、一番最初と一番偉いのと勘違いするんじゃね～！　口先ばかりでなにもせず、だらだら偉そうに話し続けるこの男に、俺は無性に腹が立った。

9人体制にすることで、危うくバルワ族にマジョリティーを取られることは回避できたが、この様子では気は緩められない。

アウンの根回しで適切な人材が加わった。トンチャンギャ族のクラスミテミさん。ランガマティ県ラジャストリ郡、マルマ族のナランギリパラ村を管轄する。キャング族のハークルイさん。バンダルバン県にある特別区域、キャング族の村落全体を管轄。いずれも女性で、この日初対面だった。

これにより、ナショナルNGO〝Catuddisa Sangha（四方僧伽）〟として法登録の公式役員は、バルワ族（ベンガル系仏教徒）4人、マルマ族2人、チャクマ・トンチャンギャ・キャング族それぞれ1人となり、バルワ4人と少数民族（ジュマ）5人の計9人でバランスのよいメンバー構成になった。が、大きな違いは、バルワ系が全員身内で固めているということだった。

この時、慣例にあわせ、議長的立場のアウンが、「四方僧伽」のポリシーや活動内容の説明をしたあと、彼が徹夜で書いた長文のレジュメ、および規律などを皆で順に読み合った。

先に触れたが、これはあくまで仏陀バンク設立のための前々段階、その第一関門として、ナショナルNGOとして政府から正式に認可を受けることにある。そのためにはまず形だけでも本部をかまえ、正式な名称と所在地を持つ必要がある。それらが承認されないと何も始まらない。そのための動きは、すでに始まっており。2カ月前にアウンを中心に役員同意のもとに、ポテヤ市内に場所を決定し設立にこぎ着けている。この街に決めた理由は、仏陀バンクをスタートした5カ所の中心に位置するからだ。

しかしそれは表向きで、実際はこの地域をテリトリーとするシャンガプリヤ僧侶の顔を立て、プライドの高いバルワのメンバーに対しジュマのメンバーが気を使ったのである。

道のりはさらに長く、そのプロセスとして政府にNGO登録する際には、ポテヤ市の官僚、役人の推薦状が必須となる。すでにアウンは前日、このポテヤ市役所に書類や推薦状を担当する役人に会いに行っていた。この時その役人は、約束の時間を4時間遅れて現れたという。こういう世界、お願いする側は権威に対し忍耐あるのみ……機嫌を損ねられたら、全てがパーになる。アウン曰く、推薦状の内容を好意的に書いてもらうか否かはbehave……誠意（賄賂）次第だ。ん、誠意って、それって、まるで暴力団じゃないか！

ナショナルNGO（国内）として法登録をするには、バングラデシュ人の誰かの名前を代表として立てなければならない。アウンは最近アシッシをプレジデント・オブ・「四方僧伽バングラデシュ」（NGO法人「四方僧伽バングラデシュ」代表）と呼ぶことがある！　自称ファーストメンバーことアシッシ……この男に決めたようだ。

そしてこのNGOのオフィスの名義はシャンガプリヤ僧で、チアマン（議長）を兼ねることも明記される。

ミーティングの様子

オーナーシャンガプリヤ僧と団長アシッシみたいな感じだろう。アウンは、そうしないとこの場は収まらないことを知っている。

俺としては、死ぬほど不本意だが、そうするしかないのだ……。

NO23　キャング族とは

新役員となって加わったキャング族のハークルイ。彼女からの要請に応え、村落に向かった。孤立した部族、入境許可書を取る難しさを考えても、おそらくこの地域に入る日本人は皆無に等しいだろう。好奇心も疼く。

キャング族（khyang）という部族は、ジュマの12ある民族の1つなのだが、この広い世の中に、わずか4000人しかいないという極少中の極少数民族である。実際のところ、国の調べでは2300（census 1991年）だが、バングラデシュ全体に4000弱ほどいると言われる。以前はビルマの王族の1つで、独自の文化と言語を持ち、同じ部族同士で結ばれ長い間血統を守ってきた。だがそれが今、絶滅の危機にある。

家父長制と酋長を中心とする保守的な習慣により体制に対応できなかったことや、ベンガル語など言語の違いで教育が立ち遅れるなど、さまざまな原因があるようだ。そのため長い間、貧困に苦しみ、あまりにも貧しく、生きていくのも困難な状況にまで陥った。その時手を差し伸べたのがキリスト教徒の人達だった。食料はもちろん、ホスピスをはじめ住居、医療、学校、また親が見放した子ども達のドミトリーなど、生きていくのに必要なあらゆるものを提供した。敬虔なキリスト教徒の人達の精神と行動に敬意を払わずにはいられない。それにより格段に生活は改善された。と同時にもともと仏教徒だった彼らは、救済が始まってわずか6カ月後にはキリスト教徒に改宗した。その数2000とも言われ、結果的に従来の仏教徒は2000人足らずになったという。

もとより1つだったキャング族だが、改宗したキリスト教徒と従来の仏教徒は別々に暮らすようになり、対立も起きている。さらにキリスト教は、基本的に西洋の文化を色濃く反映しやすく、すでにその影響が出てきている。これまでの先祖から受け継がれた伝統、習慣、言語などのアイデンティティが保持できなくなってきており、深刻な問題に直面していた。そもそも宗教を変えるということは、こういう陸続きの土地では、国籍を変えるより重大な問題のはずである。そこまで追い込まれていたということなのだろう。ほかのバングラデシュの仏教徒は、いったい何をやってたんだろう……カンボジアの坊さんはスコップ担いで住民と井戸掘りまでしているというのに。

「なぜそんなになるまで放っといたんだろうか？」個人的感情で悪いが、バルワの連中の顔が浮かんで怒りさえ感じる。

キャング族のハークルイは、仏陀バンクの話を聞き、その構想に共感しメンバーとなった。と同時に2000人になった仏教徒キャング族の村々に仏陀バンクを呼び込みたいという狙いがある。

村落へはハークルイ夫妻を伴ってバスでバンダルバンから16キロ、そこから幹線道路を外れ、砂利と石の混じった道をオートリキシャに乗り換え15分ほど走る。道路脇には小高い丘に草が生い茂っているだけ。しばらく進むと、深い土手があり川が現れる。キャング族の女性達が洗濯や沐浴しているのが見える。橋が架かっており、渡ったところがキャング族のゴングル村だ。すべてが見渡せるような広く平坦な土地には、赤土の大地と平屋の集落があるのみ。まさにTRIBE（トライブ）という言葉がぴったりの情景だった。

敷地の中に、井戸が2つ見える。1つは中心から少し離れた畑の近くで、女性や子ども達が大きな水瓶を担いで頻繁に行き来している。もう1つは住居が集まる広場の中心。そこでは若い女性5、6人と、素裸の赤ん坊を抱いた母親が沐浴している。沐浴はよく見るが、女性は服の上から石けんを付け身体を洗う。濡れた、腰まであリそうな長い黒髪を櫛でとかしている姿は、なんとも写真的である。カメラマンのスイッチが入り、俺は仕事をほったらかし、食らい付くようにシャッターを切りだす。現地スタッフは慣れたもんで「伊勢また始まったよ」みたいなもん。

ゴングル村は、人口1000人。唯一残った仏教徒の村の中で一番大きい。この世にたった4000人しかいない民族ということだけあって、これまで訪問した村とは雰囲気が違う。何代も受け継がれてきたであろう年季の入った木造平屋の家屋が、円形の広場を中心に囲むように建てられ、床下の高さや素材、縁側の作りなどに統一感がある。同時に、強い部族の血の濃さが男性の顔立ちに表れている。

キャング族は、キャング家という名の大家族だったのだ。

先に述べたが、現在は同部族の2000人がキリスト教徒に改宗し、部族は真っ二つに分断されたが、歴史的には2つの王族のグループがあった。その1つがキリスト教に改宗したようだ。いずれにしても部族という名の家族が離ればなれとなり、存亡の危機にある。

残り2000人ほどのキャングの仏教徒が暮らす村落は、ここゴングル村を入口に、その奥地に点在する。

ハークルイは、村に向かう途中、うれしそうに言う。「私達は今日とてもハッピーなんですよ。なぜなら、村に初めて外国人仏教徒が訪問するんですもの！」と。まあ、そう言われてもあまりピンと来ない俺だが。

この村出身の大学卒業者は、現在までこの夫婦2人のみだ！　旦那さんは教師、ハークルイは銀行員で、村落に福祉団体を設立し婦人のリーダーとして奔走している。アウンの推薦もあり、法登録の公式役員になった。経験、能力、行動力のどれをとっても仏陀バンクにとって有力な人材と言えよう。そして彼女の頑張りは後に素晴しい成果を出すことになる。

この日は、ほかに3カ所ほどキャングの村を見て回った。どこも電気がなく、生活はけっして豊かとは言えない。仏陀バンクが部族存亡に役立って欲しいと願う。

だがこの訪問はあくまで次回の候補としての視察のみで、決定はできない。決めるには、またアシッシ達バルワのメンバーなどから承認をとらないといけない。同じ轍は踏みたくない……。

連中の声がエコーのように耳の奥で鳴る……、デモクラシー、カルチャー、コンセンサス……いやな響きだ。翌年は予算を作り、この村に戻れることを祈ろう。

エピソード、豚ざんまい

キャング族のゴングル村訪問中、酋長らしき男性が手招きするので、なんだろうと不思議に思い、広場の中心へ行ってみる。と、そこには1頭の丸々した豚が両足を縛られ寝かされていた。豚は口輪をはめられ、泣くに泣けず、ブーブーじゃなくウィーウィーと唸っていた。

その日は満月。それに合わせ屠殺が行われるというではないか！　こんなの見れる機会は滅多にない。ちょっと怖いけど……いや実はかなり怖い。

その時であった。ハークルイさんに「食事の支度ができたからこっちに来て下さい」と呼ばれ、カリバリ（村の頭）の家に招かれる。腹が減っていた俺は、おーめしだぁ〜と内心はしゃいだ。彼女に「豚は食べれるか？」と訊かれ、「はい大好きです！」と答えるが、え！　ちょっと待ってよ……これから豚を殺すんじゃなかったっけ……後味悪そうだな〜。んーん、まあいい、屠殺を見た後、もしかしたら、もう食いたくなくなるかもしれないしな……今日は豚の食い納めだ。

油のたっぷり乗った分厚いこりこりした豚肉を、おいしくいただいて、いざ屠殺現場へ。現場では、大の男が4人掛かりで豚を押さえつけている。その1人が、刃の長さ1メートルはあるだろう、今研いだばかりの農業用カマで、豚の首を生きたまま切り刻んでいく。豚は断末魔の叫びをあげる。まるでシチューの大鍋をひっくり返したかのように血がドクドクと流れ落ちる。半分近く首が切れても、豚は体をねじるように左右に大きく振り回し、ぶるぶると震えてはまだ抵抗し続ける。最後もう1人の男がナタで首の骨をへし折り、豚は息絶えた。

臆病な俺は、怖じけずいて逃げ出すかもと思ったが、意外にもファインダーを通すとクールで冷静に見ながらシャッターを切っていた。以前、お産の撮影をしたことがある。あの時もそうだった。撮影が始まるまで、逃げ出したくて仕方がなかった。しかし肉眼で直視すると気が引けてしまうくせに、いざカメラのファインダーを通すと別の世界となり、怖いもの知らずになってしまう。

これまで生きてきた50年ほどのあいだに、豚、鳥、牛はもちろん、羊、鹿、馬、ヤギ、クジラ、さらにワニ、蛇、カエル、クモ、蝉、etc……いろんな肉を食ってきたが、屠殺に立ち会うのは、生まれて初めてのことだった。いつも当たり前に、なにげにスーパーで肉を買っている。しかしそれらはスーパーや工場で生産されているのではない。まぎれもなく親から子へ受け継がれ生まれてきた命なのだ。

それらを食する時、必ず殺傷行為が伴うということ！　それらを食する者は、1度はその現場に立ち会う義務があると、この時深く感じ入った。そうすることで、人は生き物に感謝し、食べ物をもっと大切にするだろう。そして無益な殺傷を減らすことにつながるのではないだろうか。

その夜、バンダルバンに戻ってから、アウンの従兄弟で、プロジェクトで村人との通訳などを頼んでいる、オーストラリア留学帰りのウオンにさそわれ、地元の地酒屋に一杯ひっかけに行った。酒屋と言っても、一応イスラム教徒の国なので、ひと気も明かりもない外部からは全くわからない小屋だった。中は薄暗く、ドアを締め切り、ゴザの上に座った先住民の男達が、ひっそりと飲んでいた。まかないのおばちゃんが、地酒とつまみを運んできた。つまみの中身は、なんと豚の内蔵！　肝臓や腸などを切り刻んだ塩漬けだった。

ここでもまたまた豚かよ……。

ところがこれがまた、きつい地酒にぴったりで、舌を打つ絶妙のコンビネーション。うまい、うまい、おかわり……たくさんいただき今日は豚三昧。恐れていた〝拒豚症〟の心配はまったくないようだ。

酒屋でだんだん酔いが回るとともに、ウオン君が俺に熱く語りだす。資本主義がどうとか、アメリカがいけないんだ、などポリティカルな話題。俺もその手の話は嫌いじゃないので、だんだん熱が入りすぎて、ついには激しい口論になる。て言うか、こいつめちゃくちゃ酒癖悪い！

ついに切れた若いウオンは、俺に向かって中指を立て「ファックユー！」。「あ！　今なんつったぁ！」と俺。「ファックユー、メェーン！」とウオンが再び叫ぶ！　俺は怒って店を飛び出す。その時のセリフは「ファックユー、ピッグ（豚やろー）」

NO24「オフィス　ボロ」

２０１０年10月24日、バングラデシュ出国を翌日に控え、早朝アウンと共に首都ダッカにある〝NGO GOVERNMENTAL DEPARTMENT OFFICE（ＮＧＯ事務局）〟、通称「オフィス　ボロ」を訪問。

ダッカ市内で一番太いと思われる立派な道に、幾つものオフィスビルが建ち並ぶ。東京の永田町みたいな所か。その中の１つの10数階建てビルのＮＧＯ事務局、通称「オフィス　ボロ」へと出向いた。

しまった、もうすこしまともな服を持って来るべきだった。いつものように汚いジーパンにＴシャツ……これじゃなめられるな……ただでさえ、Catuddisa Sangha（四方僧伽）なんて極小任意団体、誰も知らないのだから。

「オフィス　ボロ」はバングラデシュ国内外の全てのＮＧＯを統括している政府機関である。バングラデシュで社会奉仕活動をする内外の組織は、基本的にこの機関に認可されないと何もできない、と言うより、何をやってもいけないわけだ。

この時はまだわれわれの正式な法登録の手続きはできない。提出すべき全必要書類がまだそろってなく、ナショナルＮＧＯ「四方僧伽バングラデシュ」としてオフィスの住所登録をしたポテヤ市からの推薦状が出るのを待つ必要があった。またアウンの話では、公式役員９人を含む、支援者ら総勢21人のサインを集めるのに最低あと１週間はかかる。

伊勢の出国には間に合わなかったが、すでに必要書類の８割はそろったと彼は苦笑いしながら言う。苦笑いのわけは言葉に出さなくてもわかっている。事務的能力はもちろん、根気と、忍耐、フットワークのいる膨大な作業だ。そんなことはアウン以外に誰ができるというのだ。必要書類に署名をするために向こうからやって来てくれる人間は限られている。申請の責任者が、自分の足でかき集めるしかない。それも相手の都合に合わせながら。１人で奔走する人間に対し、それらの作業の大変さを理解しようともせず、彼だけに特別手当が渡っているはずだとか、自分だけ特権が与えられるよう書類を改ざんしているのではないかなどと、あらぬ疑いをかけ協力を渋ったりする人間が存在する。

そんなわけで、この日は、近々実行される合法化に向け、その本体である「四方僧伽ジャパン」の担当官、伊勢！　が政府の担当官にお目通りし、直接お願いを乞う、という段取りなのだ。

まずはジェネラルディレクター（局長）なる人物に面会した。この施設のナンバーワンだ。痩せていて鋭い眼光、握手と作り笑いの中に威圧のオーラを発する。喰えないタイプだ。

そのあとナンバー２だとかいう人物を紹介される。彼が「四方僧伽バングラデシュ」のＮＧＯ登録に向けての担当官だそうだ。

デブッとしていて、いかにも重役です、といったような、どす黒い顔。偉そうにするのが仕事のような典型的役人タイプだった。

「君はわざわざ日本から来て、このバングラデシュでいったい何がしたいんだね？」とマニュアル通りの質問をされる。俺はアウンとの打ち合わせ通り、「水害やサイクロンなどの自然災害の時、救済活動をするためです」と答えた。本来の目的である仏陀バンク設立は、金融業務であり、ここととは管轄が違う。マイクロクレジットへのプロセスは、かなり先の話であり、まずはナショナルNGOとしての合法化が必要なのだ。したがって、話がややこしくなるため、ここではあえて伏せてある。

俺がナンバー2の質問に答え、話している途中、突然見るからにすごく偉い政府の高官みたいなバリっとした男性が、まるでSPのような取り巻きを何人も連れだって、現れた！　するとそのオフィスにいた全員、8人ほどが一斉に立ち上がり、急にぺこぺこしだした。どす黒い顔のナンバー2も、できる限りの笑顔を作って直立不動だ。

そのお偉いさん、1人だけ立とうとしない俺の存在に気づき、「あーお客さんなんだから、僕にかまわず仕事を続けなさい」と周りに指示し気を利かす。するとナンバー2は、ちらっとこちらの方を見て、「あーこいつ！　こんなもんどうでもいいんですよ」とあしらうように手払いをして見せた。その後、ナンバー2から質問され、答えの途中で中断された話の続きを語る機会はあたえられなかった。

アウンは以前、バンダルバンに先住民として初めてのNGO、エコ・デベロップメントを立ち上げるため、ここに4年間通ったそうだ。そのおかげで彼は、ずいぶん顔なじみになったらしい。「なぜ4年もかかったんだ?」と訊いてみた。すると「自分達はここではアボリジニー(先住民)だからさ」と爽やかに言う。

開発途上国における、こういう無駄に肥えた役人達は、皆同じに見える。特権階級の利権、そのアドバンテージは先進国とは比べ物にならない。その確たる物は汚職……私腹を肥やすことができる。だからこそ、みなこぞって、役人になろうとする。そのことで家族親類、友人、知人に強い影響力を持ち、皆から尊敬され大物あつかいされる。途上国に限らず多くの国で起きていることだが、バングラデシュのような貧困国、その決定的違いは、すでに生まれた時から決まっているということだろう。そのチャンスがある環境で生まれ育ったか、または絶望的に無いかだ!

それがこの世界の常識。

NO25　ダッカの夜

俺にとって2010年バングラデシュ最後の夜。翌朝のフライトを控えてダッカ市内のホテルに宿泊していた。夕方アウンが、ダッカ市内に住んでいる友人で電子工学の専門家とかいうベンガル人を連れて来た。外国暮らしの経験も多い国際通である。その彼が俺に向かって質問してきた。

「この国の印象はどうだ？」

「この国は、どうしたらもっと良くなると思う？」

社交辞令じゃなく、ほんとうに知りたそうで、率直に答えて欲しいと言う。

そう言われたからには遠慮も躊躇もなく即答した。

印象についてはいくらでもあるが、可能なアドバイスを込め答えた。ゴミ箱がない、街そのものがゴミ箱だ！　不衛生極まりない。すべての道のコーナーにゴミ箱を設置するべき。はじめは誰もゴミ箱に捨てないだろうがいずれ変わる。

車の排気ガスによる公害が酷すぎる。街中の空気が光化学スモッグのようだ。ちょっと外を歩くと鼻の穴が真っ黒になる。すべての車に排ガス規制をするべきだ。東京の石原知事も強行した。

この2つを実行するだけでバングラデシュはずいぶんと良く変わること間違いなし、と答えた。

アウンとその友人は妙に納得し、「貴重な意見、大変参考になりました」と言い、「しかしこの国は教育水準がとても低いうえに、貧しいから仕方がないんだよ」とよくありがちな反論をする。それに対し俺は、「少し前のカンボジアも戦後の貧困で半端なく貧しかった。すぐ隣のミャンマーだって、バングラデシュと同じようにサイクロンや水害で苦しめられ、そのうえ軍事政権に押さえつけられ、国際支援も受けられず、国民は長い間、貧しい生活を強いられている。にもかかわらず、どちらの国もバングラデシュよりも100倍綺麗だ！　そうやってなんでも自分達の責任じゃなくて、ほかの人や環境のせいにしてしまうバングラデシュ人の国民性に原因があるんじゃないのかな！」

と率直に言わせてもらった。彼はそれ以上反論しなかった。

そんな話で熱くなっていると、今日が最後の日だということで、アウンがどこからかハイネケンを買ってきていた。イスラム教国家でのビールは超高級品、だが、金さえあれば容易に手に入る。世界中に酒と娼婦のない国はない。厳しい戒律で規制しても必ずどこかにある。なければきっとどこかで作る。それが人の営みというものなのだろう。

ううーん！　ぬるいけど、うまい。

NO26　エピソード、世界がもし100人の村だったら

２０１０年10月のバングラデシュでのこと。

チッタゴン市に滞在中、煮詰まるとよく気分転換でカメラを持って、ホームレスが大勢暮らすレールステーションの周りをうろつく。

そこで出会った子ども達、ものすごく貧しい……素足、穴があいて破けた服は汚れた手垢だらけ。ほこりっぽい顔には涙や鼻水の痕、何日も洗ってないゴアゴアの髪。親のいない子、家のない子。

しかしなんて純粋で愛くるしいのだろう。その罪のない無垢な瞳に引き込まれる。俺は取り憑かれたようにシャッターを切り続ける。

元来俺はあまり子どもは好きじゃない。なのに、今日はとても愛しく感じて仕方ない。汚れのないオーラは、俺の心を覆う曇に射しこむ光のようだ。

その夜アシッシに誘われる。「ヒンズー教のお祭りが全土で始まるんですよ。今日は前夜祭なんです。今晩行きませんか～？」

答えに迷っていると、「民族衣装を着た人達の歌や踊りも見れますよ」……以前インドで見たことがある。絢爛豪華という言葉がぴったりの、それはそれは見事なものだった。疲れてはいたけど、やはりカメラマンの端くれとして、そんなチャンスを外す手はないと、出かけた。

行き先はヒンズー教寺院。期待に胸膨らませ、いざ行ってみると、おかしいな、あたりはとても静かだ……。

寺院の入口に入ってみると、薄暗く青白い蛍光灯の光の下に、等身大よりも大きい神様をかたどった蝋人形が壁の両側にずらっと並んでいる。その数、数十体。どぎつい色の塗料に金粉、銀粉が塗りたくられ、鬼のような形相や、この世のものとは思えない人獣達。はっきり言って気味が悪い。関係者が数人準備作業をしているようだ。

ヒンズー教司教のような人を紹介され、同時にそこにいた作業員達にも聞こえるようにアシッシが言う。「日本の友人がヒンズーの祭りを見たいと言うので連れてきました」

そのあと日本語を披露し、羨望の眼差しを浴び満足そうだ。で俺に向かって指図する。「さあどうぞ、写真撮ってください」……こんな不気味な人形の写真撮っても……興味ないし。

きらびやかな民族衣装を着ての歌や踊りなど、どこにもなく、期待を大きく裏切られた俺は、あきらめてアシッシに案内してもらい、近くにある港に出かけた。きついアンモニア臭と埃の舞う暗闇を歩いて通り抜けると、港に出た。

そこは主に漁船が停泊する。べたーと張り付くような生ぬるい風と生臭い匂い以外、一見北海道の小樽漁港とあまり変わらないかと思った。が、いや、かなり違う。大きな違いは、船の油や汚れの浮いたヘドロのような臭い水だ。信じられないことにその中で体を洗っている奴がいる！日本じゃ野良犬だって絶対水浴びしないだろう。

これがこの国の低所得者の暮らしなら、日本の低所得者の俺達の暮らしはセレブだ！

以前、話題になった『世界がもし100人の村だったら』という本を読んだ時、俺のランクは

・わずかでも預金がある
・多少でも将来の保証がある
・食料の蓄えがある

のどれにも当てはまらなかったのに第7位にランクすることを知って驚愕したのを覚えている。

バングラデシュにいるとその信憑性を実感する。

NO27　バンダルバン日記

スネーク

やはり2010年10月のバングラデシュ滞在でのこと。

バンダルバンへ移動するため使った市民の足、ローカルバス。乗った座席と前列との間が、とても狭い。足の短い俺でも前の席の背もたれに膝があたり、足が地に着かず靴は宙吊り状態。揺れるたびに膝がぶつかり痛い。まるで子ども椅子だ。

さらに今日はとても暑い。バスの中は、いつものように、ほとんどすし詰め、蒸し風呂状態だったが、そこへ爽やかで感じのいい若者が隣に乗ってきた。27歳、名前はなぜかジョニー……父親は弁護士で本人は首都ダッカの国立大学を卒業後、CHT（チッタゴン丘陵地帯）で、NGOのメンバーとしてマイノリティー（ジュマの人達）の人材育成のために働いているのだと言う。

彼が「どうしたらこの国の貧困がなくなると思いますか？」と真剣な顔つきで聞くので、「まずは政治家や役人の汚職、腐敗をなくすことだね」

彼は、もっともそうにうなずいた。俺が「ところで軍隊はどうなんだ？」と訊ねると、「軍隊は腐敗してない。それどころかこの地域で以前頻繁に出ていたゲリラや盗賊から治安を守っている」と誇らしげに反論してきた。そこで俺は、今年バガイチャリで起きた〝打ち壊し〟軍隊とセトラーによる村落の焼き討ち事件はどう思うかと訊ねた。彼は、初耳だというようにとても驚いた顔をした。仲間の間でも、何か面倒なことが起きているらしいぐらいの話しかないと言う。

驚いたのは、こちらの方だ、地元で活動する人間でさえ、こんな大事件を知らされていないなんて！　わずか7カ月前に、450軒の家屋が放火され全焼、死人も出た事件を、この狭いチッタゴン丘陵地帯で活動していて知らないなんて！　情報が軍や警察、または政府によって完全にブロックされているようだ。

悪路の中、バス停で停まるたびに飲料水や果物、菓子や軽食などを抱えた売り子が、窓の外にも車内にも現れる。英語で菓子類をスナックと呼ぶが、ベンガル訛りでは何度聞いてもスネークに聞こえる。

この若者は俺に気を利かし「スネークでも食べない？」と何度か言った。俺はその度に「え！あ！　いえいえ、けっこうです」と大袈裟に戸惑う。その姿に、周囲の人もいっしょに怪訝な顔をする。

ロイヤルホテル

常宿となるバンダルバンお気に入りの宿、ロイヤルホテル。旅行者の少ないこの地域にしては珍しく、先住民の暮らしを内装のテイストに取り入れ、竹素材が多く使われていた。先住民の編んだゴザや布が壁に貼られ、伝統工芸のハンドクラフトなどをインテリアとしてコーナーに飾るなどエスニックな装いが俺好みだ。

この時は奮発して、エアコンのある部屋を利用。しかし入って30分もしないうちから停電……エアコンの意味なし。

毎度のことだが、電気不足で、毎日決まって2〜3回は停電する。それも予測なしに。日本ならちょっとしたパニックになるところだが、地元の人は意に介さず、「あ〜」という声が四面からエコーのように響き渡った後は、なにもなかったかのようにロウソクを取り出し点火する。

この時、初めてホテルのオーナーと出会った。マルマ族の1人で、品と教養を兼ね備えた、この辺では珍しいタイプ。まだ王政が敷かれていたころに所有していた財産を受け継いだらしく、数少ないマルマ王族の子孫だと言う。

ロイヤルホテルの名の由来は王族から来ているのだろう。

彼の話では2005年には丘陵地帯に暮らす先住民ジュマの人口が全体の35パーセントとなり、5年後の2010年には、30パーセントに減り、その後も年に1パーセントずつ減っているため、現在は70パーセントがベンガル人だと言う。政府の見解とは20パーセントの差があるが、全国軍の3分の1にあたる駐留軍隊の4万人以上の数が入ってないと考えれば、まんざら盛っているとも言えない。

数千年続いてきた貴重な仏教文化や言語が絶滅の危機にあると彼は嘆く。現在ではバンダルバン区域だけで36のイスラム教モスクがある一方、仏教寺院はわずか3つになったと。

パイナップルの教訓

恥ずかしながら、今回2010年10月の渡航が決まった瞬間に、真っ先に思ったことがあった。それは「パイナップルが食える」だった。

前回バンダルバンで食べた無農薬のパイナップルが、大袈裟な言い方だが、この世のものじゃないぐらいの美味しさで驚嘆し、ほっぺたが落ちまくった。アウンはパイナップルの試験農場を持つほど、その手の事業には詳しい。その彼のお墨付きの農家から頂いた物だった。

いつ食えるのかと入国以来、頭の隅にへばり付いて離れない、味覚への貪欲な執念……ところがである。な、ない！　今は時期でないのだ！　果物屋はもちろん、あちこちどこを探しても全く見あたらない。バナナはもう見たくないほどあるというのに。

季節感もなく作物のことなど何も知らず、スーパーやデパートに行けばなんでも買えると思い込む子どもと一緒だ！　馬鹿な俺は、いつでも食べられるものだと思い込んでいた。その日の夜、よっぽど俺が落胆した顔をしていたのか、現地スタッフが、どこからか探してきた。やったぁ！とばかりカットして勢いよく口にほおばる……ま、まずい！　な、なんだこの味は！　甘みも水分もまったくない、パサパサの食感、生の春菊でもかじったような感じだ！　欲しいものを欲張る卑しい己に与えられた罰か……我ながら嫌悪感いっぱいな日となる。

イマジン

その日の朝は光がとても美しく、思わずカメラ片手にロイヤルホテルを出る。この日は、週に1度のマーケットの日、バンダルバン市のメインストリートに市が立つ。近隣の村から少数民族農家が大勢集まり、町は活気づいている。路上にゴザを広げ色とりどりの野菜や果物、豆類、干物の魚などが所狭しと並んでいる。

連日の移動と暑さのせいか、体は重いが、カメラのシャッターを切っているとテンションが上がり、アドレナリンが回って疲れを忘れる。汗が吹き出す。俺は上半身裸になって、カメラを構え、ハンターが狩りをするように獲物を狙う。

そこへ市場の中からノスタルジーとでも言おうか、以前嗅いだことのあるような、慣れ親しんだ匂いがプ〜ンとして、食欲をさそう。スープ麺の屋台を発見。腹が減っては狩りはできない。

「うーん、うまい！　おかわり」……やっぱ、アジア人は麺だよな。それはマルマ族の伝統料理で、モンリーと言う。北海道の塩ラーメンのタレに九州の細い麺という感じだろうか。モンリーとラーメン、似たような響き。

その足で街角を奥深く、中小路やあぜ道、沐浴場などを物色しながら、写真を撮り歩く。会う人はみんな笑顔で返してくれる。いきなり写真を撮られ驚く人はいるが、いやな顔をされたり怒られることは、ほとんどない。

歩いていると池があり、洗濯や沐浴をする人、そのすぐ横の空き地から元気な笑い声。子どもが集まってゲームのような遊びをしている。大きなテーブルの上に、白いチョークで線が引かれ、幾つも石が置かれている。日本の石並べみたいなものだろう。

懐かしく思い、近寄って眺めていると、沐浴直後の上半身裸の男性が声をかけてきた。その男性は、自分はベンガル人でイスラム教徒だと言い、ゲームをして遊んでいる子ども達のうちの3人が彼の子どもだった。その中の2人の子どもと、一緒にいた妻らしい女性の顔つきは、一目でベンガル系じゃないとわかる。さらに一緒に遊んでいた子ども達の中にも、ベンガル系でないと見て取れる子も多い。

ベンガル系とジュマは同じ町に暮らしていても居住地が別で、当然家族構成もどちらかの系列になるのが一般的だ。不思議に思い失礼かと思ったが訊ねてみた。彼は一人ずつ紹介してくれた。この地域では、いろんな部族の血が混じっているらしい。

「これが俺のかみさんで、マルマ族、だから俺の子はベンガルとマルマのハーフ。この子はチャクマ族とベンガルのハーフ。この子はおばあさんがトンチャンギャ族」などなど。彼は誇らしげにこう言った。「みんなで共に仲良く暮らすんだ」

そう、今となっては過去を憂いても、起きてしまったことは消せないし、後戻りもできない。共存共栄していくしか道はないのだから……物事は片方側からだけ見てはいけないことを、この時教えられた気がした。

ひとつの家族として暮らすジュマとベンガル

例えば北海道の人間として固有の領土と言われる北方領土4島。戻ってきては欲しいが、すでに3世代のそこで生まれ育ったロシアの人達がいる。その人達にとっては紛れもなく故郷。追い出すのは忍びない。一緒に仲良く暮らせるような世の中だったらどんなにいいかと思ってみたりする。

ジョン・レノンのイマジンの詩、これを歌うといつも泣ける。

……想像してごらん、みんなが一緒に暮らしている今日の日を、そこには国なんてない、宗教も、争いも、貪欲や貧困もない。君は僕を夢見る理想家だと思うだろうけど、決して難しいことじゃないんだ。いつかきっと君もわれわれのところに来ることを願っている……。

NO28　アドバイス

専用銀行口座を作り、法登録のため準備された資金を保管することを強く要求するバルワ側。そうすることがフェアーでデモクラシーだと、主張を繰り返す。口座のお金を動かすには役員3人の署名が必要となるが、組織の代表と筆頭、さらに息のかかったメンバーが2人、すでに計4人のバルワ役員がいる。彼らだけで自由にお金の出し入れができることになる。

お金を移してしまえば、運用するたびにアシッシとシャンガプリヤにお伺いを立てることになる。そうなれば法登録はかなわないかもしれない。このことで一番悩んでいるのはアウンである。

既にこんがらがった糸。ほどくには俺の能力を超えている。

この状況をクリアにするには〝お上の一言〟しかない。2011年6月、バングラデシュに入る1週間前、バンコクでの国際会議の席で捕まえた井本氏に状況を説明した。

「口座を作るべきでしょうかね〜?」。井本氏曰く「僕はお金を出しただけですよ。伊勢さんが思う通りにすればいいじゃないですか!」。「そそそ! それはそうなんですけど、井本さん個人としてはどう思いますか? ア、アドバイスということで」

「そうだね、アドバイスぐらいなら」とか言って井本氏、ズバっと一言。「口座は必要ない!」

NO29　ブチ切れ会議

２０１１年６月。

１年を総括する大切な会議がホテルのレストランを利用して始まった。イタリア出張中のシャンガプリヤ僧と銀行勤めのハークルイ以外、公式役員７人が参加した。

会議で一番懸念していた口座の件になると案の定議論は白熱した。

ベンガル語で何を言っているかさっぱりだが、見たところビプロップによる説明は非常に分かりやすく、そこにいた全員が皆納得しているようだった。だが、ただ１人アシッシだけは何を言っても頑としてゆずらない。時には言葉を荒げ、激しい問答が続く。かなり険悪な空気。ついに埒があかなくなり、最後はアシッシが「伊勢さん、あなたはどう思う？　あなたが決めなさい！」と迫る！

何でいつもこう命令するのかな、こいつ！　こうなるのは分かっていたからこそ、事前に会い、あれだけ事情を説明して話し合った筈なのに……俺はやむを得ず切り札、懐刀を出した。「創立者井本氏の見解は〝口座は必要ない〟です」。

と言うか言わないかのうちにアシッシが口を挟む。「ちょっとまだ話してんだから聞きなさいり、言った。

よ」と言うが、まったく聞く耳を持たず、声を荒げ主張をやめないアシッシに俺は切れそうにな

「いいから黙って聞けよ！　ストップ！」

それに対しアシッシは怒鳴る。「ユー、ストップ」

俺もついに怒鳴る。「ユー、ストップ」

アシッシは人差し指を俺に突きつけて「ユー、スチューペット！（お前は馬鹿だ）」

俺も負けじと「ユー、スチューペット！」

アシッシ、突然大きな音をたて、巨体を揺すり出口に向かった！　そして俺のほうを振り向き、

もういちど大声で「ユー、スチューペット」

レストランの客もスタッフも一斉に注目。

一同静まり返る。冷静なアウンが口火を切る。「どうする、伊勢？」

「みなさんが同意であれば、仏陀バンクのプロジェクトは、このまま継続したいです」と答え、

会議を続けた。

会議の最後に一言付け加えた。

「彼を追い出したり切り捨てるようなことはしない。また一緒に活動がしたいというのであれ

ば、いつでも受け入れる。しかし、こちらから何かをお願いすることはしない」

解散する時、役員の1人、オビジリ教授が言った。「彼の振る舞いは同じバルワの人間として

恥ずかしい。あなたには大変申し訳なく思う」

この出来事のおかげで、仏陀バンクのサイト（活動地）への追加資金をどう分配するかの考えは固まった。これまでバルワの息のかかったサイトを優先するよう圧力を感じていた。さらに金額に不満を言ってくることを想定し頭を悩ませていた。

良い成果が上がっている所、高い可能性がある所を優先的に、資金の追加を行なう。そうでない所への追加は少量、または延期し、指導及び自主的努力を促す。これが俺のデモクラシイだ！

当たり前と言えば当たり前か。

NO30　最後の砦

仏陀バンクは、ここバングラデシュのほかにも、チベット（インドの亡命チベット人居住地）とスリランカの3カ所で、同じ年ほぼ同時に始まっていた。そのきっかけとして、カンボジア（バッタンバン区域）とタイのミャンマー人移民居住区での仏陀バンクの成功がある。

では、ほかの地域ではどういう状況かと言うと、インドのチベット人地区では、海外からの多額な寄付や設備の整った施設の無償提供などに慣れているせいか、小規模融資の本来の活用法を実行する状況にはなく、現地担当者の努力及び日本側の説得も功を奏さず、残念なことに資金はそのまま眠ってしまった。この小額の原資の扱いに困った彼らは、２０１１年5月、日本が東日本大震災で窮地にあることを気にかけ、全額返金された。

またスリランカはどうかと言うと、プロジェクトを託された高名な僧侶が仏陀バンクの原資の全額を持ったまま、行方をくらましてしまった。半年後、彼はマレーシアのクアラルンプールにいた。本人は、持ち去ったのではなく、そのまま私用でこちらに来ていたのであって、必要ならいつでも全額返す用意があると言ったらしい。その後そのお金はどうなったかは分からない。

順調に見えたカンボジアでも、今ではお金を借りたまま行方をくらますケースが続出し、さらに指導に回っていた現地スタッフへの嫌がらせも相次いで起こり頭を抱えている。タイ国内にある国境の街、ミャンマー人居住地区では、賄賂欲しさのタイ人汚職警察による違法移民への嫌がらせはいつものことなのだが、仏陀バンクに目をつけた彼らが、非合法な金融業を行なっていると仏陀バンク担当者を逮捕、多額な罰金と保釈金を払わされるということまで起こった。また、受益者の多くが違法移民、その多くはタイ人経営による数ある缶詰工場で働いており、低賃金で雇える労働者として持ちつ持たれつの関係なのだが、強制送還などで突然国に帰ってしまうケースが多く、返済はストップしてしまう。

このように需要があり、弱い立場の人達が自立する可能性の高い地域でさえ、思うように稼動していないのが現状である。それだけにバングラデシュの仏陀バンクは最後の砦、絶対成功させなければならない。

バングラデシュは小規模融資の発祥の地と言ってもいい。ノーベル平和賞を受賞した銀行家のモハメド・ユヌス氏の貢献と言える。この受賞は小規模融資の存在を世界に知らしめ、バングラデシュの誇りであり、名誉ある出来事として多くの国民の知るところである。そのため一般に小規模融資（マイクロクレジット）の認知度及び理解度が他国に比べはるかに高いことが、仏陀バンク成功の大きなアドバンテージになったと言えよう。

NO31　分裂と和解

アシッシが怒って会議を退場した「スチューペット事件」の後、シャンガプリヤ僧及び新役員のオビジリ教授、アヌパンら、9人中4人いるバルワ族（ベンガル人仏教徒）仏陀バンク役員からはそれ以来なんの連絡もなかった。根回しが行き届いている。まさに一枚岩だ！

日本に帰り提出した報告書は、一定の評価を得た。と言うか一部を除いては絶賛されたと言ってもいいだろう。しかし懸念していたようにバルワとの分裂という事態が、次のプロジェクトの提案や予算の分配で難色を示される原因となる。なぜなら、たとえバランスが悪くても包括的に両者に関わっていくというのが仏陀バンクの信条なのだから。

状況を危惧してか、アウンからはこんな内容のメールが。「お前は日本に帰ってから何をしているんだ？　井本（創立者）には今置かれている現状を伝えたのか？　俺達の四方僧伽バングラデシュの活動は今後どうなるのか教えてくれ」

井本氏はいったん後継者に事業をゆだねた後は一切口出ししてこない。こちらも頼らないようにしている。とは言え、アウンがメールで訴えたように、いったん日本に帰国してしまえば、後は任せっきりで放り出したようなもんだ。現場の人間はたまったもんじゃない。俺自身でまいた種でもある。

「四方僧伽」の上層部からは、この対立の解決が要請され、それができなければ今後の支援は難しくなると言われた。

俺はすぐアウンにその主旨を伝えた。彼はバルワで一番影響力を持つシャンガプリヤ僧侶から同族メンバーに声をかけてもらい招集するよう頼んでみると言い、その数日後には、ミーティングの日程が決まったと報告が来た。

しかし実際そのアウン自身は、かなりネガティヴだった。今までの経緯を見ても、彼らがそうすんなり和解に応じるとは思えない。銀行口座の問題や仏陀バンクの追加金など金にまつわる事柄を避けられない以上、解決できるとは考えづらい。せっかくの新しい構想もつぶされかねない。かと言って、この機会を逃すとおそらくもうそのチャンスはないだろう。アウンの精神的重荷は相当だった。

そんな時、井本氏より絶妙のタイミングでアウン、伊勢、そしてアシッシ宛メッセージが入った。この人の張り巡らしたアンテナには恐れ入る。ここぞという必要な時には楔を入れる。

親愛なるアウンさん、伊勢さんへ

心から親友のアシッシさんへ

団結こそが、今一番求められている。それがすべてのベースにある。最も大切なことは、バングラデシュに貧困をなくし、人々が公平に暮らせるようになるための、ヴィジョンとポリシーを持つこと。その目的のため、チームの信頼と団結が第一である。With Best Wishes

Imoto

それが功を奏し、数日後アウンからのメールは、昨日シャンガプリヤの寺院で、「四方僧伽バングラデシュ」ミーティングが、メンバー全員参加で無事成功に終わり、明日、伊勢宛に謝罪文を送ることになった、どうか心配しないでくれ、というものだった。

さっそく翌日送られてきた謝罪文には、

伊勢さん、私、議長シャンガプリヤがメンバー全員を代表して、謝罪いたします。今より我ら四方僧伽バングラデシュのメンバーは平和的に協力し合って活動していくことを全員で確認決定しました。

(以下省略)

敬具

四方僧伽バングラデシュ議長

これに対し伊勢も真摯に対応し、感謝の手紙を出した。

親愛なる四方僧伽バングラデシュの仲間へ
皆さんの親切に深く感謝します。自分も無作法を恥じています。バングラデシュの未来のために、一緒に前進して行きましょう。（中略）アシッシさん、私の無礼を忘れて下さい。そしてこれまでのことは水に流そう。
敬具
伊勢

そして2日後、あ、あの人からのメッセージが！

親愛なる伊勢さんへ
あの日はすいませんでした。
私にとって四方僧伽は初めての組織。井本さんを尊敬してて、四方僧伽が大好きなんだ。それに僕は四方僧伽バングラデシュ最初のメンバーなんだ！　あなたの井本さんへの積極的働きかけのおかげで私は助けられました。全ての四方僧伽メンバーに幸運を。
アシッシ

その直後井本氏から伊勢にメッセージが。

今の僕の立ち位置から考えても、この問題を処理するのは僕の任ではないと思いますので、伊勢さん、どうか宜しくお願い致します。喧嘩はしないようにｗ！

その2日後、ボスのシャンガプリヤ僧侶からこんなメールが井本氏に送られた！　ちなみに伊勢のほうには送られてなく、転送されたものである。

親愛なるダムラ・ブラザー
私は心あるあなたからのメールを受け取った。四方僧伽会議が成功裏に完了したことを伝える。これからも四方僧伽の活動を継続します。われわれはこれまで四方僧伽として、貧しい人達に金銭や必要な物をサポートしてきた。それに対し彼らはとても感謝している。このように人々のために活動を続けていくつもりである。しかしわれわれの財政では、金銭を得る機会も環境もなく、多くの人に与えるには乏しい。どうかバングラデシュの貧しい人達のため金銭的支援プランを増やすことをリクエストします。

なんか事がうまく行きすぎると思ったんだよな……こういう魂胆、やはり金なのね。

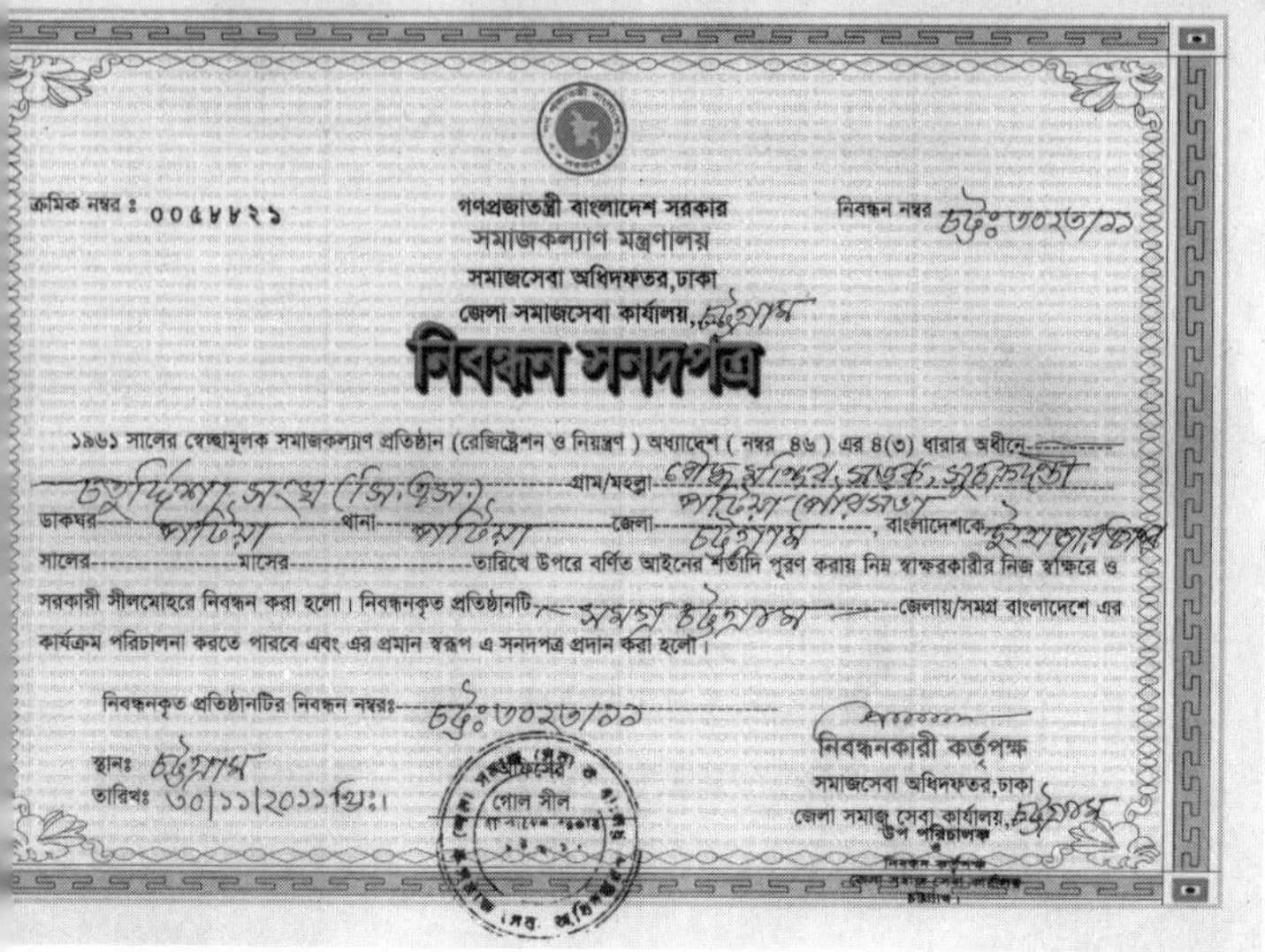
ক্রমিক নম্বর ঃ ০০৫৮৮২১

গণপ্রজাতন্ত্রী বাংলাদেশ সরকার
সমাজকল্যাণ মন্ত্রণালয়
সমাজসেবা অধিদফতর,ঢাকা
জেলা সমাজসেবা কার্যালয়,

নিবন্ধন নম্বর

নিবন্ধন সনদপত্র

১৯৬১ সালের স্বেচ্ছামূলক সমাজকল্যাণ প্রতিষ্ঠান (রেজিস্ট্রেশন ও নিয়ন্ত্রণ) অধ্যাদেশ (নম্বর ৪৬) এর ৪(৩) ধারার অধীনে---------- গ্রাম/মহল্লা---------- ডাকঘর---------- থানা---------- জেলা----------, বাংলাদেশকে---------- সালের---------- মাসের---------- তারিখে উপরে বর্ণিত আইনের শর্তাদি পূরণ করায় নিম্ন স্বাক্ষরকারীর নিজ স্বাক্ষরে ও সরকারী সীলমোহরে নিবন্ধন করা হলো। নিবন্ধনকৃত প্রতিষ্ঠানটি---------- জেলায়/সমগ্র বাংলাদেশে এর কার্যক্রম পরিচালনা করতে পারবে এবং এর প্রমান স্বরূপ এ সনদপত্র প্রদান করা হলো।

নিবন্ধনকৃত প্রতিষ্ঠানটির নিবন্ধন নম্বরঃ----------

স্থানঃ
তারিখঃ ৩০/১১/২০১১খ্রিঃ।

গোল সীল

নিবন্ধনকারী কর্তৃপক্ষ
সমাজসেবা অধিদফতর,ঢাকা
জেলা সমাজ সেবা কার্যালয়,
উপ পরিচালক

バングラデシュ政府発行の認定書

2011年11月末、アウンから1通のメールが転送されて来た。

親愛なる井本さん、

われわれにとってとてもうれしいニュースです。四方僧伽バングラデシュは2011年11月30日、政府機関である社会福祉事業部より公式に認可を受けました。これにより、われわれはバングラデシュ国内での奉仕活動を実行することが可能になりました。現在はNGO事務局へ海外で国際的活動ができるように手続きを進行中です。

取り組みから1年と5カ月、ついに待ちに待ったナショナルNGOとしての合法化が実現した。

風の吹き続けるニリギリの丘より（NO46参照）

第3章

仏陀バンク、インドへ帰る

NO32 馴れ初め

そもそも著者がなぜ「四方僧伽」に関わるようになったのか、その馴れ初めを語らせてもらう。

元来、1人バックパックを背負って世界中を旅する、どこにでもいる変わり者ぶった普通の人間。多少違うのはスタートが遅く、年を食っていたことで、貧困や格差などを、世界の現状を知るたびに思わされた。このままじゃいかん、身体が動き、気力があるうちに、何かしないと手遅れになると切実に思ったものだ。

40歳を迎えた時、人生の短さに驚嘆する。寿命が80年だと仮定すると既に半生が過ぎ、マラソンで言えば折り返し地点に到達し、ゴールまでの距離感が見える。それは確実にこれまでの人生よりも短いということだった！　その時から決意を新たにし、国際貢献の道を探り始める。しかし現実は想像以上にハードルが高く、国際支援などをする組織は、高学歴または高度な技能や資格を持つ人達で構成されていた。中卒で金もなく、特に必要とされる職能や技術もない中年男など、およびじゃない現実を知った。できることと言えば自費でワークショップやスタディーツアーなどに参加するか、寄付をするぐらいが関の山、想い描いていたような主体的に関わるスタイルを見つけることは不可能に思えた。とは言え、人様の築き上げた組織や活動に乗っかって、やりたいことをしようなんて、そもそも虫が良すぎる話。ほんとうに真剣に、世のため、人のために何かしたいのであれば、1人でも行動するはず。必ず何かできることはあるはずだ。

それで始めたのは単身カメラを持って自然災害の被災地や紛争跡地に出かけることだった。インドのカッチ地震、イラン・イラク戦争跡、スマトラ沖津波被災地、戦後のアフガニスタン、チベット難民居留地などを取材した。帰国するたびに報告会を開き、大勢の人に自分の目で見たこと、聞いたことをつたえた。それが大きな反響を呼び、たくさんの参加者から感銘を受けたという声を受け、1人でもできることはあったことを実感し、これまで得たことのない喜びと手応えを感じた。

それらの内容を大手新聞がとりあげたことも幾度かあった。活動を続けるうち、国際人道支援の活動を行なう、ある組織の人から声をかけられた。「あなたのような人は、私達と共に活動するべきです。私達と一緒に、助けを必要としているアジアの人達のために行動しませんか」と。それがアジアを中心に10数カ国に展開する国際人道支援グループ「四方僧伽」との出会いだった。声をかけてくれたのは、現在同会代表の上川僧侶だった。彼は組織の創立者だった井本氏の修行時代からの先輩にあたり、井本氏より組織建ち上げの話があった時に真っ先に馳せ参じ、以来私財を投げ打ってカンボジアの貯水池や、米の種籾を農家に提供する米バンクなどのプロジェクトに関わってきた。またミャンマーやチベットの人権侵害にも声を上げ積極的に関わっていた。

以来、彼とともに多くの国や地域で活動を共にすることになる。そのなかで組織が立ち上がってまだ間もないバングラデシュへ、忙しい彼に代わって出向くようになったのが始まり。

NO33 世界同時法要、通称セカヘイ2012

半年後の2012年5月、タイのバンコクで年に1度行われる「四方僧伽」の国際会議（通称セカヘイ）会場。主要なアジェンダをBOB（仏陀バンク）に絞り集中的に議論する。

そこへ〝ミスター四方僧伽バングラデシュ〟ことアシッシが慌ただしく遅れてやって来た。

この年の国際会議へ、仏陀バンクの動きが活発なバングラデシュからのメンバーの参加は必須だった。そのためバルワ族のアシッシと先住民のアウンの双方を招集したのだった。基本的に参加者は皆手弁当、自費で来るが、アシッシの渡航費はこちらで負担した。

アシッシを招集したのは、前の年に自費で参加したアウンに対し、強い嫉妬と不快感を露わにしたからである。日本側で気を使って揉め事の種を事前に刈ったつもりであったのだが、アシッシは今回参加するにあたって、やってはいけない失態を犯してしまった。

それは彼が作成したらしい渡航費の見積もり請求書に、支給対象外の国内線の飛行機とビザ代が含まれていたうえ、実際には国内線の飛行機には乗っておらず、かかってもいない経費の水増し請求をしていたことだ。このことが明るみに出てしまい、日本人スタッフの信用を一気に失ってしまった。

それにもかかわらず、そこに書かれた請求額を今もらわないと困ると言い、家族がいるのでと嘆願するアシッシ！

人の好い日本事務局は、その要求通り払ってあげる。

だが、そのあとの彼の行動はと言うと、その金を持ってショッピングに奔走！　今お金が必要だと言っていたわけはショッピングのためだった。何に使うかは本人の勝手だが、買い過ぎ重量オーバーで、これからバングラに向かう俺達に荷物を2キロずつ持ってってくれとか言う。むかついた俺が「カメラや書籍やらで自分の荷物だけでいっぱいだよ」と答えると、「じゃあ1キロだけでもいいですから」とくい下がるアシッシ。重量オーバーなのは百も承知のはず、初めから俺達バングラデシュ渡航組の追加荷物にすることをあてにしていたわけで、いいかげん腹が立って「知るかそんなもん！　なんで俺がお前の土産持ってかなきゃいかんのだぁ！」と切れかける俺……苦笑いするアシッシ。

それにならって一緒にバングラに向かう上川氏も拒否、断れなかったお人好しのアウンはしっかり持たされた。

この後俺達はバングラ視察でハードスケジュールだった。会議の翌日にはダッカに飛んだが、肝心のアシッシは、飛行機が取れなかったとかいう理由で同行できず、バンコクに残った。その後も数日間滞在してショッピングを続け、さらに観光。経費は全てこちら持ちなのに一番必要な時にいない。上川氏の通訳として働いてもらうはずだったのに……。

NO34　僧と寺院

バングラデシュ入国後、視察の前にはまずボスにあいさつを済ませないと後々面倒になると、付け届けを兼ねてシャンガプリヤ僧の寺院に立ち寄る。寺に来いと言われたわりには、忙しいので面会時間を30分に限定され、車の中で待機。待ち時間を利用して、あの建設中の5階建てのビル！　いや寺が、いったいどうなっているのか、こっそり中を物色した。数年前からシャンガプリヤ僧侶と関係者が総力を挙げて、過去最大の事業として行なわれている寺院の建築および拡張工事のことである。

初めて見た時、その規模の大きさに驚いた。あれから2年、見たところ、建物の外装は完成しており、内装も半分ほどできていた。グランドフロアーは真っ白な大理石の柱と床。きらびやかな真鍮の手すりがついた螺旋階段を上ると2階に本堂があり、中に入ると真っ先に目に飛び込む仏教の宗教画をモチーフにした大きな壁画達。贅沢にも四方の壁全面にほどこされていた。それらはすべて彫刻で創られたストーリーボードである。同じ物は2つとなく、一点一点が高度な芸術作品だった。さらにこれから設置するのであろう、数百もある彫刻の石盤が床に所狭しと並んでいた。ほかにも大きな仏像が数体、専用の部屋でつくられており、どれも塗装はまだされていない。これから色をほどこされることにより、重厚で風格のある豪華な寺になることは疑う余地がない。

さらに4階の天井には巨大な円形の穴があいていた。見上げるとそこは空洞になっており、螺旋のような円が幾重にも重なり高く空に向かってのびている。スツゥーパ（仏舎利塔）である。外から見ると仏舎利塔が屋上からそびえ立っていた。

建設中の寺院内スツゥーパと壁画

2010年に見た時は土台と骨組みだけだった。しかし、完成にはまだ時間がかかりそうだ。その間どれだけ信者の供養が注ぎ込まれたことか！　その資金集めにどれだけ奔走したのか！　それは今後もしばらく続くだろう……。

NO35　苛立つニュース

バンダルバン市にある、アウンが運営するNGOのエコ・デベロップメントのオフィス。アウンが不安そうにパソコンの画面を指差す。「伊勢見てみろよ、これ」。そこにはバングラデシュ政府のある決定事項の新聞記事が掲載されていた。内容はCHT（チッタゴン丘陵地帯）に100以上あって多すぎるNGOの数を強制的に10パーセント減らすというものだ。理由は、怪しい活動をしているグループがあり、治安と管理のため規制を強化するのだとか……。

やばいな！　俺達の「四方僧伽バングラデシュ」はいったいどうなる？　せっかく面倒な作業を終え、さらに大金はたいて、NGOの認可を受けたばかりなのに。それにアウンの運営するエコプロジェクトは？　この仕分けの対象に入ってなきゃよいのだが……。

怪しいのはお前達官僚どもじゃないか……好きなだけバクシー（袖の下）で私腹を肥やしていやがるくせに……そもそもNGOの認可に必要な経費の9割は賄賂じゃないか！

アウンがぼそっと言う。「まあ多少金を渡せば済むだろう」

要するにNGOなどに内外のドナーから出資される支援金に眼をつけ、その一部をこっちにも回せ、そうしない組織は潰すぞ！　と言っているのである。どこまでも腐っている……。

NO36　僧侶の威厳

プロジェクトサイト（活動地）を視察していて、これまでと目を見張るほど住民の対応が違っているのが見て取れる。その理由は現役日本人僧侶の存在にある。何だこの違いは！　と思うぐらい袈裟の力は凄い。イノセントで敬虔な仏教徒にとって、それはそれは特別な存在なのだ。住民にとって、日本人の僧侶が訪問すること、また日本人の僧侶を見ることは、ほとんどが初めて。篤い信仰心を受け継ぐジュマ民族にとって僧侶の存在はきわめて大きいのだ。

われわれのプロジェクトは仏陀バンク。言うまでもなく僧侶、仏教、寺院と連動しているため、僧侶が直接赴くことが最も説得力があり、信憑性が高いことを痛感させられることが多かった。この時からプロジェクトを成功裏に進めるには日本人僧侶の存在が不可欠であると確信した。

本来、仏に身を捧げ、人々のために身命を惜しまず尽くすと誓いを立てた僧侶であるならば、これだけ必要とされることは本望ではないかとさえ思えてならない。実際初めてこの地を踏んだ上川氏は、強いシンパシーにより触発され、その時、生涯をかけてバングラデシュ仏教徒の力になる決意を固めた。そして多くの僧侶や信者に語り継ぐことになる。

NO37　3年目の学び

仏陀バンクは2012年で3年目を迎えた。

各仏陀バンクからの経過報告には、地域性、民族性、それに担当者の思惑と主観が現れ、さまざまな結果が出ていた。

うまくいっている所と、そうでない所が色濃く現れる。手探りで始めた慣れない金融業務である。実行するうちに良くも悪くも予想外なことが起き、そのたびに多くを学んだ。

さまざまな修正が必要と判断され、落差を埋めるために早いうちにてこ入れして、すべての仏陀バンクから可能な限りの原資を引き上げ、ほかの地域に移す提案がなされた。仏陀バンクを必要としている地域はたくさんあり、限られた原資を効率的に広く展開する進化型のプランに移行するのである。

理想は村人または希望者全員が受益者となったら、地域の努力で増えた資金を残し、原資を他の地域に移動する。その際大切なことは、原資の移動先を決めるのも、受け渡しをするのも村人の手で行なうことに意義があることだ。

NO38　アシッシの幼なじみのアヌパンとポットバラ村

この年、新たな仏陀バンクが誕生した。そこはアシッシの紹介で仏陀バンク役員となった衣料品工場の社長、アヌパンのふるさとである。

アヌパンとはどんな人物なのか？

以前彼の家に夕食に招待されたことがあった。驚かされたのは、ご馳走になった料理だった。それは、肉、魚、野菜すべてで最高級の素材を使い、じっくり時間をかけて煮込んだもので、味は絶品。まるで5つ星レストラン並み、奥さんの手料理らしいが、彼も料理が得意だという。

アヌパンは、50軒程度入った地上15階建てほどあるコンドミニアムのビルオーナーであり、不動産業もこなしている。彼と家族はその中の1つに暮らしていた。衣料生産の工場を持っていて、40人近い人間を雇っているオーナー社長である。妹が医者、兄はアメリカで暮らし事業を起こすなどミドルクラスと言ってもいい。

アヌパンやアシッシを含むバルワ族はインド、パキスタンから独立後も、古くからそこに暮らす仏教徒として、その毛並みの良い血筋は、日本で言えば藤原家のようなものだと聞いたことがある。彼はこれまで会ったバルワ族の中では、家柄だけじゃなく能力、人柄も含め、ダントツにまともだった。

彼曰く、6年ほど前から仏陀バンクと同じ構想を自ら持っていたと言い、貧しい故郷の村で実行したいと強く思っていたと語る。アシッシやシャンガプリヤ僧から話を聞いて興味を持ちメンバーとなった。彼の構想が具体的にどういうものなのかは、あえて訊かなかったが、世の中には実行には移せないが、良いアイデアを持っている人は多い。仏陀バンクがこれまで、1つの村へ融資する額は日本円でわずか5万から15万ほど。それを10人ほどで分ける。金融と呼ぶには程遠い、少も少の極少額融資である。アヌパンは事業家であり、見たところ、そこそこの財産もある。そんな素晴らしいアイデアを持っているならば、仏陀バンクに頼らなくても本人が少し負担すれば故郷のためにいつでも始められたはずだ。

仏陀バンクの真の目的は、国も民族も宗教も関係なくシステムを伝え広げることにある。この金融システムを世界に広げることが貧困や紛争の起こらない世の中を構築するのに必ず役立つと確信している。言い換えれば、それらの元凶である資本主義経済に対抗する勢力としてバランシングをすることにある。

したがってアヌパンのように理解と能力のある人が、それぞれ管理運営すればいい。どんどん真似すればいいのである。しかしなぜ実行できないのか？　それはリスクを恐れるからだ。

チッタゴン市から北東に2時間ほど、幹線道路から脇道に入り、細い赤土の道を通り抜けて、アヌパンのふるさとラウザン地区のポットバラ村に入る。幾つかの沐浴する池があり、緑に囲まれたバングラデシュならではの素朴でのどかな村である。古いお寺の御堂の横には、インドの仏教の聖地、ブッダガヤから枝分けされたという村の宝、菩提樹の木が大切にまつられていた。質素で貧しい村だが、古くから仏教が根づいた由緒ある土地であり、村人の誇りでもある。

人口4500人。回りをぐるりとイスラム教徒に囲まれており、近くにモスクがあるのだろう、すぐ隣から大音量のアザーンが鳴り響いている。

ポットバラ村での説明会には、50人もの村人が寺に集まっていてくれた。僧侶も好意的に関わってくれ、しっかりしたコミュニティに思われる。

だが人々の切迫した表情からは想像以上の貧しさも伝わってくる。村民曰く、少し生活に余裕のある人はみんなチッタゴンなどの大きな街に出ていってしまい、村に残っているのは貧乏人ばかりだと。500人以上の女性達が仕事がなく困っているという。

しかしここでもアシッシの村と同じように、住人に派手な宣伝を売って期待を煽っているせいで、相当数の受益希望者が参加していた。われわれのプロジェクトの予算ではとうてい追い付かない。ほかの地域とのバランスもあり資金は限られている。どう対応するべきか頭を悩ますことになった。そこでほかの諸経費から絞り出し、予定より多少の上乗せをした。それにもかかわらずアヌパンらは不満を隠せない顔色。そんなぼっちかよ！　と顔が語っている。その態度に対し俺は言った。「あなた達個人のお金を上乗せするのはいっこうにかまいませんよ」

NO39　シャプラ村

俺にとって最も疑い深いサイト（活動地）。ここでは受益者から月々返金された全額を、シャンガプリヤ僧がプールしている。どうしていいのかわからず、われわれが来るのを待っていたと言う……結果的に1年と9カ月間全く融資がなされておらず、そのうえ返金の総額が初年度の原資を下回っているというのだから、うまく回っていないのは明らかだった。

それを指摘しても、「インクリース、インクリース」（増えている、増えている）を繰り返す彼ら。

5人全員がお店を始めたという男性受益者らは、新たに借り入れすることを希望しており、プール金の再貸出しと追加融資に期待を寄せていた。ここの受益者は借金を返すためにまた借金を重ねるという悪循環の可能性が否定できない。

仏陀バンクは家庭に密着したプロジェクトだ。成功させるためには女性の理解と協力が必要である。むしろ女性のためにあるプロジェクトだと言っても過言ではない。ノーベル平和賞を受賞して世界的にバングラデシュでの成功が注目を浴びたマイクロファイナンスの草分け、グラミン銀行は利用者の9割以上が女性である。

プールしたお金を彼らに再び貸し出すことには賛成せざるを得なかった。しかし増資はしないと伝えると、期待が外れたのか一同顔色が変わった。

この時の上川氏のコメントが印象的だった。

……シャンガプリヤはいわゆるお坊さんのような人だ。プロジェクトの内容より、自分の権威を光らすことが大事と考えている節が多々見える。コミュニティ自体もシャンガプリヤの顔色を伺っている雰囲気がある。

ランガマティ県ディグリバ村

この村にこれまで日本から投資された原資は、前年の追加金を合わせて総額9万タカ。これまでに利用した受益者の数は63名。2度借りた人の数を合わせた累計が89回となり、3年間で原資を3割近く増やすという目覚ましい伸びを見せていた。

寄付は年率10パーセント。そのほかに、利用者から毎月10タカずつを仏陀バンク基金としてプールし、諸経費その他の雑費などに充てていた。融資額は1人1000タカから多くても4000タカと限度額を低く設定し、無理なく大勢で使われるよう知恵を出し合っている。村全体で84世帯のうち、これまですでに63世帯が融資を受けていた。

その成功例として、ある女性はチャクマ族の民族衣装を織る材料コットンを買って製作、町に行って1着2500タカの値段で5着販売できたという。かかる材料は1着につき500タカ（約700円）。約1万タカ（約1万4000円）の利益を上げた計算になる。このような地域での大の男が1〜3カ月働いて稼ぐ額である。

またある男性はこれまで細々とフルーツガーデンを営んでいたが、上質な肥料を購入することで、ワンシーズンで８０００個のパイナップルの出荷に成功し総額で5万タカを売り上げた。その成果で、作地を広げて5、６人の雇用を生んだ。

成功したパイナップルガーデン

またある女性は農地こそはあったものの種や苗木を購入できずにいたが、仏陀バンクの融資を受け、ターメリック栽培に成功し、安定した出荷を可能にした。

このように土地はあっても苗が買えない、土地と種があっても肥料が買えない、船があっても網がない、など何かを補充すれば自立できる可能性を秘めた人達がたくさんいるのに、ほんのわずか足りないために生きる糧を失ったりする。こういう状況にある人達にこそ、少額でリスクが少なく利息の心配がない仏陀バンクは有効だと言える。

ディグリバ村は仏陀バンクのパイオニアとして目覚ましい成功例が多い。それにならい各地にも似たような例が生まれていった。

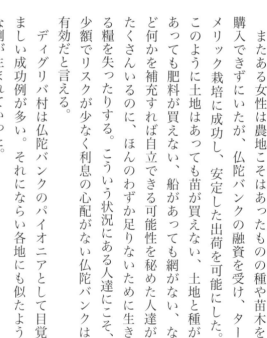

われわれの訪問に合わせて40人ほど集まった村民を前に、この素晴らしい成果への賞賛と感謝の意を伝えた。その上で、多くの貧しい村が仏陀バンクを必要としていること、これからの方針として原資を別の村に移動させることを検討していることを伝えた。システムはそのまま残るので、これまでの取り組みで増えた資金を元に今後も継続してほしいと理解を求める。

当然村人達は落胆し悲観的にとらえるだろうと想像していた。

ところが、村人達は少しの間、話し合った後、「われわれも賛成だ」と目を輝かし誇らしげに賛同の意思を示した。

ディグリバ村での取り組みは、その努力と結果が、仏陀バンクの理想的な形を最初に可能にした土地であり、村にとって名誉あることとして理解してくれたのである。実現に向け、目下、まだ行き渡ってない残り21世帯が融資を受け、村の全84世帯が受益者となった時点で、ほかの村に彼らの手で原資を移していくと約束してくれた。あと2年の予定である。

外から与えられ指示されるのではなく、当事者が理解し自主的に広げ伝えていくことが重要なのである。地域や人々の間に確かな絆が生まれる。

この時ひとつ思い切った提案を行なった。これまでディグリバ村の仏陀バンク実行委員は、全員が地元の有志などで形成された男性のみであった。そこで女性を入れて年に1回ごとに人選し直し、さらにその方法はくじ引きで決め、公平に誰でも参加できる形にしてほしいと。

驚いたことに、そう言ったとたん、ほぼ満場一致で決定した。

伝統を重んじる部族社会なだけに、これまで難しいと考えていた。だが、ここチャクマ族のディグリバ村は至ってリベラルだった。先入観にとらわれず思い切って言ってみることが必要だと学んだ日でもある。これをきっかけに全地域での仏陀バンクの基本ルールとして定着していくことになる。

バンダルバン県キャング族のゴングル村

世界で4000人しかいなく、その半分の2000人が仏教徒からキリスト教徒に改宗し現在存続の危機にある、キャング族の暮らす村落は総世帯数200弱ほど、その中でも43世帯が暮らす地域である。

1年前に仏陀バンクを始めるのにあたり、1つしかない寺院と1人だけの僧侶、その協力を得られないことなど、幾つかの条件に満たないことから、最後まで仏陀バンクを始めるか躊躇した村だった。さて結果はどうであろう。

受益者は全員男性で定職があり、ほかに収入がある。なかには私有地で穀物の生産をするなど、生活力もある人達、言わば村の上流階級。本来ならば仏陀バンクの対象ではない人達が受益者になってしまっている。それも、こちらの希望した分割払いは無視され、1年後に一括返済が行なわれていた。とは言え特に問題もなく全額返済されたので文句の言いようがない。

積極的に仏陀バンクをこの地域に持ち込んだハークルイは現在チッタゴンに暮らし、大手銀行に就職しているため、村の活動にはあまり関われなくなった。あれだけ熱心だった彼女も、村を訪問するにあたり約束の場所に2時間も遅れて来るなど当初とはかなりモチベーションが違う。そして受益者の報告には信憑性の欠けるものが多かった。

帳簿に詳細な記録を残す習慣がないことが事を複雑に不明瞭にしていた。その能力を有する人間はハークルイ夫婦だが、2人は村の外だ……。

キャング族の暮らすゴングル村

謎が多いが原資を回収することができたことは幸いした。

近隣に同族で、前回訪問した村がある。ハークルイに、回収した原資を利用し、そこで仏陀バンクを始めることを提案した。と同時に、やる気があるのか、責任を持ってきちんとできるのか、と問いただした。すると彼女は、真面目な顔で、ゆっくりと大きく首を縦に振った。俺はそのまま回収した原資の札束を、荒っぽく、ぽん！　っと手渡し、無言でその場を後にした。

あとは彼女に委ねてみよう。

NO40　イノセント

河を越え丘を越え足が吊った、あの山奥深くにある村、ラジャストリ郡ナランギリパラ村。前日の夜降った大雨のため予定していたジープでも行くのは困難であると警告が入った。そのため従来通り徒歩で行かなければならなくなってしまった。スノモジュテ僧や地元の人間にとってその道のりは、ほとんど日課であり平気なのだろう。アウンや上川氏は、その難関さを知らないため、歩いて行く気満々でいる。

しかもこの時期の気温は高く、以前よりも困難が予想される。村に着くには険しい山道をひたすら歩くことになり、道中橋のない大小の川を越える。荷物を頭に載せ腰まで水に浸かる所もある。それも大雨の直後だからかなりの危険も予想される。

前回のことがほとんどトラウマのようになり、想像しただけで絶対に歩きたくない俺は、いい案を思いつき提案……それは村人が山奥から下りてくるのと同時に、こちらは山奥に向かって上り、中復で落ち合うという寸法だ。「それはいい、決まりだ。それこそジャパニーズアイデア！」とアウン達が感心したように言う。そうかなー、誰でも考えつきそうだけど。しかし実際は、幸か不幸か先の滞在と交通事情もあり大幅に遅れてしまい、じれた村人は山の裾野まで下りて来てしまった。結局われわれは一歩も歩くことなく、平野部ラジャストリ地区にあるスノモジュテ僧侶の寺で落ち合った。

ナランギリパラ村は、1度の収穫の時期の収益が1年の収入のすべて。その時期に集金と貸出をすべて行なうしかない特例の地域である。ちょうど2年が経つ。

数日前の会議で受けた報告では、もうすでに受益者全員からの集金が終わり、貸し出しもすべて終わったという。予想していなかった状況に少々戸惑った。なぜなら1年前融資を受けた14人の男性受益者と全くの同一人物達が、再度同じ額を借りたというのである。そして徴収する寄付金、5パーセントの計4000タカを新たな受益者1名に貸し出し、受益者は計15人になったと。

それについて、アウンやビプロップは、断定はできないが、これは常識から考えて、融資を受けた受益者による金銭の返済は一切なく、期限が切れる日に合わせ、全額返済した形で同じ額を同じ人間に同時に貸し出して相殺し、暗黙の了解のもとで返済が無事終わり再度貸し出したことになっているのだろうと言及し、俺も同感だった。それを裏付ける話として、俺がバングラ入りする2週間前、アウンは報告義務として状況を確認していた。その時点では、まだなにも返金は行われていなかった。それが、わずか2週間後には、全額返済が済み、さらに貸し出しも終わったというのだから、そう見た方が自然だろう。いわゆるサラ金業者などが焦げ付きの利用者によく使う手口であり、仏陀バンクの理想とはかけ離れたものと悲観した。おそらく翌年も翌々年も同じことが起こり、特定の人間に寄付したのと同じになってしまう。どうやって仏陀バンクの理解を深め意識改革してもらうか、頭を悩ませながらの訪問だった。

誤解

ところがである。それは全くの思い違いであり、われわれの一方的な先入観による誤った決めつけだった。たんに仏陀バンクなるものの仕組みをよく理解していなかっただけのことだった。

彼らが考えていたのは、初年度融資を受けた12名が、1年後いったん全額返済し、そこから発生した布施を利用し、新たにもう1人を増やす。と同時に、前年融資を受けた同一人物12人と合わせ貸し出される。さらにその翌年は、新たに増えた受益者と合わせた計13人から布施を集める。そこから新たに、また1人もしくは2人と増やしていく。年を重ねながらほんの少しずつ、原資と受益者を増やしていくやり方である。

彼らはそういう仕組みだと信じていたようだ……。

年に1度の収入なら返済も年1度が自然なこと。1度借りた受益者は、新たな受益者を優先し次の順番を待つ、ということを知らなかった。ただそれだけだった。ちょっとした誤解、意思の疎通による単純な問題。その証拠に彼らは仏陀バンクの原資と、さらに布施も合わせた総額、すべてを持参し、われわれの目の前にその現金を差し出してよこした。

彼らはひょっとして、われわれが原資及び布施を徴収しにやって来たと思っていた節もある。集金にやって来た借金取りみたいに……なんとイノセント（罪のない）な人たちであることか！

俺とアウン、そして上川僧の3人で顔を見合わせた瞬間だった。みな同じことを考えたはずだ。先入観と疑心暗鬼で、こんな純朴な人達を疑い、信じていなかったことが恥ずかしいと思えた。

西側経済圏の感覚に染まり、その常識や思考にとらわれた狭い物差しで判断していたことに気づかされる。それは教訓と発見であると共に、無垢な村人の存在に、このうえない感動を覚えた。

心配するような問題はまったくないと、我らは皆共通の見解を示す。彼らは理解すれば、きっとうまく仏陀バンクを回していくだろうと感じ取った。差し出されたお金を押し返し、「あなた達の善意に感謝します。どうか今後もこのお金を有意義に役立てて下さい。そしていずれ同じように困っている近隣の村々に渡して下さい」と伝えた。

山奥のナランギリパラ村では、この日、われわれの訪問に合わせ、貴重な野生のイノシシを1頭潰し、郷土料理をこしらえて、村をあげて歓迎の準備をしていた。そんなことも知らずに、こちらの勝手な都合で訪問できなくなったうえに、村人を2時間以上も歩かせ、さらに待たせてしまった。村の受益者ほぼ全員が来ており、会場となった寺の外に並び、花束や、もぎたてのマンゴーとジャックフルーツなどの果物を持参し迎えてくれた。

美味しかった……そして心から感激した……。

同行した「四方僧伽」事務局長（当時）の上川僧は、現場を訪れることがいかに大切かを、この日しみじみ語った。

NO41　期待の人材

この日から、2人の仲間が視察に加わった。最初に仏陀バンクが立ち上がったバンダルバン県ラズビラ村出身の僧侶バングシャ（チャンドラバングシャ僧）と、バングラデシュに暮らすラカイン族のス・ランだ。

バングシャ僧侶は、最近までタイで暮らし仏教大学で教壇に立っていた。そのため仏陀バンク立ち上げには直接関わっていないが、古くからの「四方僧伽」メンバーだ。現在は帰国し、有志と共にバンダルバン県の南のラマ（LAMA）郡で孤児院を設立し理事として運営に関わっていた。

もう1人のス・ランは、隣国ミャンマーのラカイン州から難民として移り住んだラカイン族で、バンダルバン県ラマ郡にあるラカイン難民の多く暮らすバボ村から来ていた。この年、このラカイン族の村を視察し、可能なら仏陀バンクをスタートさせる予定でいたのだが、スケジュールの関係で断念したため、バボ村から彼が来てくれたことは、今後のためとてもよかった。いつも気転が利くアウンの根回しによる。

仏陀バンクの壮大な展望として、将来は、ここチッタゴン丘陵地帯からミャンマーに展開するという狙いがある。そして、バボ村とバングシャ僧侶が理事長を務めるズィナマイズ孤児院は、わずか1時間の距離にあり、重要な位置関係にあると言っていい。地理的にもラマ郡を南下するとミャンマーのラカイン州と国境を接しており、仏陀バンクが展開する入口となる。その時キーパーソンとなるのがこの2人であろうと想定できる。

昔、その辺りはアラカン王国の一部だったこともあり、多くのラカイン人（当時アラカン人）が暮らしており、そこへミャンマー側のラカイン人が難民となり逃げ込んでいるという経緯がある。

2人は、この日からわれわれの出国日まで一緒に同行した。その間の真剣なまなざし、一部始終を食い入るように観察し、仏陀バンクを知ろうとする姿勢が頼もしく、うれしかった。仏陀バンクの行なわれている現場に触れることで生の声を聞き、受益者から感謝の言葉が発せられ、村人の生活が潤った喜びや笑顔が、彼らのモチベーションに火をつけたことだろう。

僧侶のバングシャはマルマ族の人間としては珍しく体格がいい。180センチ以上の身長に骨太のがっちりした体型、100キロぐらいあるだろうか。さらに睨むと凄みのあるいかつい顔。なのでアウンやス・ランが彼のことを「モンキー、モンキー」と呼んでいたが、俺は、違うだろ、ゴリラだろ、などと思い聞いていた。が、実際はモンキーじゃなく「モンクキング」（僧侶の王様）の聞き間違い！　そう、彼は僧侶界の王だったのだ。

期待しているぞモンキー、じゃなくてモンクキング！

店を始めた夫婦

NO42 バンダルバン、ラズビラ村にて

変わってラズビラ村での状況は、あまりおもわしくなかった。原資は僅かながら増えているものの、受益者のほとんどが、また借りたいと話していることもあり、生活の難しさを物語っていた。中には返済が滞っている人もいるほか、要求して回らないと返してくれないケースなどもあり、担当者も困っているようだった。業務を担当する委員会のメンバーは債権者ではなく、あくまでも善意でやっているに過ぎない。したがって精神的負担も大きいようだった。

やわらかく債務者に自分の手で返しに来るよう提案するが……。

カンボジアでの悪い例がある。いつまでも返済が滞っている債務者に幾度か催促をしたことで逆恨みされ、その債務者から現地仏陀バンクのスタッフの車の窓ガラスが割られたり、陰で悪い噂を広げられるなどの嫌がらせが起きた。返さない理由として、お金は仏からもらったものだから返さなくてもよいとか、原資は日本から来ているのでカンボジアで返す必要はない、などなど。

このように本来の仏陀バンクが理解されていないケースは少なからず、ここバングラデシュにもある。

われわれは賢明に本質を伝えようと試みた。そこへバングシャ僧侶の登場。仏陀バンクの信条などは僧侶から話をしてもらうのがベスト。仏教徒の受益者に向けて、仏の代弁者である僧侶が仏陀バンクを語る。これ以上説得力のあるセッティングはほかにないだろう。

いつもけだるそうに、のっそりして、モゴモゴと何を言っているのか分からない彼だが、説法している時の彼は別人だった。何と言っても彼はこの村の寺の出身、高僧になって故郷に凱旋し見た目も威風堂々。頭脳明晰に朗々と語る声は響きわたり、まるで仏が宿っているかのような威厳に満ちた眼光、慈悲のオーラを放つ。寺の西側の窓を背に立ち、説法する彼の背後に、偶然というか夕日が差し込み、彼の体はオレンジ色の光に包まれた。まるで後光が射しているかのように……この自然が奏でる演出効果も加わってか、村人は改心したようだった。さすがはモンクキング（僧の王様）である。

ザ・モンクキング

説法を聞く受益者

NO43 BOBショップ構想

この年、これまでの仏陀バンクをベースに新たなプロジェクトが動き出した。その名も〝BOBショップ〟。BOBとは、BANK OF BUDDHA、すなわち仏陀バンクの略。仏陀バンクの仕組みを利用した店のことで、さまざまな店舗に対応する。

なぜそのような構想が生まれたのか、その背景を説明する。

チッタゴン丘陵地帯においての主だったビジネスは、90年代に平原地帯から入植してきたベンガル人がすべて牛耳っていると言ってもいい。政府の同化政策でチッタゴン丘陵地帯の人口の半分以上がベンガル人になった今、その構図は、グローバルスタンダードである資本主義社会になることを免れることはできない。もともと貨幣経済、現代国家などを必要としない、独自の文化と習慣で長いあいだ成り立ってきた先住民の村落社会である。そのほとんどが自給自足に近い農業で生きて来た人達に、ビジネスのノウハウがあるはずもなく、商人の存在自体がないに等しい。

それは街中の通りを歩くと一目瞭然である。ありとあらゆるお店の店主はベンガル人である。各種市場、商店、雑貨屋、レストラン、ほか。以前から暮らす少数民族ジュマの人達はと言うと、道ばたの地面にゴザを敷き穀物、野菜や果物などを並べて売っており、所場代を払っている。先住民が運営できる店は、街からは遠く離れて孤立する、点在した村落にある、わずかなお茶屋と日用品の店ぐらいだ。その構図は大きな格差を生み、深刻な社会問題となり、少数民族ジュマの置かれる立場や生活に強い影響を与えていた。

ジュマの農家は主に収穫した穀物や果物を近隣の町でベンガル人の運営する小売店に卸す。仕入れた業者は、仕入額の数倍の利益を乗せて大きな街などで売っている。たとえば村人が1個5円で売ったマンゴーが、大きな街で30円になって売られている。仲介業者が一番利益を上げる。また仲介業者は街で1個5円で買った石けんを、奥地の先住民の村人に30円で売りつけるという具合だ。

これは小売店を持つことができず、流通のノウハウを持たない先住民への搾取であり、ベンガル人商人によるジュマ民族への足下を見た公平を欠く商法にほかならない。この悪循環の構造が変わらない限り、少数民族ジュマの暮らしはいっこうに良くなることはないだろう。

このことは、仏陀バンクが始まった当初からアウンが常に口にしていたことで、バンコクで開かれた国際会議のプレゼンでも、この構想を熱く語っていた。

それはジュマの人達が中心になって運営し、公平に利用できる店。売り手と買い手の間の仲介業者を省き、専用の流通場所を作り運営する農協のようなもの。村人が収穫した野菜や果物などを、ＢＯＢショップが適正な値段で買い上げる。代価を得た村人は、その現金で生活必需品などにその場で交換できるという仕組みである。それらの商品も、必要なニーズに合わせ、ＢＯＢ

ショップが直接街で買い付ける。地域に専門の流通場所を設けることで、不公平で格差のできる悪い慣習を変えていこうという試みである。

長い間渇望され、実現は遥か先と思われたことを具現化するのだ。さまざまな問題や困難は多々あるだろう……それを可能にする環境が不可欠である。仏陀バンクが成功している所ならきっと可能だ。言い換えれば「四方僧伽」にしかできない。

BOBショップ開設の可能性について、話し合った。結論として、悪用や汚職もしやすく、リスクが大きい。成功するもしないも運営する人間次第で決まる。正当な値段で必要な物を仕入れ、ほかより安く売るためには、目利きの能力と商売のノウハウが必要である。それでいて信頼の置ける人物、さらに仏陀バンクの理解と共感が得られる人物でないとならない。もちろんアウンや仏陀バンクの役員が常にオブザーブするが、それには限界がある。しょせん商売は素人だ。難題が多い。

NO44　BOBショップ協議

数日後、バンダルバン市に暮らす先住民で、商売を営む組合の人達に集まってもらった。そう、BOBショップ構想を具体的に進める準備が始まったのである。アウンの運営するローカルNGOのエコ・デベロップメントのオフィスには、合計13人の商人が集まっていた。

BOBショップを実現するためには、その道のスペシャリストが必要だ。商人といっても、彼らのほとんどは所場代を払って通りの地面に品物を並べて売っているだけだ。とは言え長い間、商売で生き残ってきただけあり、皆たくましい顔をしている。おそらく屋根のついた固定の売り場は、喉から手が出るほど欲しいはずだ。

質問が飛び交い、さらに同じ商人同士での活発な意見交換が行われている。アウンがBOB構想に関して熱心に説明する。始めはよくわからないような顔で聞いていた彼らも次第に興奮気味となる。長い間ベンガル人の入植者に商売のテリトリーを奪われ、その理不尽さと悔しさを痛いほど味わってきた人たちである。それだけに底力、そして結束力が伝わってくる。

アウンが彼らに向かって言う。「こうして日本から、われわれジュマ民族のために手を差し伸べてくれる人たちがいる。利益にとらわれず協力して自分たちが長い間置かれてきた状況を変えていこうじゃないか。それがＢＯＢショップなんだ」と熱が入る。俺も黙っていられなくなって発言する。

「セトラー（ベンガル人入植者）の人たちにへりくだる必要はない。もう受け身でいてはだめです。われわれで力を結束し、ジュマの人たちを守っていきましょう。そのために仏陀バンクがあり、そのためのＢＯＢショップなんです」

その後彼らの中で評議を重ね、数日後には4カ所でのＢＯＢショップがスタートすることが決まった。米問屋、お茶軽食店、そして野菜屋が2軒の計4カ所である。総経費は日本円で約18万円。期限を2年に決め月々の返済、信条および仕組みは仏陀バンクとほぼ同じ、寄付として10パーセント徴収して原資を増やし、ある程度の額になったら新規の店舗開設希望者に使われる。言わば店舗専用の仏陀バンクである。違いは寺院および僧侶が直接的には関わっていないことだろう。「四方僧伽」の依頼により、エコ・デベロップメントが管理する。

NO45　男盛り

ＢＯＢショップ会議の会場となったアウンの運営するエコ・デベロップメントのオフィスは、前年引っ越しており、７階建てのコンドミニアムの３階のフロアを借りきっていた。驚いたことに同年、さらに１階もフロアごと借りきり２倍の規模に拡張していた。中は幾つもの部署に分かれ、フロアは住宅５、６棟分ほどの広さがあり、たくさんのスタッフが仕事をしていた。アウンの部屋はちょっとした企業の社長室という感じだ。仕事の順調具合が伺われる。建物は新しく清潔で、一通り近代的な設備がそろっている。

と言うのもバンダルバン市は、県で一番大きな街であるが、９割の家庭では水道が来ていない。住人は井戸などの水汲み場に大きな水釡を持って並び給水する。洗濯や沐浴は沼や川で行なうのが一般的である。彼の運営するローカルＮＧＯ、エコ・デベロップメントは幾つもの試験農場を所有し、需要が高いアロエの栽培や、きのこの培養、ヨーグルト作り、薬草の開発や無農薬による果物栽培に取り組むなど、生産者が収益を得られる事業の指導、推進にあたっている。ほかにもスタッフ指導のもとに農民たちが生産した蜂蜜や炭などの販売ルートを確立し、住民達に利益が還元されるシステムを確立している。

アウン・マルマ

アウンはこの時42歳、男として最も脂が乗っている時だ。金、能力、地位もそこそこあり、何と言っても馬力と夢、欲が漲る男盛り。そんな世代と言ってもいい。

ところが、3年後には、難民として、家族全員でアメリカに移住することになるとは、この時は想像すらできなかった。

NO46　ニリギリと諫暁八幡抄

翌日にチッタゴンへの移動を控え、この年の丘陵地帯での最終日。アウンが「さあ出かけるぞー」となぜかウキウキした顔をして言う。

とっておきの場所に連れて行くというのだ。俺はあのニリギリだとすぐ気づいた。以前連れて行ってもらったことがある。前回は昼間だったので、夜に行くのは初めてである。ニリギリはバングラデシュの最高峰、バンダルバン市から南東に47キロ、海抜700メートルほどの丘に位置する避暑地である。海抜10メートル以下の土地がほとんどのバングラデシュでは、美しいパノラマの景色が見える貴重な場所だ。眼下には、うっそうと茂るジャングル、終わりなくどこまでも続く森、深い谷を縫うように走る大小の河、遥か先には、連なるミャンマーの山々が見渡せる。頂上では24時間同じ方向に心地良い風が吹き、この灼熱の地バングラデシュで最も快適な場所として有名である。そのため金持ちのベンガル人が大勢高級車に乗ってやってくる。

ニリギリは、バングラデシュのダージリン（インド西ベンガル州の避暑地で紅茶の産地）と呼ばれているそうだ。

俺たちは、丘陵地帯最後の夜をニリギリで過ごすため、借りきった4WDを飛ばし一気に山の頂上まで登った。車を降りて展望台を上り、そこからさらに一番いい風が吹く、とっておきのポイントを確保した。風上を背に座りこっそり持ってきたビールをおもむろに出し、3人で乾杯。んーう、うまい！

この時アウンから、とても興味深い話が出た。インドにもジュマの人たちが少なからず暮らしていて、仏教発祥の地、ブッダガヤにはマルマ族の僧侶がおり寺もあるそうだ。アウンは若い時その僧侶にずいぶんと世話になり、恩返しとして今も支援をしているという。

その話に、強く反応したのは、僧侶の上川氏だった。彼は食らいつくようにアウンに訊ねる。

「ならばインドにも仏陀バンクを広げることができるのじゃないのか？」

アウンは疑う余地なくできると言いきる。

上川氏は相当のシンパシーを受けたのだろう、感動のあまり鳥肌が立ったと何度も唸るようにつぶやく。なぜならインドで生まれた仏教が日本に渡り、日本から仏陀バンクという形を通し、ビルマやバングラデシュそして最後はインドに帰っていくのだとしたら、それは仏の重要な教えの一説が具現化したことになるからだ、と言う。

日蓮聖人の御遺文に

「月は西より東に向へり、月氏（インド）の仏法の東へ流るべき相也、日は東より出づ、日本の仏法の月氏へかえるべき瑞相也」

西方から伝来した仏法は、法華経の教えで末法の闇を照らし、再びお釈迦様が教えを説かれたインドの国へ還るという、独自の宗教観を「日月」に喩えて述べられています。

諫暁八幡抄より

「凄い、なんと壮大な！　そんな深淵な物語の中に、今われわれがまるで主人公のように登場しているのかと思うと俺まで鳥肌が立って来たぞ！」

この話が、でかいとかなんとか言われようが、俺たちの夢は果てしなく壮大なのだ。この感動が伝わるだろうか……言葉にならない充実感が俺たちを包み込む。

酒を酌み交わす俺たち3人は、きっと過去世で巡り会う約束をしてきたのだろう……軽い酔いがそんな思いを巡らせる。

気温25度、深夜の山の頂上、強すぎず弱すぎず背中をさするように吹く心地よい風。同じ方向に同じ速度で永遠に止むことなく吹き続ける。風はインド方面に向かっていた。

と、そのタイミングで水を差すかのように、アウンの携帯のベルが鳴った。アシッシからだ！

「バンコクから帰ってきたらしく、明日のチッタゴンでの総会は参加できるそうだよ」とアウン。上川氏は俺の顔を見て一言。「はー、今ごろ来てもねえ」

NO47 勝負の日

朝早く丘陵地帯を出てチッタゴン市に向かう。この日は「四方僧伽バングラデシュ」の役員全員がそろい、今後の方針を決める重要な会議、総決算の日だ。これまでの経緯からミーティングは荒れるだろうと想定する。特に金が絡むとそうなる。対策は練ってきた。が、どうやって反抗分子を説得するかが入国以来の悩みの種。そのため、俺は朝から緊張でいっぱいだった。

俺達6人を乗せたワゴン車がチッタゴン市を目指し走る。その間、話題はやはり彼らバルワ(ベンガル人仏教徒)のことで持ちきりだった。アウンは彼らが怖いと言う。俺も怖いと答える。一緒に乗っているモンクキングことバングシャ僧侶もうなずく。何をやるにしても必ずと言っていいほど障害になるバルワの行動は何とかならないものかと皆で頭を抱える。

「バルワの人間はみんなあんなのしかいないのか？　もっとまともな人間はいないのか？」、「それともあいつらだけが特別に強情で性格が悪いのか？」と俺は皆に投げかける。

アウンは言う。「ベンガル人の9割はあんなもんだ！」。これまでにも、バングラデシュに長く暮らす日本人や、事情通の外国人から幾度となく聞いているので、これは決して偏見ではないことは、すでに俺自身が一番痛感している。「四方僧伽」の信条として、バングラデシュで活動を続ける以上、今後もバルワ族と、少数民族ジュマの双方を関わらせ、協力しながら事を進めていかなければならない。このことだけは曲げられない。それゆえに、なんとか彼らの影響力を薄められないものだろうか……そしてほかのバルワ族で、良い人材に参加してほしいものだ。

しばらくしてアウンがある提案をした。バルワと一言で言っても多くの地域にさまざまなグループがいる。特にラグニア地方のバルワは彼らと一線を引くという。そこでアウンは、心当たりのある各地のバルワの僧侶、さらにジュマの僧侶を合わせて30人ほど招集して会議を開き、そこから「四方僧伽バングラデシュ」の新メンバーを選抜しようと言う。

「ただし日本人の参加が必要だ。それは伊勢お前だ！」

しかし帰国が迫っており、それには時間が足りない。困った……。

日本に帰る便の関係で延長は最大3日しかできないと伝えると、「分かった。3日以内に開催する」とアウンが言う。「早！　そんなことできるのか…?」。「大丈夫、今から声をかければなんとかなる」と言ったとたん、いつものように即行動を開始する彼。携帯電話であちこち電話をし始めた。その際、便宜上アウンも役員をいったん離れ、ニュートラルな立場を取るという。古参バルワ族メンバーを納得させるには、それしかないと。

飛行機のチケットを買い直さないといけなくなった。「どうしよう、金ないし！」

横にいた上川氏。「大丈夫、予算が2万円残っています。ちょうどバンコクまでの片道分です。これも仏様の思し召し。そういう運命だったんです」。さすが仏の代弁者。

NO48　デモクラシー敗れる

場所はこの日のために借りてあったチッタゴン市内のオフィスビルの一室。いよいよ会議が始まった。相当荒れることになるだろう。

会議は守備よく「四方僧伽バングラデシュ」法登録の役員9人全員が集合、さらに上川氏、伊勢、バングシャ僧、ス・ランの合計13人で行なわれる。

司会はバンコクでの観光とショッピングから帰国したばかりのアシッシ。その彼による挨拶で始まった。相変わらず勝ち誇ったような態度で会議を進行するアシッシ。

その間、俺は起こり得るであろうトラブルを想定し、テンパっていた。感情的な口調になりやすい俺は、前回アシッシに切れてミーティングを台無しにするという失態を演じているだけに、今回は作戦として会議中はなるだけ発言を控え、言うべきことは上川氏にまかせて英語通訳に徹することにしていた。そのため上川氏には、彼の口から言ってほしいことを、あらかじめ仕込んでおいた。アシッシは日本語ができる。上川氏は日本語しかできない。これはうってつけである。怒りを表す時、人を非難する時、感情が伝わりやすいのは言語である。

アシッシは司会と通訳を兼ねていたため、立場上言われたことはそのまま伝えなければならない。

俺は可能ならアシッシに、その場で直接引導を渡せられたら、とさえ思っていた。その時の心の声を正直に言おう。

……この勝ち誇ったアシッシの顔、余裕こいてられるのも今のうちだ、今日という今日は目にもの言わせてやる。

僧侶の上川氏が前日、興味深いことを言った。彼が言うには基本的に仏教の考えとは相互扶助である。そういう意味で、どちらかと言うと現代の民主主義的発想よりも共産主義の方が近いかもしれない、と。それはしてやったりだ！「民主的にやりたい」が常套手段、敬虔な仏教徒を自負し、何かと言えばデモクラシーを口にするアシッシに聞かせてやりたいもんだ。そんなわけで、なんとかアシッシにそのことを伝えてほしいと和尚に提案していた。

俺は密かに微笑んだ。「あいつ、どんな顔するか楽しみだ」

ミーティングは和気あいあいとなごやかなムードで進んでいるかのように見える。アシッシは日本語の上川氏の発言を、意気揚々とベンガル語に通訳する。その姿はまるで天下人だ。

挨拶の後、上川氏の調査報告は、冒頭でまず最初に訪れた仏陀バンクの施行地、シャンガプリヤ僧侶の担当するシャプラ村から切り込んだ。彼の歯に衣着せず、ストレートでシャープな物言いが心地いい。上川氏は続ける。「ここの地域ははっきり言って仏陀バンクのことを理解していないのではないかと思う。開始時より原資が減っているのは問題であり、ほかの地域と比べても一番状況が悪い」と。

やはりこれに強く反応したシャンガプリヤ僧侶……さらにいつも一心同体のアシッシの2人は必死に「減ってない。増えている」と言い張る。しかし返済が滞っている人も少なからずいて、増えているとは考えづらい。さらに以前借りた受益者のほとんどが、また借りようと融資を待っているようでは、広がっているとは言えない。それは計画性に問題がある。利用した結果が、自立独立に役立てられなかったということである、と上川氏が鋭く畳み込む。

それでもなお、往生際の悪いこの2人は「インクリース、インクリース（増えてる、増えてる）」と言い張る。

そりゃ最初の貸し出した原資からの返済金と新しく貸し出した額を合わせた累計額は増えるに決まっている。本人たちに都合のいい計算で、見せかけの成功を繕い、不透明性を露呈したのだ。

その対応を見た上で、シャンガプリヤ僧の地域には厳しい条件を突きつける。「ここでは、今後一度融資を受けた受益者には融資をしないよう」と上川氏の口から冷たく言い放たれる。

便宜上とは言え、「四方僧伽バングラデシュ」代表アシッシとチェアマン（会長）シャンガプリヤ僧の2人を前に、これ以上空気を悪くすると会議は進まなくなる。増えているとか減っているとか終わりのない議論は後回しにし、さっさと次の議題に移行した。

俺は遠目からずっとシャンガプリヤ僧侶の様子をうかがっていたが、あのうすら笑いを浮かべた顔は消え、こわばった顔に変わっていた。仏から阿修羅に変身したかのようだ……。

さらに報告が進む。チャクマ族（ジュマ族の1つ）ビプロップの担当するランガマティのディグリバ村の報告になった。上川氏が誇らしげに皆に伝えた。この地域で行われている仏陀バンクは、バングラデシュはもちろん、各国（5カ国）で行われている仏陀バンクのなかでも最高の成果を得ている。われわれが考えていた仏陀バンクの形を最も理想的に展開していると言ってもいいだろうと語り、俺はうれしくなり声高らかに言った。「THE BEST IN THE WORLD」と。アウンはうれしそうにビプロップの肩を叩き、ねぎらう。そして一同拍手喝采。

「四方僧伽バングラデシュ」の覇権を握ろうと画策する古参バルワ族役員と、当初「四方僧伽バングラデシュ」の役員になることすら認められなかったビプロップ。皮肉にもこの対照的な結果は、後の仏陀バンクの展開を象徴していたと言ってもいい。

議題が追加融資のことに移る。一番成功しているディグリバ村に1万5000タカ。ナランギリパラ村に1万タカ。「追加は以上」と言った瞬間、バルワの人間たちの顔色は変わり、空気は凍り付く……。

会議は進み、BOBショップ構想についての協議に入った。

BOBショップのプロジェクトは、バルワ側にとってこの日初耳。なぜなら前年起きた俺とアシッシとの一悶着以来、連絡が途絶えたまま、そのためバルワ側との協議なしで進めたBOB構想である。そのため彼らの強い抵抗を予想していた。

ＢＯＢショップの構想に使った予算は18万円。そのお金は、一個人から寄付されたお金であり「四方僧伽」の活動であれば、自由に使って欲しいとドナー自身のお墨付きを得ていた。そこで無駄な疑いや揉め事を避けて納得させるために一計を案じた。「この18万円の予算はＢＯＢ構想に共感し出資してくれたドナーの意志により、ほかのプロジェクトには一切使えない。これは決定事項である」と上川氏が宣言。直後にアウンが、熱心にＢＯＢショップ構想の趣旨やコンセプトを解説。この波状攻撃が功を奏し、ひとまず強い抵抗はなく、一応おさまった。

会議終盤、黒い袈裟をまとった僧侶、「四方僧伽」の事務局長（当時）である上川氏の口から、粛々と決定事項が伝えられる。それは日本語で行われ、司会兼通訳のアシッシによりベンガル語に通訳される。食い違いのないよう俺がさらに英語で伝える。このコンビネーションとアジテートされた演出効果に、狙い通り誰も口を挟む余地はない。

そこに来て各地の仏陀バンクの成果に刺激されたのか、9人の役員の1人、オビジリ教授が手を上げた。「私の故郷の村でも仏陀バンクを始めたい」と彼は言う。俺は即答した。「オフコース。そのためにあなた方は役員になったはずです」。俺は皮肉と感謝をこめて言った。「あなたからリクエストがあったのは今日が初めてですね！」。彼はばつが悪そうに苦笑い。そして一同どっと笑い、なごんだ空気になった。

オビジリ教授はシャンガプリヤ僧の寺院で信者を代表する頭目。「四方僧伽バングラデシュ」役員として半ば強制的に投入され、受け入れざるを得なかった人物である。失礼な言い方をすれば、名ばかりの参加であった。おそらく、「四方僧伽」が合法化されていないため、いったいどう展開するのか、様子見していたのであろう。政府機関へのNGOとしての法登録が済み、あちこちで仏陀バンクが成功し、広く展開していく兆しを今日この場で感じ取った彼は、ミーティングの終盤に差し掛かって、表明を決めたのだろう。さすがは大学教授、計算高い……。

そしてもう1人、相乗効果だろうか、女性役員でトンチャンギャ族のクラスミテミ。いつも控えめで静かな、ほとんど発言することなく見守っている彼女だが、このとき初めて本人の口から発言。「私の村でも仏陀バンクを始めたい」。彼女はまだとても若く23～25歳ぐらいだろう。明るく見るからに素直そうな女性だ。熱心で気配りが利き、会合には必ず参加している。ナランギリパラ村での仏陀バンクに携わって

ナランギリパラの村民と並ぶクラスミテミ

いる。

上川氏は閉会の挨拶で「四方僧伽」の信条とそのありかたについて触れた。その中で「われわれは仏様の教えを柱としている。したがって現代の西側が作り出した議会制民主主義よりも、相互扶助を中心とした僧伽主義、それは共産主義にも近い！」と言った途端、通訳していたアシッシは一瞬言葉を止めた。「え！　今な、なんて言いました？」とアシッシ。顔と耳を上川僧侶に向け首をかしげる。上川氏は、戸惑いを見せるアシッシに追い討ちをかけるように、もう一度同じことを繰り返し言い放つ。俺も覆いかぶせるよう追い打ちをかける。

「俺たちは民主主義じゃなくて共産主義なんだと！」

明らかに動揺を隠せないアシッシ。

思い知ったか、いつも薄っぺらな民主主義を振りかざしやがって……「僕は民主的にやりたいんです」だと……ふざけんじゃねえ、何度その言葉でごまかされたことか。さあ、さっさと通訳しやがれ！

汚い言い方だが、俺の腹の中にある本音だった。

アシッシはデモクラシーが否定され口惜しそうだ、こう思っているだろう。

「デモクヤシー！」

誤解のないようつけ加えると、共産主義と言っても中国やロシアのような国家の政治的なものとはかなり違い、大乗仏教のもつ側面である。

こうして、波乱に満ちることなく会議は終焉した。加えて言えば、事が上手く進んだその裏で功を奏したのが、この年、バルワ族の新役員アヌパンのふるさとのポットバラ村で新規仏陀バンクをスタートさせたことである。これには、バルワ側の反発を牽制する狙いもあったのだ。本来なら以前視察したジュマの村で仏陀バンクを必要としている所は幾つもあったのだ。

いわゆる飴と鞭である。

会議中、シャンガプリヤ僧の人格がよく出ているエピソードがある。会議進行中の雑談で、シャンガプリヤ僧はバングシャ僧に向かって「ミャンマーの奴らは悪いやつばかりだから信じてはいかん」と言い、バングシャ僧は、横に座っていたス・ランの顔を見て目配せをしたとか。シャンガプリヤ僧は、ス・ランを少数民族ジュマと思い込み、ミャンマー人とは知らず、軽率な発言をしてしまったということだ。

この総会の結果を踏まえ、ついさっき会議が始まる寸前までもくろんでいた「僧侶を大勢集め新バルワ族役員を見つけるための会議」だが、さてどうしたものだろう。「開く必要があるか？」とアウンに訊ねた。

彼は、はにかんだ顔で首を横に振り苦笑いした。

よかった、日本に帰れる……。

NO49　利用された仏陀バンク

その翌日、ラウザン地区にあるアシッシの担当する仏陀バンクのルワパラ村へ。彼がバンコクに居残ってしまったため、帰国を待ってのギリギリの訪問となった。

そこは、われわれ仏陀バンクの出資した原資に加え、外部から投資を募り、さらにそれ以上の資金を投資して大勢の人に貸し出すという独自の方法を用いていた。初年度の受益者10人に対し現在は36人と、数字の上では大きな伸びだ。だがここでは、仏陀バンクのシステムが効果的だと踏んだ彼らがビジネスとして展開している感がある。担当者はドクター・ビンという人物でその道のプロであり、この業務で報酬を受けている。仏陀バンクを始めてまだ3カ月目の時に会ったことがあるが、その時点で15パーセント以上の利息を取っていた。

ビジネスかどうかの境目は微妙だ。外部からの投資を募れば、当然投資家に配当金を渡さなければならない。利息が上がるのは避けられないだろう。マイクロファイナンスといえども、ある程度の利息を取らないとやっていけないのだ。当たり前といえば当たり前のことだ。

しかしそれはすでに仏陀バンクではなくなったことを意味する……。

相変わらず状況を全く把握していないアシッシに上川氏が訊ねる。「前にここに来たのはいつですか？」。「……」。「たまに連絡を取り合っていますか？」。「いえそのーあのー」……。

上川氏が言う。「忙しいんでしょう」、「関わる時間がないんでしょ？」

「お店があるので……家族があるので」と苦し紛れに話す彼に、上川氏「それって言い訳でしょう」。「……」。「言い訳は聞きたくない。今回あなたは大きなミスを犯しました。バンコクの件であなたはすっかり信用をなくしました」と……それでも言い訳をやめないアシッシに向かって「言い訳は聞きたくない」と繰り返す上川氏。さすが5人の娘の父親。説教はお手のものだ。

だんだん凹んできたアシッシ。さらに追い込む。「無理なら離れてもらってもいいんですよ」。アシッシが小声で答える。日本語で「はい、いいです」

アシッシはおどおどしながら施設の代表のベン・スミナッダ僧侶に通訳して伝える。僧侶が答える。彼のおかげでここに仏陀バンクが開設された。私からもこれから積極的に関わるよう働きかけます。彼を外さないで欲しいと僧侶は言う。アシッシはそのことを日本語に直し上川氏に伝える。アシッシ「あのーこうやって言っていますが……」。「こうやって言っていますが、じゃないでしょ！　これはあなたの問題でしょ？　あなたが決めなさい」とあきれた顔で上川氏。

「は、はい、そうですね」とアシッシ。「どうしますか、やりますか？　やめますか？」と上川氏が細い眼で威嚇する。

アシッシはまるで借りてきた猫のように「はい。やります」。「反省して下さい！」。「はい、反省します」。「これが最後のチャンスですよ、しっかりやって下さい」。「はいがんばります」

NO50　帰って来たミスター「四方僧伽バングラデシュ」

数日後日本に帰ると、何か動きがあったらしく上川氏から転送メールが送られてきた。それはアシッシが井本氏に宛てたものだった。「四方僧伽」を離れたいと言ってきたようだ。心を入れ替え真剣に取り組んでくれることを期待していたわれわれだが、そのメールの内容は、自分の過ちを人のせいにし、まったく反省のかけらもない。まるで子どもが陰で親に言いつけるような中身に落胆する。哀れな男だ。われわれは失態を繰り返す彼を許し、反省を求めチャンスを与えた……。

文面の最後に綴られていたのは「仏陀は私のこと分かってくれます」

俺たちは仏陀じゃないから分からない……。

当人からそのメールを受け取った井本氏はこう伝えてきた。

離れるなら離れるでそれも道。ただ遺恨が残っているみたいなので、きちんと整理しておいた方がいいと思います。

中略

バングラで活動を続ける場合には、必ずバルワの仏教徒と面を合わせることは必須です。御一考されることを願っております。

まいったなーさあどうする？

そんな時に、絶妙のタイミングと言うか、偶然にも俺のバングラデシュでの体験を掲載したブログを見たある女性から投稿があった。彼女はバングラデシュを何度も訪れており、アシッシと15年以上の付き合いがある。さらにあのシャンガプリヤ僧侶とも親しい関係にあるという。さっそく連絡を取ってみた。それにより俺の知らなかった思いも寄らないアシッシ像が浮き上がった。

彼女とアシッシとの出会いは、アシッシがまだ日本の横浜にいる時だった。アシッシは親の仕事の関係で日本で10年ほど暮らす。しかし不法滞在が見つかり強制送還された。彼女はその後も連絡を取り合い、バングラデシュに何度も足を運び、アシッシの家にホームステイしているという。彼の妻や両親とも親しく家族ぐるみの付き合いをしており、アシッシの家族は彼女の家族同様だという。

そんななかアシッシはバングラデシュ人として最初の「四方僧伽」メンバーとなり、サイクロン被害の特にひどかったボツアカリ地区での被災者支援、さらには焼き討ちで村が燃やされたカグラチョリ県での救済活動を井本氏より依頼された（２００８年、南部デルタ地帯がサイクロンにより壊滅的被害を受けた。また同じ年、少数民族ジュマ族の暮らすチッタゴン丘陵地帯カグラチョリで、家屋数百世帯が入植者によって焼き討ちにあった)。

その支援活動にこの女性も一緒に同行し活動していた。

その時書いた活動日記もあり、いつでも見せられると言う。

メールにはその時の様子が事細かく書いてあった。大人数でかなり大規模に行われ、「四方僧伽バングラデシュ」役員のシャンガプリヤ僧侶やスノモジュテ僧侶も中心メンバーだった。アシッシと僧侶がすべての取り決めを行い支援活動が続けられたそうだ。

すくなくとも彼なりに頑張った様子が文面から見て取れた。

特に「アシッシは四方僧伽のリーダーであることをとても誇りに思っています」の一文……そのやり方にはいろいろと問題があるのかもしれないが、当事者でなく現場を知らない俺にとやかく言う資格はないと感じた。

彼女が言うにはアシッシが一番輝いていたのは、日本で過ごした青春時代。バングラデシュに戻って来たはいいが全く馴染めない。さらに強制的に結婚させられた。日本に戻りたいけど戻れない(入国拒否のため)。タイやイギリスにも行ったがうまく行かずに戻って来たのだという。何もかも両親や兄弟、環境のせいにし、彼は精神が病んでいると。それは彼がバングラデシュで生活する限りどうすることもできないのだとも……。「そんな中でアシッシの唯一の生きた活動が四方僧伽なんです」と彼女は綴る。さらに「彼の唯一の希望は日本に戻ること」だとも言う。

この女性からとてもありがたいアドバイスをもらったので掲載させてもらう。

バングラデシュでの活動、大変ですね。お気持ちはとてもわかります。日記を見させていただいて、その光景が容易に想像できました。はっきり言って私が出会ったバングラデシュ人の9割は信用できません。うそつきで金、金、金で。私も何度も騙されてきました。バルワの協力を得るためにはアシッシの協力はとても重要です。私はバルワ一族と関わりがあったので、よくわかります。バルワどうし、仲が悪くても何かの時には結束して向かってくるでしょう。それにバルワ一族の中でもアシッシの家庭は教養もあり、上流家庭であり、外国・外国人にも理解があります。特にアシッシの両親は人間として尊敬できます。アシッシの家族は他のバルワからも一目おかれています。私はアシッシ家族以外にも多数のバルワと面識ありますが、仏陀バンクの適任な人はなかなかいません。基本、(坊さんも含めて)みんなお金大好きで、金持ち願望がものすごく強いですから。アシッシみたいに裕福で自由な時間がとれる人はそうそういませんよね。バルワの村人の中から適任者が見つかればいいのですが。

俺は彼女の言葉を信じアシッシを許すことにした。

翌日アシッシにメールを送った。

「あなたにとって四方僧伽は希望だと聞いてます。ほんとうにやめてもいいんですか? もう

第7番目の仏陀バンクとアシッシ

少し頑張ってみてはどうですか?」と。

後日アシッシから来たメールには、「ありがとうございます。頑張ります」と書かれていた。

さらに上川氏も激励のメールを送った。アシッシから返ってきた返事の最後の結びには「日本に戻りたい」と書いてあったそうだ……。

数カ月後、アシッシより写真と報告書が送られてきた。新しく始まったアヌパンが担当する第7番目の仏陀バンク、ポットバラ村。受益者は男女半々の15人全員が同じ5000タカ、家畜や作物の生産および生活用品の販売などに使われる。このときアヌパンと共に中心となって仕事をしたのがアシッシである。

帰って来た「ミスター四方僧伽バングラデシュ」……写真に写る彼は以前より輝いて見えるのは、気のせいだろうか……。

受益者リスト（ラズビラ村）

機織りで自立した受益者（ディグリバ村）

第4章

良くも悪くも多様性

チャクマ女性の普段

NO51　地域の特徴色濃く

2013年、キャング（khang）族のゴングル村で1年ぶりにハークルイと会う。彼女の顔は、前年とは打って変わって自信に満ちていた。理由はその努力と成果が物語る。

おそらく、活を入れた1年前の面談が功を奏したのだろう。忙しさを理由に約束をすっぽかし、大切なミーティングにも参加できないなどの怠慢ぶりに、俺はハークルイ夫妻をアウンのオフィスに呼びつけた。そしてこう伝えた。「そもそもキャング族のあなたから、存続の危機にある部族と村を助けたいと、その切実な願いと熱意に応えて幾度も村を訪問し、条件的に厳しい中、仏陀バンクをスタートした。だがその後はほったらかしで報告もされていない。とても残念です。がっかりしました」と。

テンパーな俺は、自分では感情を押さえて淡々と言ったつもりだが、地が出てしまったようで相当きつかったのだろう。旦那と2人で黙って聞いていたハークルイは、言われたことがよっぽど悔しかったのか、顔面蒼白で目に涙を浮かべていた。

1年前いったん回収した原資を、俺自身の手で彼女に手渡してから、ハークルイは心機一転し、同村で新たに3人、バイクで5分ほどの所にある隣の村落、ドッキンドル村では13人に貸し出され、受益者は合計24人と大きな伸びを見せ、今現在も5人の受益希望者が待っていた。

ここでは月に1度委員会でミーティングを設けており、その場で返済、貸し出しが皆の前で行われている。多くの人が利用しやすく、負担の少ない、金額にして1500〜5000タカと融資額に幅を持たすなど、こうした地域のさまざまなアイデアや知恵が各地でシェアされ確かな形が確立されていった。草の根銀行仏陀バンクの持ち味である。

だが問題点も多い。

仏陀バンクの信条とも言うべき、寺と僧の協力を取り付けていないことは、キャングの土地で以前から課題だった。ハークルイたちは何度か寺に赴き提案するものの、僧侶曰く「なぜそんな金があるんだ！　そんな金があるんだったら俺が預かる」と言っているとかで、期待しないほうが良さそうだ。俺個人としては、そんな坊さん、こっちから願い下げである。とは言え寺院や僧侶との関わりは無利子銀行としては重要なギャランティである。

ほかにも使用目的として、壊れた屋根の修復に充てた受益者も何件かあるなど、使いきったら終わりになる生産性の薄い使用例も少なくない。

こんなハプニングがあった。その場にいた老女が、すでに決まっている貸し出し日の前にどうしても借り入れをしたいと願い出た。使用目的はキャング族の成人式。それは民族あげてのセレモニーで耳に穴を開ける儀式だ。その費用ということで日時が決まっており、予定された貸し出しの日では間に合わないという。もし借りれなければ、ほかの高い利息の金貸しから借りなければならないと言って、関係者を困らせていた。

たまたまそこにいた俺はどうしたものかと訊ねられ、だめだとは言えず、特例として許すしかなかった。ルールの統一化がいかに難しいかを実感した瞬間であった。

食中毒

バングラデシュで最初に仏陀バンクが立ち上がったラズビラ村ではこの1年だけで新たに22人の受益者が生まれ、野菜栽培で多くの成功例が出ていると報告を受けていた。村民と会うのを楽しみにしていた訪問の前日、集団食中毒が発生したと、責任者から連絡が入った。1人が死亡し2人が重体で、村全体が大騒ぎに。さらに葬儀で手が回らないということで、日程を変更。

このような現象は丘陵地帯で暮らす先住民ジュマの暮らしの厳しさを物語る。高温多湿の土地、電気が来ていない地域も多く、食品の保存には限界があるうえ、生活用水は川、または池などの溜め水、飲料水も井戸水などに依存する。

町から遠く離れて点在する村落には、酷なことに医療機関がないに等しく、あるといえば、小さく粗末な個人の薬局のみ。町に出て治療を受ける余裕のある人以外は、病気になったら基本、寝て治すしかない。それ以外はひたすら我慢するのである。ちょっとした治療と、衛生管理ができていれば救えた命の多くが犠牲になっている。差別や搾取が貧しさを生む要因と言え、正しい医療を受けるための知識も、機会も、余裕もないのが現状である。

不満だらけのベンガル人仏教徒

さて、前年始めたばかりの7番目の仏陀バンク、アシッシの舎弟アヌパンのポットバラ村はどんなもんだろう。住人は技能を持つ人はほとんどなく、家畜（牛、山羊、鶏、魚）で生計を立てる人がほとんどである。

返済の遅れている人が2人ほどいるようだが、現時点で10カ月目に入り順当のようだ。34人いる受益者のほとんどが家畜の飼育である。

受益者の女性数人に話を聞いた例をあげると、1人の主婦は5000タカの融資を受けてヤギを1頭買い、大きくして3カ月後に7000タカで売った。それを何度か繰り返し、現在2頭所有する。

2人目はニワトリを買ったが、半分近くが野犬に襲われ死んでしまった。3人目はバイクのタイヤを買ったが、過激なストライキの暴徒にバイクごと壊された、などなど。

家畜は、利益も大きく短期間で可能なのだが、病気や盗難、野犬の被害など、リスクが高く安定しづらい。また、過激なストライキが頻繁に起こり、スト破りの車両は、また同じ被害に合わないとも限らない。

そこで俺は仏陀バンク推進者として、目先のことにとらわれず堅実で持続可能な仕事にシフトしていくことなどを考えるべきだと提案するが、これまでのバルワ族の村と同じように、物価が違う、イスラム教徒の地域だから女性は仕事がないと繰り返し言う。ある農業希望者の女性に、いくら必要か訊いてみると、10万タカと答えた。その内訳は農地を耕す機械の購入、種、肥料、その他。

全てにおいて他を当てにする……そんなプランは、仏陀バンクの対象外である。少なくともある程度は自主努力で、準備をし計画を立て、その上で仏陀バンクを利用して欲しい、と伝えた。案の定、熱烈な資金の追加要求があるなか、まだ1年に満たないという理由で、その場をかわしたが、次回の訪問を考えると気が重い……。

同じベンガル人仏教徒バルワ族、アシッシのルワパラ村はどうかと言うと、2度借りしている人が多く、返済の滞っている受益者がかなりいるようだ。この状態では伸びが見込めないことを指摘すると、実行委員会の1人、施設内にある小学校の校長は、家畜が死んだり、サイクロン(台風)や洪水などで農地が荒れたり、さらに貧しさを理由に、返金が多少滞ることは仕方がないと言う。

そして仏陀バンクを始めた時、「たとえ返済できなくてもプレッシャーはかける必要がない」と、当時俺が言ったことが、返金の少ない理由とされた。

また400世帯もあり、原資の額が少な過ぎて、多勢の申し込みに対応できない。それが苦情と非難の元になっていると不満をぶつけてきた。

返済の遅れを防ぐため、融資先を吟味して選ぶようにと進言してもみたが、「仏陀バンクの融資は、貧しい人を助けるためだろう？　困っている人に返せとは言えない！」と反対に非難される。

そこで地の地域での成功例やアイデアなどを伝えると、さすがに説得力があり、熱心に聴き入っているようだった。しかしバルワの住民は、先住民ジュマの村と違って、物価、環境が違うとか、こんな額じゃ何もできないと繰り返す。したがって毎回訪問する度に予算の拡張と追加融資を求められる。もう4回目の訪問だ。次は手ぶらでは厳しいだろう。

確かに金額が少ないのは百も承知の事実。それで一番苦しんでいるのはわれわれ自身なのだから。

試しに幾らぐらいあれば機能的に仏陀バンクを進められるかと訊いてみる。すると100万タカ（約130万円）という答えが帰ってきた。一般金融機関の融資であれば普通かもしれないが、これまでわれわれは1年に100万以下の予算を10数カ所の村に苦労して分配しているのだ。信頼という担保と、受益者と地域メンバーの努力で、細々だが確実に成果を上げている。そんなグラスルーツムーブメントが仏陀バンクのありかただ。

たとえば1カ所に100万なら100の村があれば1億ということになる。仏陀バンクの原資は、日本人の信者や有志に寄付を募り、その善意を少しずつ積み重ねたもの。企業や投資家、銀行家の金じゃないことを理解するべきだ。努力も成果もなく、世帯数が多いから、合法でないから、額が少ないから、などと言い訳ばかり言って、要求だけは大きいと言わざるを得ない。

グラミー銀行など従来のマイクロクレジットは、多額の投資提供を受け大勢に貸し出しをしているが、投資する側と銀行業務を行なう側に報酬が必要になるため、必然的にそれなりの利息が発生する。その点、仏陀バンクは、額は少ないが、原資のすべてが投資ではなく、寄付である。したがって返済義務がない。負担が少ないため、堅実に運営できるのである。最もサステナブル（持続可能）なプロジェクトなのであると俺は校長に力説した。

校長は俺の話を聞いているうちに、表情がドラマチックに変わり、途中から何度も何度も深くうなずき、最後は感動さえ覚える豹変ぶりで、「なんと素晴らしいアイデアだ！」と賛美の声を発したのだった。

NO52　タイの日本人俳優の活躍

バボ村とズィナマイズ孤児院

これまでも何度か触れたが、丘陵地帯にある仏教寺院は孤児院を兼ねている所が多く、大抵は僧侶が責任者を兼ねる。ズィナマイズ孤児院もその1つ。丘陵地帯での孤児院の数は、驚くほど多く、その現状は、粗末な設備に1つの部屋で大勢が寝泊まりする寮での暮らしである。質素な食事を1日1回から2回と、子ども達の多くは常に空腹で半ば栄養失調に近いと言ってもいい。

その背景には先住民の半分が貧困層に属し、育てるための生活力がないことがある。もう1つの理由として教育を受けられる機会が少ないことだ。教育については、地理的に険しい山岳地帯に散らばる村々からラフで遠い道のりを学校に通うことは危険を伴い、さらに親の仕事の手伝いなどで休みがちなため授業についていけない、などの理由で半分の子どもが初年度でやめてしまうという現状がある。

内戦後の1990年代後半に、ようやく政府の方針が緩和され、限られた範囲で海外からの孤児院や教育などへの支援が認められるようになった。

1年半程さかのぼった2011年11月、モンクキングことバングシャ僧が理事を務めるズィナマイズ孤児院の開所式に、「四方僧伽ジャパン」に来賓としての出席要請があった。その折に、ス・ランなどミャンマーのラカイン族難民が暮らすバボ村を視察してほしいという。ス・ランは、バボ村および近隣のラカイン族の村落で仏陀バンクを展開したいと希望していた。

背景

ラカイン族は、現在のミャンマーのラカイン州からバングラデシュ南東部に以前から暮らし、アラカン王国を築いたが、1970年代にビルマ（ミャンマー）に占領され、従属を認めない勢力とミャンマー軍との紛争が現在も続いている。そのため武装ゲリラやその家族がバングラデシュに亡命しており、その多くは仏教徒の多いバンダルバン県などのチッタゴン丘陵地帯で暮らしている。その背景から、国を持たない民族となり、現在のバングラデシュとミャンマーに国籍を分けられた。先住民ジュマとも似た虐げられた民族である。

強力な助っ人

しかしズィナマイズ孤児院の開所式の訪問について、われわれは、出向くのに必要な渡航費や諸経費を考えると、弱小組織としては返答に困っていた。

そんな時、バンコク在住の「四方僧伽」メンバー、矢野氏が、視察を名乗り出た。彼は、主にタイ国内のミャンマー難民などのサポートを中心に活動していた。バンコクからだとわずか3時間でダッカに飛ぶことができ、渡航費も安い。

孤児院の暮らし

彼は以前日本の外務省に勤務し、カンボジアやパキスタンの難民救済支援などの経験を持つリサーチのエキスパートでもある。政府の仕事を離れ、タイに住み着いた彼は、パントマイムのパフォーマーとして新たな人生をスタートさせる。劇団を結成したり、俳優業を営むかたわら、奉仕活動を続けているユニークな経歴の持ち主だ。タイの芸能界で最も活躍する日本人俳優の一人と言ってもいいだろう。タイ映画アカデミー賞では、最優秀助演男優賞を受賞している。一緒にタイの街を歩いていると、若い女性たちが「サインしてください！」とやってくる。大袈裟じゃなく彼の顔を知らないタイ人はいないと言っても過言ではない。

この視察で彼が報告したレポートがとても興味深い。その一部を紹介する。

バングラデシュ リサーチ報告　文責：四方僧伽 Art Sec. 矢野かずき
ババ村（BABUPARAのPARAは村の意）　レポート　訪問日 2011年12月

ズナマジ（ズィナマイズ）孤児院はバングシャ僧が理事、もう1人の理事長であるナンダマラ僧が校長を兼ねる。受け入れるのは孤児と教育を受けられない家庭の女子。女性だけの孤児院である。とは言え、仏教教育を根底に置き、青少年への服仕立て技術、英語教育、コンピューター教室などの職能訓練センターとしても機能する予定だ。そして、ここからババ村までは車で1時間とかからない。

▼ババ村の位置▲

バンダルバン州中央から東に直線距離でおよそ20キロ、南に10キロほどでミャンマーと接する。東の国境沿いには南北に数ヶ所の難民集結地が点在し、そういう意味ではバングラ内陸部にかなり入り込んだラカイン人たちの住む村。これらの国境を通じて商人たちは自由に行き来しているという。もちろん監視の眼を盗んでである。

▼村の生活▲

9割以上の住民がラカイン族で160人くらい、ほとんど全員が仏教徒。約50戸があちらこちらに数戸ずつ寄り合って集落を作っている。地主や長の理解が得られた場所に家屋を建てて住んでいる。電気はない。すぐ近くに川が流れており、水には困らない。

これらの人々は実質上「難民」である。UNHCR（国連難民高等弁務官事務所）が首都ダッカにあるが、難民としての保護措置（難民認定）などは何も受けていない、というより受けられない。外へ出る金がなく、たとえあっても外部とコミュニケーションをとるノウハウを知らない人々だ。いったんバングラデシュの官憲に捕まると投獄は免れない。鉄条網に囲まれていない難民たち。鉄条網がないということは逆に外からの脅威を受けやすいということでもある。

一説によればバンダルバン州全体でビルマから流入したラカイン人はおよそ4000人くらいいる。バングラデシュ軍とベンガル人住民から焼き討ちにあった北隣のランガマティ州バガイチャリ郡からもかなりの数がバンダルバン州へ逃げてきている。

ビルマからバングラデシュへ入った難民たちは長い時間をかけて少しずつバングラデシュ内陸部へと移動を繰り返してきた。そのようにしていつかこの村にもラカイン人が入って来始め、仏教徒同士ということでさしたる摩擦もなく、地域の長の理解もあってうまくいっているというケースである。

生活の糧を彼らの多くは日雇い労働で得ている。アジア開発銀行が入ってプランテーションが各所にあり、樹木の伐採などの仕事もある。が、低賃金のその日暮らしだ。土地自体は森林局の管轄。問題が起こらない限り役所もラカイン人たちの移住については目をつぶっている。

▼仏陀バンクへの願い▲

村人たちの最終的な望みは「教育の機会がない子どもたちに教育を」という一点に尽きるということだ。他には何もない。ただこの一点である。たとえどんなプロジェクトがこの村に入ってきたとしても、村人たちはそのプロジェクトの最終目標を子どもへの教育機会の増大に結び付けようとする。それが村人たちの最大のモチベーションだ。

自分たちの生活がいつまでも変わらないのは、外部とのコミュニケーションをとる能力がないことが原因だと彼らは考えている。ベンガル人が経済市場を占めるのも、彼らには教育の機会が与えられているからであり、その差を少しでも縮めることが彼らの未来を拓くことだと信じている。

村から出す子どもの教育のための公金を認めてくれということだ。

私が答えたのは、仏陀バンクを利用した各家庭がその利益をどのように利用しようがそれは自由である。けれど、委員会がある程度の余剰金を持った場合、それを次の仏陀バンク利用者のためにのみ使うべきだという縛りを解くか否かはこの場では答えようがない。皆さんからそういう要望があったことは四方僧伽に伝えておくと応じた。

四方僧伽（ジャパン）はこれまで直接的教育への関わりは気薄と感じる。しかし、それはアプローチの方法論の違いであって、四方僧伽が編み出したのは仏陀バンクという方法である。極端に言えば、つぎ込んだ10万円が仏陀バンクとしてそのまま受益者の間を廻り続ければいいということであって、余剰となった2万円が出たとすればそれを教育設備の購入に充てようがどうしようがそれは村人の責任に帰する。仏陀バンクの代わりに真っ先に教育設備を贈るという方法を四方僧伽はとらないというだけだ。

彼らのモチベーションの高さと目標はわかった。

そこで私は女性たちだけの協議も開いてもらいたいと願い出た。男は組織と理想を語り、女は現実を語る。

女性たちは組織のことなどはほとんど語らなかった。家庭のなかから、そこを離れられない条件の中で、もし少額資金が手に入ったらいま自分たちが住んでいる地理的条件を考えてどんな商売が可能か、という話がすべてだった。ある者は自転車さえあれば、と語り出し、ある者はバナナとマンゴーの同時作付けが実現すれば、と言い、ある者は裁縫の腕を活かすために布地を、と述べた。

彼らのモチベーションもやはり高い、とだけ記しておく。

▼ビルマ国内への仏陀バンク展開の可能性について▲

このバボ村に仏陀バンクが開設されると仮定してみよう。地理的にはビルマ国内への展開の可能性は出てくる。が、いくつかの懸念もある。

バングラを訪問して最初にもった会議で出された四方僧伽バングラデシュの意向は予想通りのものだった。アウン氏・バングシャ僧の2人が口をそろえたのは「いまは新たに仏陀バンクを開設する時期ではない。あと1～2年をかけて余裕をもって次に臨みたい」「新しい仏陀バンクには新しいメンバーとコンセプトが必要だ」

彼らのなかにあるのは、これまでバングラで開いてきたプロジェクトのおよそ半数が失敗に終わっているという意識だ。特にバルワ（ベンガル系仏教徒）メンバーが担当のプロジェクトのほとんどは失敗している。受益者の仏陀バンクに対する理解の無さ、プロジェクト地区の増加に伴うアドミニの難しさなど、どこの国でも挙がっている問題はやはりここバングラでも起こってきた。これ以上の失敗を重ねてはならないという配慮が彼らのなかにはっきりとある。

特に今回の調査の場合は、ビルマ国内への展開という先行きをもってのものであったため、彼らのなかに明らかな躊躇がみられた。

「今回の調査は政治的なものか、それとも純粋にプロジェクト開設のための調査なのか」という質問は何回も受けた。気持ちはわかるが、こと仏陀バンクに関しては両者を分けることは出来ない。普通のNGOのプロジェクトとは根本が違うからだ。

しかし彼らの立場を考えれば納得もいく。彼らはバングラデシュのなかでのマイノリティ(仏教徒、しかも非ベンガル系)であり、それ故に「いまのところは違法」である仏陀バンクの政治性をこれ以上目立たせたくないのだ。

調査の必要上、ラカインの活動家たちとも会見したが、四方僧伽バングラデシュのメンバーたちはそうした場には一切立ち会おうとしなかった。彼らの生活意識からしてみればそれほどの用心をしなければならないということだ。

▼ビルマ本国の動きとバボ村人たちの動揺▲

昨年からのビルマ本国の「民主化」政策の動きがバングラデシュ国内のビルマ系仏教徒たちの大きな興味となっていることは想像に難くない。その流れ如何によっては、バングラデシュ、ことにチッタゴン丘陵地帯でまた大きな人の流れができると思われる。特に「動かされやすい人々」にとってはこれからの将来がかかった選択になる。

「動かされやすい人々」とわたしが表現する人たちは、例えばこのバボ村の「難民」たちだ。

▼まとめ▲

バングラデシュからビルマ国内ラカイン族地域への仏陀バンクの展開を目指すのであれ

ば、現在の四方僧伽がもつ情報のなかでは、バボ村は橋頭堡として重要かつ最適な位置にあると思われる。

ビルマ国内への行き来が日常的に行われており、情報、物資が通るルートは確立されている。実行委員会の核となりうる人物たちも村内にいるとみた。現在の四方僧伽バングラデシュの主導が難しいのであるから、ラカイン族による新しい試みとしてバボ村の仏陀バンク実行委員会を作るという考えは成り立たないだろうか。四方僧伽バングラデシュはその舞台裏と指導にまわる。バボ村にまず成功例を出し、仏陀バンクへの理解者を増やすことを試金石と考えたい。

以下省略

結論としてこの翌年仏陀バンクは試行される。しかし数年後……。

コラム　バングラデシュという国（旅行者として）

バングラデシュという国は観光客がほとんどいない。観光産業もほとんどなく、旅行という概念がない！

俺にとってはそこが最大の魅力だ。

田舎などでは、人々はきわめてやさしく接してくれ心が和む。土地の人達には、外国人が珍しくて仕方ない……注目を浴びるぶん、うざい、けどむしろ安全でもある！　なので旅行者を狙った犯罪も少なければ外国人料金も存在しないのだ。

例えば大都市チッタゴンの街を物色してみる。

俺のでかいニコン（Nikon）とアジアンフェイスが、旅行者という概念がないに等しいこの国では、目立ちすぎる。まるでほかの惑星からやってきた異星人、かっこうの見せ物となる。

写真でも撮って見せようものなら、すぐに人が集まりだす。なんだろうと思った通行人が立ち止まり、あっという間に人だかりになる。まるで芸能人だ。その目線は、子どもが初めて外人さんを見た時のように凝視され、絶対目を反らしてくれない。その視線が時には数十人になる！

しかし目は子どものようにキラキラせずどんよりと濁っている。

初めの頃はすごく嫌だったが、慣れてそういうもんだと思うようにしている。見られっぱなしはなんか悔しいので、対抗処置として見つめられたら見つめ返す、それも笑顔で返すようにしている……すると驚くことに、あの濃いくて怖い形相のベンガル人が、照れてはにかんだりするのだ。けっこう可愛かったり！　ベンガル系の顔は、にらまれると怖く見えるが、もともとそういう顔なのだ。外を歩いている人の8～9割は、男性。イスラム教の国では珍しくない。野郎どうし手をつないでいるやつも多い、そこに関しては、かなりお盛んの様子。

バングラデシュで、まともなコーヒーはまず期待できない、そのかわりおいしいチャイが飲める。インド、ネパールと同じように最もポピュラーな飲み物で、これがまた病みつきになる。ベースは紅茶とミルクだが、ショウガに練乳、スパイスさらに卵を混ぜ、煮込んだ絶妙な味は、職人芸と言える。1杯10円～15円！　田舎だと5円ぐらいで飲める！　俺にとってチャイは味噌汁に並ぶソウルフードと言ってもいい。

飯もかなりいける。日本人はカレーとひとまとめに言うが、豊富な食材とスパイスを駆使した数えきれないほどの煮込みスープ料理。インド時代からの長い歴史に育まれた食文化とお袋の味はリッチとしか言えない。五大陸を旅した俺のベスト3に入ると言ってもいい。

それにたぶん今まで訪れたどの国よりも物価が安い。食堂でハラいっぱい食べても100円ぐらいですむ！　値段を気にしないで飯が食えるなんて、日本じゃありえない。

でも多少の腹を壊す覚悟は必要だ……。

習慣

イスラムのモラルとして、立ちションは、厳禁だ、しかし座りションならオーケー！

こんなことがあった。バスで長距離を移動中平坦な野っ原で急に停止した。トイレタイムだ。トイレ環境が整ってないことは別にめずらしいことでもなんでもない。感心したのは暗黙のルールで女性はバスを挟んで右、男性は左に移動し事を済ますことだ。俺は皆にならって停車するバスの左側へ移動した。そこは物陰などに隠れるところは何もない野っ原。ふと気づくと立って用を足しているのは俺だけだった。ほかの男性客は全員が座っている。え！　全員が大？　そんなわけない。気のせいか皆んな俺の方を見てるような……とってもお行儀が悪いお方、だと。

環境

この国で灰皿というものをホテルの部屋の備え付け以外で見たことがない！　誰かに「灰皿は？」と聞こうもんなら人差し指で地面を指される。この国では地面がすべて灰皿なのだ！

「ゴミ箱は、場所によってはあるが、そこに捨てる人は見たことがない！　理由は灰皿と同じ。路上に備え付けられたコンテナのようにデカいゴミ箱。人の2倍も高さがあるゴミ箱の上部からは、常にゴミが噴水のように溢れかえり、定量の3倍はあるかの量が地面に巻き散らかされている。そこに、犬、猫、カラス、大人、小さな子どもが群がりあさる。35度の高温多湿の中で堪え難い悪臭を放つ、その異常な臭さは、ゲロ吐きそうなぐらいすっかい（酸っぱい）……「ゴミはいつか土に帰る」と言う、大昔からの習わしを今でも継続している。

世界中、特に開発途上国を旅してきて、貧しい人達の暮らしと隣り合わせに、膨大な量のゴミが地面にへばりついているのを見てきた。いっぱいになったら土をかけ、また溜まったら同じように土をかける。当たり前のように、ゴミの上で暮らすことになる。今まで見た限りでは、そのほとんどがプラスチックのゴミだ、石油製品で、土に帰らないものばかりだ。人間の求める便利さと豊かさから生まれた負の遺産だ。

そのしわ寄せは貧しい人達のところに行き、そのゴミを生業として生きる人達が現れる。

交通事情

首都ダッカのほんの一部以外信号はない。あっても動いてなくブラックアウト状態である。街中は地下鉄、トラム、高架鉄道、モノレールなんてモダンな代物はいっさいない。したがって街の幹線道路は慢性的にごった返している、カオスという言葉がピッタリだろう。乗用車、大型トラック、バス、オートバイのほか、オートリキシャと呼ばれる三輪車、さらに人力車が入り乱れる。その中を網の目を蟻が縫うように人がうごめく。

車間距離は前後左右10センチなんか普通。ウインド越しに横に並んだ車の人と余裕で握手ができるぐらい近い。雨期以外は乾燥した空気に埃が舞う。数十分も走ったら服も顔もザラザラで恐ろしくて鼻なんてかめないほどだ。

一般のバスなどに乗ると、常にマックスな乗客数の中で、堪え難い蒸し暑さ、雨漏りもひどい。そこに来て鳴り止むことのないクラクションが耳と頭を麻痺させる。冷房のない一般のバスの後部座席に乗っていると、そのバス自身が噴射している排気ガスが、窓から車内に入って来て窒息しそうになる。それらは不快指数をもマックスに押し上げる。

経費節約で、当時は地元のローカル交通機関で移動しながらよく思ったもんだ。「絶対住めねー！」「ダッカ、チッタゴン、世界で一番住みたくない街」と……。

排ガス規制など存在しないこの国では、トラックなど大型車から墨のようにドス黒い噴煙が勢いよく舞い上がり、大気汚染は尋常でない。トラックのどてっぱらから垂直に突き出たエキゾーストは、下手にこちらの車両の真横に並ばれでもしたもんには、その高さが丁度こちらの座席上部に来るため、油断するともろ顔面に真っ黒い噴煙を食らうことになる。

さらに日本のドライバーから見て遥かに常識を超えているのが整備不良だ。大型車両はウインカー、ストップランプさらにバックミラーもないのが当たり前。日本などで廃棄処分された車両が他国に売られ、そこでもさらに廃棄処分になるまで使い果たした後、再び海を渡りやって来てこの国のスタンダードになるのだ。

車両の古さは電気系統の壊滅が物語る。高温多湿の土地ではタイヤとエンジンだけあれば使える余地があるということだろうか。まるでリヤカーだ。究極のエコか。ウインドガラスにヒビが入っているぐらいは当たり前、大都市チッタゴンでフロントガラスのないバスを見たこともある。普通に通勤者を満載にして走っていた。

はっきり言ってこの国は車両はもちろん船、家電など、現代が生み出したテクノロジーの最終寄港地、言わば墓場だ。また、バングラディシュは「NGOの墓場」とも言われ、それを聞いた時、ショックと言うより、〝ぞくっ！〟と興奮したのを覚えている。世界一の貧困国の1つと言われる由縁はそんな側面も持つ。

世界一の貧困国

バングラデシュ政府の発表によるとその汚名は既に返上したと言っているが、俺にはとてもそうは思えない。強烈な貧困の印象を最も物語るのは、圧倒的なホームレスの数だ。特にストリートチルドレンである。物乞いする子、ゴミをあさる子、ほとんどの子がアスファルトの上を素足で歩く。ヨチヨチ歩きの赤ん坊は皆素っ裸と言ってもいい。ストリートチルドレンと言うと粗暴で乱暴な男の子のイメージがあるが、ここでは、か弱い女の子の頻度が非常に高いことがショッキングだった。そして小さな赤ん坊を抱いている子をよく見かける。小さな妹や弟の面倒を見るのが義務なのだろう。母親は数の多い子どもの面倒で手が回らない。

特に憤りを覚えたのは児童労働だ。公務員やオフィスワーク以外、ありとあらゆる業種で子ども達が働いている。レストランやお店などは男の子で小学3、4年生頃まで。5、6年ぐらいの高学年になると、工場や解体現場など危険な重労働を強いられ安全な装備も与えられず素手、素

ホームレスの子どもたち

足で働く。女の子は性産業へ行くケースも多い。逆らう力がなく、タダ同然でこき使うことができ、疲れを知らない子どもは最高の労働力なのだろう……。

確かに法律で規制され児童労働は減っているようだが表向きにすぎない。現状として子どもの労働による代価に依存する親が後を絶たないのだ。

鉄道駅とその周りに最も貧しい人々が暮らすのは貧困国に共通することだが、ここバングラデシュの貧困層は他国の比ではない。これが同じ人間の暮らしなのかと思うほどだ。

2010年、初めて夜行列車でチッタゴンからダッカ空港近くの駅に早朝降り立った時の衝撃を今も忘れられない。通勤時間だった。駅の

レールステーションにて

プラットホームは電車を待つ大勢の乗客で埋まっている。その足元には、まるで死体でも転がっているかのようにごろごろとホームレスが毛布にくるまって硬いコンクリートの上で寝ている。その半分以上は子どもで、中には藁袋に入って寝ている子もいる。さらに子ども同士、または親子が抱き合って寝ている。季節によって寒暖差があり朝晩はかなり冷えるので、そうやって暖め合っているのだ。その光景はプラットフォームの端から端まで永遠に続く。

通勤する勤め人達は綺麗な身なり、特に女性達は美しいサリーをまとっている。そのすぐ足元に、まるで異種の生物が汚れた雑巾のようなボロ布にくるまっている。まるで大きな蚕の幼虫か、それとも捨てられた犬猫のようだ。

同じ人間とは思えない。

電車を待つ通勤客には日常なのであろう、何も存在しないかのように全く意図する様子はない。この国のあからさまな貧富の差、そして貧困、この現実の光景に、しばし無言で立ちすくんだ。

その直後、俺は狂ったようにシャッターを切った。激しい怒りの感情と共に、「そうさ、これが世界一の貧困国バングラデシュの本当の姿だ」とファインダー越しに何度も心で叫んだ……。

世界一の人口密度とは

北海道と九州四国を足したぐらいの面積に約2億もの人が暮らしている。公式には約1億7千万ほどだが、絶対そんな少ないわけがないと自信を持って言える。いずれにせよ人口密度は、世界一だ。そのせいかカフェや食堂に入ったら常に相席になる。外国人は珍しいので熱い視線を浴び、興味本意で質問攻めにあう。だからまず落ち着いての飲み食いは期待できない。「ひとり静かな所へ行きたい」とか「そっと1人にしてあげましょう」なんて言う世界はここには存在しない。

ある日渋滞にまきこまれ、列車の踏切に差し掛かった。列車のレールの上にたくさんの車が立往生している。踏切といっても車の進入を防ぐ信号も遮断機もない。列車が来たらどうするのかと思い聞いてみると、なんと列車が止まるそうだ。しかし最近あった事件で列車が立往生している車を無視しそのまま走りきった。結果数十台の車が巻き込まれ重軽傷者多数、4人が死亡した。翌日一面に掲載された新聞を見た市民から、これで少し人口が減ってよかった、などの皮肉が飛び交ったというから、笑えないブラックジョークだ。

ある日の夕方、車で移動中、暑さと疲れのなか、ぼうっとウインドウ越しを眺めていると、人がぞろぞろ通りを歩く景色が、まるで野っ原で風にゆらめく雑草のように見えたことがある。

以前、日本の首相が人質を助けるため「人の命は地球より重い」との言葉を残し、日本赤軍に屈したハイジャック事件があったのは、この国の首都にあるダッカ国際空港だった。バングラデシュで見る、雑草と見間違うほど、想像を絶した人の数に遭遇すると、悪いがとてもそんなふうには思えないのである。

では人口の数ではなく質に注目するとどうだろう？　これまた大きなコントラストがある。日本は少子高齢化社会で近い将来60歳以上の人口が40パーセントを超える。それに対しこの国の60歳以上は全体のわずか7パーセントしかいない！　さらに驚嘆することに15歳以下が50パーセント近くを占める。これは全く正反対の驚くべき対比だ！　理由に寿命が短いのはあるが、若者が多くを占める国家、その将来の可能性とポテンシャルは極めて高いと言える。

日本は職能の宝庫で高い技術とノウハウを持つ人材が大勢いるが、定年後は宝の持ち腐れとなるのに対し、バングラデシュでは技術やノウハウを最も必要としていて需要があるのに、それらを身につける術がない。

これらの事情を考えると、自ずとお互いにとってどう進むべきか見えてくるはずだ。

だから今、俺はこうしてバングラデシュに来ているのかもしれない。そして、それらの現状を伝え多くの人を巻き込むために……。

過激なストライキ、ホル

第5章 激動期

NO53　同時多発テロ

矢野氏がバングラデシュを視察してから10カ月後の2012年9月の末、衝撃的な事件が起きた。

仏教徒が集中するコックスバザール県ラム（LAMU）地区で9月29日から30日未明にかけて、暴徒が12の仏教寺院、および仏教徒の住居50戸以上を破壊した。コーランを冒涜するフェイスブックの投稿が引き金になったと見られている。ほかにも同県内3つの郡も4カ所の仏教寺院と住居が放火され、ヒンズー寺院の1カ所が荒らされた。

コックスバザール県はバンダルバン県南隣、ミャンマーのラカイン州と接し、その昔アラカン王国の一部だった。ラム地区にはアショカ王時代の遺跡も残り、破壊された寺院には数百年の歴史を持つ神聖視されている寺院もいくつかある。

警察や目撃者によると、フェイスブックの写真に関する噂が流布した後、数百人がラム地区チョウムハニに集まりデモ行進を始め、数千人がトラックで県内各地から集まった。そして「アッラー・アクバル（アラーよ永遠に）」と叫びながら寺院や家屋に火をつけ始めたという。

250年の歴史を持つシーマビハールでは、住職の話によると、赤いバンダナを巻いた暴徒が

80～90人、火薬やガソリンをまいて寺に火をつけた。ウキア地区の寺院では500人の暴徒が襲い放火。ポテヤ郡ではドゥルガー女神を祭ったヒンズー寺院と仏教寺院が荒らされ、女神や仏像が破壊された。ポテヤ郡は「四方僧伽バングラデシュ」のシャンガプリヤ僧の寺院もある。幸い僧の寺院は無事だった。

国境警備軍や警察が暴徒を鎮圧し事態を収拾したが、再発の恐れなどで緊張が高まっていた。被害のあったコックスバザール県にはバルワ系仏教徒が集中し、仏陀バンクが展開するチッタゴン丘陵地帯は目と鼻の先である。

この事態に、「四方僧伽バングラデシュ」より日本側へ緊急支援の要請があった。ところが、このころ日本での「四方僧伽」の立ち位置は、一任意団体であり、組織は弱体化を余儀なくされ、再編成が行なわれている状態だった。理由は創立者の井本氏が事実上組織を離れたことにある。彼はミャンマーの内戦を終わらすため現地に身を置き、エスニックグループと交渉に当たっていた。

これまで神懸かり的行動力と、そのカリスマ性で、アジアの仏教国10数カ国を束ねていた。その中心者が距離を置くことで、しだいに求心力を失い、各国の活動家は、これまで培った経験を糧にそれぞれのプロジェクトを進行しながら、細々とつながりを維持する程度になっていた。

要するに当時の「四方僧伽ジャパン」には、この緊急支援に対応しうる人材もノウハウもなかったわけだ。かろうじて維持していたカンボジアでの貯水池や米銀行のプロジェクトのほかは、バングラデシュでの仏陀バンクが主だったプロジェクトであり、その資金と活動費を生み出すのが精一杯であった。

この件で「日本の四方僧伽」メンバーが協議した見解は、これまで築き上げてきた信頼と、軌道に乗りつつある仏陀バンク。その流れの中で、この緊急事態に何もしないわけにはいかんだろう！　というものだった。

とは言え、たとえ支援するにしても、限られた仏陀バンクの来年度予算から絞り出して、せいぜい20〜30万円。復興支援としては雀の涙みたいなものだろう。。

されど、これは金額よりも、行動するかしないかが、今後の日本とバングラデシュメンバーとの絆、一番大切な団結に、少なからず影響する。たとえ手ぶらでも現場に人を送ることが大切だろう、ということになった。

そこで提案されたのが、被害にあった寺院や住民に向け、仏陀バンクの提案をし、可能なら原資として使ってもらうことにしたらどうかということだ。もちろん緊急支援にまず必要となるのは、安全、そして生きるための生活を確保することで、平和時にのみ機能する仏陀バンクのような自立支援は、ナンセンスなものかもしれない。であれば最も必要とすることに優先的に使ってもらえばいい。それでも仏陀バンクを知ってもらうことはできるはずだ。そして、縁つなぎ。それであれば少額でも大きな意味がある。

バンコクの日本人俳優再び

そこで誰を送るかで、白羽の矢が立ったのは、あのバンコク在住の矢野氏だった。わずか30万円ほどの支援金で、日本から向かうには渡航費の負担が大きすぎる。

前回のバボ村の報告を見ても、彼は優れた調査能力と行動力を兼ね備えている。俳優となってからも、あのスマトラ沖地震の津波被害でいち早く行動した。緊急支援にはうってつけの人物だ。

事件から約1カ月後、矢野氏は再びバングラデシュに飛んだ。

緊急支援が行なわれたのは、被害の大きかったコックスバザール県の5カ所の仏教寺院。この時、矢野氏を全面的にサポートしたのは、アウンを中心に、ビプロップと数人の少数民族ジュマのメンバー達だった。

具体的な支援内容と被害状況は翌年伊勢が訪問した記録と合わせ記すが、この時、矢野氏とジュマの「四方僧伽バングラデシュ」メンバーは、まる2日間、へとへとになりながら日本側の誠意を運んでくれた。

NO54 バルワの自爆

この時の支援活動にバルワの「四方僧伽」メンバーの参加は1人もなかった。それは、ある事件が原因である。

日本側が用意した緊急支援金をめぐってバルワ側のとった行動は、ほとんど裏切りに近く、彼らの進退を決定することとなる。

2013年4月、バンコクの夜。俺は、カオサンにある日本料理店で矢野氏と飲んでいた。そこで半年前の緊急支援で、いったい何があったのかを詳しく聞いた。

結論を言うと、「四方僧伽ジャパン」から送金された支援金を、アシッシとシャンガプリヤ僧侶らが横領しようとした。この送金に関わったのは俺と当時事務局長の上川氏である。支援活動の中心者であり、日本側に緊急支援を要請したアウンとは、送金に関し幾度もやり取りしていた。アウンの口座に振り込めば手っ取り早いものを、あえてバルワの顔を立て、シャンガプリヤ僧侶の口座に振り込んだことが事件の発端となった。

「四方僧伽バングラデシュ」全員が集合し、支援の取り決めをする大事な日に、バルワのメンバーは、誰一人参加せず連絡もなかった。日程もバルワメンバーの都合に合わせて決められたにもかかわらずだ。それは意図的とさえ思えたと矢野氏は語る。

矢野氏のスケジュールもあり、アウンは必ず集まるよう何度も念を押したという。ようやく繋がった電話で、シャンガプリヤ僧侶は、アシッシの指示で日程が変わったので参加しないと、一方的に変更を告げたそうだ。その理由として、「今はその時期ではない。焦ることはない。時間はある」と言ったらしい。

変更したのならしたで、なぜ連絡をしてこなかったのか！　こちらは集まって何時間も待っていた……と、矢野氏を含めジュマ（少数民族）のメンバーは言う。

矢野氏の滞在は短く、出国の日は決まっている。日本から送金された支援金はシャンガプリヤ僧の口座だ。したがって金を握っているのはバルワ側であり、矢野氏がいなくなれば、彼らの自由になる。支援をするにしても、自分たちのやり方で使える。そのため温存を計ったと考えるのが自然だろう。

そこで矢野氏が取った行動は、意表をついた抜き打ちだった。バングシャ僧侶を伴い、雲隠れしないようアポなしで朝早くシャンガプリヤ僧の寺に押しかけた！　その時、金を取り戻すための矢野氏の戦略は「被災地での支援に、いつ、どことどこの寺にいくら使うかをすべて決定した。今晩から実行することになっている」と。

断る理由がない僧侶は、寺院の金庫から金を取り出して、矢野氏に差し出した。

以上が矢野氏から聞いた話だが、このことは事前にアウンやビプロップからも聞いていた。この日裏が取れたということだ。アシッシおよびシャンガプリヤの行動と企みは、隠しようのない事実となった。

すでにシャレにならない言動に、これまでのように団結だの慈悲だのと言っていられる事態ではなくなったのだ。

俺はバンコクで矢野氏から話を聞いた後、その足で翌日にはバングラデシュに入ることになっていた。仏陀バンク視察のほか、前年矢野氏らによって実行された緊急支援のその後の経過視察を兼ねるためだ。

渡航に向け、今回の取り組みにどういう姿勢で臨むか、俺なりの心構えを決める必要があった。矢野氏のアドバイスは、俺自身の考えと一致し、迷いを晴らし思いあぐねていたことに終止符を打った。彼の言葉は「けっして両者の仲を取りもとうなどと思うな」だった！


その時の思いをここに記しておく。

ベンガル系バルワ族の「四方僧伽」メンバー、特にアシッシ、そしてシャンガプリヤ僧に関し、徹して私情が入らぬよう、何もなかったように接する。

両者の修復を取り持つことは逆に憎悪を深める恐れが大きい。したがって、必要とする事項以外、あくまでも最低限の接触にとどめる。

現段階では、それがお互いの関係を悪化させない最良の策である。

NO55　破壊された寺、そして仏陀バンク

ホルタルという名のゼネスト

ダッカに着いた翌日、その足で被害の多かったコックスバザールに移動。緊急支援が行われた、倒壊した寺院の集中するラム（LAMU）地区を視察するためだった。

この時期、ホルタルと呼ばれる全国規模のストライキが起き、交通機関はほぼ麻痺していた。あちこちに長いひげを生やし、円い帽子に上から下まで白い服を着た活動家グループが、こん棒を持って集まっているのに遭遇した。スト破りのタクシーなどの車両が囲まれ、ドライバーが引きずり出され、こん棒で叩かれ大怪我をするなど、穏やかでない事件が相次ぐのも、ホルタルの名物である。国中がきな臭い空気に包まれていた。

翌日の朝、モーターリキシャ（三輪車）で事件のあったラム地区に向かうが、ストライキのせいで道が封鎖され、途中幾度も歩かなければいけなかった。大勢の人が歩いていた。それも男ばかり。ストの時期は女性はほとんど外出しない。皆ピリピリしており、ちょっとしたことで小競り合いが起きているようだ。

すれ違う人々のこちらを見る視線が敵意に満ちているかのように冷たい。

一緒に歩く先住民のアウンと外国人の俺は、容姿が違うのでやたら目立つ。アウンに向かって口々に何か不満を投げかけていた。アウンは無口になり終始緊張ぎみで、帽子を深くかぶり、ジュマであることを気づかれないようにしている。

仏教徒であることも、こういう空気の中ではリスクになる。アウンが言うには、伊勢のことはみんなジャーナリストだと思っていて、海外メディアの不満を言っていたやつもいると。そう思われることは逆に安全だと言う。この時期、この地で、でかい一眼レフを2台も担いで小走りに歩いていればジャーナリストにしか見えない。

ストライキは突発的に起こり、断続的に繰り返される。翌日から再び48時間のストライキで身動きが取れなくなることがわかった。そのため、この日1日で、前年被害に遭い「四方僧伽」による支援の行われた寺院をすべて回らなければならなくなったが、矢野氏が半年前訪れた時に雇ったリキシャ（三輪車）のドライバーが状況を把握しており無事に回ることができた。

最初に訪問したウー・セイン・チェイン・ラカイン寺は、名前の通りビルマ系仏教徒ラカイン人信者を多く集める。地域住民には、とても親しみがあり、仏教徒と子どもの頃から暮らしてきたイスラム系住民なども訪れる。

被害は正門が焼け焦げ、墓地が荒らされるなど暴徒の行為が残っているものの焼失は免れた。

残念なことに老齢の住職は事件の後、心労で病気になり現在はミャンマーの病院に入院中だ。寄付総額8万タカ、そのうち4万タカは、墓地の壁の修復費に使われ、残金は檀家を中心にすでに始まっていた仏陀バンクの原資として4名の受益者に渡り、倒壊したお店や薬屋の修繕に利用されていた。いずれは子ども達の教育費などに充てたいと語る。

ウキヤゴナ寺は、町の中心から田舎へガタガタ路を1時間あまり走った所にある。本堂を含めすべて破壊、焼失、ほぼ跡形もない。ほかに2件のお店が破壊。周りの仏教徒住民たちも、100余りの住居のうち66住居が破壊・放火され壊滅的だ。この地域は水の便が悪く、米がとれるのは1年に1回、天水に頼る農業。地下水もないという貧村。町から孤立し、離れているため、狙われやすく被害も大きかった。放火の際、消火に使えなくするため井戸までも壊されていた。

救いなのは、地域の代表とジュマの住職のがんばりで、支援金と各地から集まったドネーション（寄付）を合わせた総額19万タカを仏陀バンクの原資とし、すでに40人の住民に貸し出されていたことだ。

ここでも前年の矢野氏とアウンの努力が実っていた。

また支援金の一部は仏像用の塗料、そして寺の貴重品や備品を入れる鉄製の頑丈なセーフティーボックスの購

修復中の寺院と破壊された仏像

入に使われた。それらは次の破壊行為に備えてにほかならない。

次は、ジマビハール寺。ここはラム地区のなかで最も大きく、権威ある寺だという。バルワ系仏教徒の信仰の中心である。

本堂は焼失し、大量の教典が灰となり、無惨にその残骸が山積みされてある。その横には鐘や鈴などの仏具が焦げたまま転がっていた。中庭には炎上した車が放置されており、数体の仏像が首をはねられ倒れている……。

住職のシオプリオ僧と秘書のトルン・バルワという人物に面会した。秘書曰く、「四方僧伽」から受け取った5万タカは、瓦礫の片付けや、寺や壁の修復などに使ったという。詳細を記録したものを見せて欲しいという問いには、今晩調べて電話すると返答されるが……。

仏陀バンクに関しては乗り気じゃなく、というより全く興味がなさそうだ。

「そんなはした金で何ができる！　どうやって受益者を選ぶんだ？」

そんな討論が続き、必死に説明するアウンも落胆の顔を隠せない。あげくの果てには、「必要なら5万タカ、耳を揃えて返す！」とまで言われる始末。

アウンも諦め、俺に向かって小声で言う。「ゴー（行こう）、ノーソルーション（これ以上話しても無駄だ）！」

前年の矢野氏の報告では、すべての支援金を渡してくれれば機能的に全寺に配るという提案がこの寺から出された。「四方僧伽バングラデシュ」は、もちろんこれを拒否。それはバルワ系の寺が支援を通じて各寺の頂点に立つという構図に加担することになると、矢野氏が判断したからだそうだ。

その時の対応をしたのもこいつだ……。

ここは大きな権威のある寺だけに多くの支援団体や内外の信者から多額の支援金が集まっていたようだ。建物は修復というよりほぼ新築工事といった感じだった。大勢の軍人が警備で駐屯し、寺の修復も行なっていた。

われわれの寄付など、金額に換算するほどもないかのような物言いだ。寺院においてもバルワ系とビルマや少数民族ジュマとの気質の違いなのか……。

この襲撃事件は海外からの非難と強い圧力を受け、バングラデシュ政府は全面支援を決め、寺の修復と、全被災者家族に1世帯30万タカ（約35万円）を支給した。その費用として総額1億2000万タカの予算をつけた。これは日本円に換算すると低いように見えるが、平均月収5000円以下の国ということを考慮すると、破格の支援金と言える。

その後寄ったザディバラ寺は、アシッシの親戚も住んでいるバルワ系が多く暮らす土地。

本堂焼失、大小数十体の仏像が黒焦げになったまま祀られており、本堂中心部に火柱が上がった跡が残る。支援金の2万5000タカは村のオーナー（地主）と呼ばれる村長により、住人24家族に支給されていたが、その対象は暴徒に家屋を壊された被害者ではなく、地域に暮らす貧しい人々に渡されていた。したがって、こちらの意図した緊急支援として使われてはいない。

訪問時、ブオン・バルワと名乗る村のオーナーが家に寄れと強引に誘うので、時間がない中で立ち寄ってみる。と、そこには驚いたことに、数時間前に訪れたジマビハール寺院の秘書官トルン・バルワがいた。支援金の5万タカ、耳を揃えて返してもいいと言った、あのふてぶてしい秘書は、村のオーナーの兄だった。そしてここザディバラ寺の秘書も兼ねていた。そういうわけでドネーションが使われた記録、明細書などは、どちらの寺も彼の管轄であるため、報告の期待は難しい。案の定その後連絡は来なかった。

帰り際、「ドネーションをありがとう。ウェルカム、いつでも来て下さい」と言うものの、「マネージメントはわれわれでするので口出しするな」と言っているかのようだった。

ディポンコフ寺はウキア地方という、ラムから2時間、遠く離れた土地にある寺院。騒動の2日目に襲われた地方で、ここも本堂が焼失し、焼失した寺の横に新しいのが建設中で、7割方できていた。

住職と村の代表は、「四方僧伽」から受け取ったドネーションをどう使ったらいいかわからず、全額銀行の口座に入れたままにしており、「四方僧伽」の人間が来たら相談し、場合によっては返すつもりでいたという……住職が言うには、お金がきちんと返済されない事態が起きることを恐れ、始められないということだ。

そこで提案し、数日後、その週の金曜日に村人を集めて仏陀バンク説明会を行うことに。そして、当日の夜、5人の受益者が生まれた。

われわれは失敗してもいいとは言わないが、それは結果なので心配要らない、と激励した。それにより「四方僧伽」の支援が行われた仏教寺院のうち3カ所で仏陀バンクが始まった。いずれもジュマ（先住民）及びラカイン（ビルマ人）の寺院。残念ながらバルワ系の寺では始めることはできなかったが、当初の目的である緊急支援を兼ねた仏陀バンクの展開は実行された。

襲撃を回避した寺院

他にも幸い被害は受けなかったため寄付は実施していないが、同じラム地区にあるデチュアパロング寺院でのこと。25年間奉仕する聡明な住職は語った。昨年の暴動の時、ここにも暴徒が寺を破壊しにやってきた。その動きを事前に察知した僧は、方々に連絡を取り招集をかけて暴徒から寺を守ったのだった。

対策として始めていたのがスツゥーパ（仏舎利塔）の建設だった。その理由というのは、襲撃および破壊事件以来、軍や警察が、過激なイスラム教徒（ジマイスラミックス）の行動に目を光らせており、今度また同じような建物や施設の破壊に加担した場合、政府から報復されることになるらしい。したがってある程度の規模の建築物がある方が抑止力となり安全だと言う。

また印象に残ったのが、コックスバザール市内にあるアラカンの王様が建てた４００年の歴史を持つ由緒ある寺。この辺は以前はアラカン王国の一部であり、歴史があるだけに明らかに重要文化財といえる重厚で貴重な建物が多く残り、観光名所ともなっている。

被害はなかったが、ここも大勢の暴徒が襲撃に押し寄せた。

事件の日、寺院を守ったのは地元のベンガル人であり、イスラム教徒の住民達だった。彼らは勇敢にも大勢が暴徒の前に立ちはだかり、追い返したということを聞いて感動した。

この地域には古くから共存し時間をかけて築き上げた仏教徒とイスラム教徒との深い信頼関係があるからだという。

陰惨

この時に見た、破壊または火をつけられた仏像は大小あわせて数百体を超え、教典、仏画、仏具、さまざまな宗教的奉納品、僧衣などなど、信仰にまつわるもの全てが破壊の対象となり、その多くが灰となった。

異教徒への見せしめなのか、政治なのか、よくわからないが、敬虔な信仰者にとっての精神的ショックは計りしれない。

昨日まで手を合わせていた祈りの対象、願い、心のよりどころが消え去り、哀れにも首をはねられ、焼けこげて地面に転がっている仏像もある。はたから見ていても、そのむごたらしく悲し過ぎる光景に言葉を失う。多くの人に深く重い傷を残したことだろう。

それはいつか、形を変え行為をした者へと還ることになる。

NO56　破壊と放火再び

全ての支援地域を訪問した数日後、チッタゴン市に戻った俺は、バルワ族メンバーのアシッシとアヌパンとホテルで夕食の席を持った。

彼らへの対応に、入国時から一貫して知らず存ぜずのポーカーフェイスを決め込んでいた俺だが、話題がラム地区での寺院破壊と昨年の緊急支援の話に触れた時、アシッシは、俺が何も知らないと思ってタカをくくったか、「彼ら（アウンなど先住民メンバー）は、何もしてないですよ」と言い、さらに「日本からのお金は、被害を受けた寺や被災者には使われてないですよ」と白々しく言い出した。

俺はそれに対し表情をいっさい変えず、「ちゃんと使われていましたよ。先日実行された全ての寺を回り、支援を受けた当事者に会って確認してきましたから」と淡々と伝えた。

アシッシ、ポカンとした顔……。

さらにその中の2カ所、ラカイン族の地域で、すでに仏陀バンクがスタートしていることを伝えると、

「なに、いったい誰が！　いつ始めたんだ!?」と、アシッシとアヌパンは腑に落ちないという

不満げな顔で言った。

「昨年矢野氏が現場を訪問した際に始めたんですよ。すべて矢野さんのレポート通りでした」

そう伝えると、バツの悪そうな対応。情報シェアが全くされていないことが露呈されただけじゃなく、事実を塗り替えるその姑息さ……。

俺の腹は決まった。こいつらとは終わりだ……。

翌日はバルワ系の仏陀バンクのサイト（活動地）全3カ所を一気に回る予定だった。が、変更を余儀なくさせられる出来事が起きていた。

再び暴徒の襲撃による寺の破壊、放火事件が起きた。つい先月もジュマの村では放火で19軒が全焼した事件が起きたばかりだった……。

今度は場所を変えてチッタゴン市からわずか20キロの場所だ。翌日現場に向かった。

被害を受けた1カ所目の寺院では、仏像が焼かれ、コンクリートの壁が砕かれ、はめ込まれてあった浄財の入った金庫が盗まれた。

2カ所目は、そこからさらに20キロ。1930年に建てられ、ブッダの骨が祀ってあるという由緒ある寺。

だからこそ狙われた、と言ってもいいだろう。寺院内にある孤児院も30年以上の歴史があるが、これまで、こんなことは1度もなかったと言い、住職は動揺を隠せない表情だった。

この寺院にも孤児院を含め幾つかの施設がある。暴徒は住職の部屋に火を放った後、住人に破壊を邪魔させないために正面入口から入ってすぐの所に建つ孤児院の宿泊施設を炎上させた。それはすぐに逃げられるよう退路を確保するためでもあるという。放火には火薬が使われ強い臭いが残っていた。

焼けた住職の部屋も含め施設全体に一気に火が回ったことがわかる。火薬を使うと、こんなにも激しく、おぞましい焼け跡になるのかと足がすくんだ。

特に孤児院の寮は天井の一部が焼け落ち青空が見えていた。激しい炎と煙が高く舞い上がった様子が見て取れる。

前年のラムでの事件の後、暴徒は比較的、平坦で広く、警備の甘い地域を狙うようになり、すでに3回も起きていた。アシッシ曰く、政府や警察が加害者に対し厳しい罰を与えないからまた起きるのだと語る。さらに陰で大きな組織が扇動しているようだ。

わずか3日前の出来事で、みな動転しており、救済を願うことに必死である。最も心配なのは今後の安全対策で、対応にみな神経を尖らせていた。そのため1日も早く頑丈な塀《へい》を築かなければと口々に訴えていた。

燃えた経典と仏具（ラム地区）

放火された寺院内の孤児院と住職

NO57　来た、その時が

夕方その足でシャンガプリヤ僧侶の寺に立ち寄る。実際はむりやり連れて行かれたという感じだが……。そう、あの建設中の5階建てビル、いや寺だ。

見たところ完成にはまだ遠いが1階は完成されており、すでにそこで暮らしていた。真っ白な大理石の広いグランドフロアに設置された金箔を塗ったかのような住職（シャンガプリヤ）の椅子に君臨する彼の姿は、まさにパレスの王のようだ。

俺は社交辞令で訊いた。「どうですか、その後の進行具合は？」

待ってました、とばかり返答するシャンガプリヤ僧。「今日なんてね、ある信者さんが便所の建築費に10万タカ寄付されたんですよ！　それがね、便所は最も大切な所だから、この金は便所以外に使っちゃだめだって言って、その信者さん譲らないんですよ……いや〜参りましたよ、はははは」

この坊主全然変わっとらん！　そんな見え透いたアピールをしても俺は寄付なんか、絶、絶、絶対にしないからなぁ……と、心でつぶやく……。

彼からまず訊かれたのは、今回の訪問でバルワメンバーの管轄する仏陀バンクのサイト（活動地）での原資の追加はあるのか？　という質問。俺は間髪入れず、「ない！」と答えた。

一瞬その場は沈黙……。

その後は、案の定、頭の痛くなるような苦情と要求が待っていた。「四方僧伽バングラデシュ」による、全ての行動と、その内容に関し、組織を代表するシャンガプリヤ僧に、報告する義務があると通達される。それはほぼ命令に近い言われ方だった。理由は、政府の監査が入った時に説明義務があるからだという。

全て人任せのわりには、権利だけはしっかり……というよりも、必要以上に要求してくる。便宜上、ヘソを曲げないようにシャンガプリヤ僧を代表にしただけだと認識している。だが、その立場を利用し、全てを彼の手元で運用し、利権と影響力を強めようとする狙いがある。困ったことに、そうとしか思えない。ＮＧＯ登録がなされた時、登録証票では、あくまでも非営利の活動しか認められていない……人道支援を目的としたＮＧＯなんだから当然と言えば当然……したがって営利目的、ビジネスには使えない。ところが、それはシャンガプリヤにとって大きく思惑が外れたようだ。ずいぶんと不満を漏らし、その全ての責任をアウンに擦り付けていた。

アシッシも含め「四方僧伽バングラデシュ」が法人として認可された暁には、合法的にビジネスに結びつけることを模索していた節がある。その腹の中を、この日はっきりと認識した。ここで俺の決意は不動のものとなる。

……こいつらとは終わった。

NO58　ラカイン人の土地へ

2013年4月8日

俺はコックスバザール市に宿を取っていた。前年矢野氏により仏陀バンクが始まっていたラカイン難民の暮らすバボ村に出向く。

デモと道路封鎖の状況次第で出発するつもりで待機していたが、ホルタル（ストライキ）が相変わらず行く手を阻んでいた。

外国人の伊勢1人でバボ村に向かうのはリスキーだと判断したアウンは、バボ村にいたス・ランを伊勢が泊まっているコックスバザール市に向かわせていた。アウンは仕事のため夕方いちどバンダルバンに戻ったが、その途中彼からの電話で、あちこちで反政府活動家による道路封鎖があるため3時間の道のりが6時間かかり、現在30キロ手前で立ち往生しているという。

嫌な予感がした。大丈夫だろうか……。

翌日の連絡で、前の夜アウンが家に到着したのは12時半で、7時間かかったと言う。驚いたことに予感は的中した！　この時のアウンの乗っていた車は彼のほかに8人が乗り合い乗車していた。その車両が一時停止の時、スト破りを狙った。こん棒を持った4、5人の暴徒が車に襲いかかり、フロントガラスを破壊した。窓ぎわに乗っていたアウンは、いち早く車を脱出したため被害はなかったが、そのあと、かなりの距離を歩くことになった。

「運が強いね」との俺の問いかけに、「人々のために尽くす善良な生き方をしていれば神や仏に守られる」とアウンは言う。

ラカイン人の地

その翌日から3日間、ラカイン人の地区訪問では、仏陀バンクを彼らに広める中心となった人物ス・ランと行動を共にした。彼は元NUPA(ユナイテッド・パーティー・オブ・アラカン)のメンバーであり、またHREID(ヒューマンライツ・エデュケーション・インステチュート)のメンバーとして3年間タイに赴任して子ども労働者の調査をするなど、高い能力と経験を持っている。

そこはコックスバザール市から16キロ、以前はアラカン王国の一部であり、ミャンマーのラカイン州と繋がっていて、暮らしている人もラカイン族である。ラカイン人とアラカン王国は密接な関係にあり、古くから暮らすラカイン人がアラカン王国を築いたため、アラカン人とも呼ばれている。バングラデシュとしてパキスタンから独立する時、イギリス政府による決定で、ナフ(Nef)河を国境に、現在のミャンマーとバングラデシュに分けられたため、以前から君臨していたアラカン王国は分断された。

したがって、皮肉なことに、以前からここに暮らすラカイン人はミャンマー難民である。この地域で活動するス・ランとその仲間達は政治色が強く、88 Generation（88ジェネレーション）のメンバーであり、さらにLupister（ローカル・ユニティ・ピープル・プルインステチュート）という教育に力を入れたNGOを運営。学校があり、そこにはラカイン人の子どもが大勢学んでいた。

88ジェネレーションとはミャンマーの軍政に抵抗する政治グループで、多くのメンバーが政治犯として投獄されており、世界の人権団体が釈放を訴えている。

この2つは同じグループで、ミャンマーのラカイン州から亡命した活動家により構成されている。ミャンマーが民主化の動きがある今こそ、亡命ラカイン人及びジュマやビルマ族（一般にエスニック以外のミャンマー人を指す）がまとまるチャンスなのだとス・ランは熱く語る。したがってミャンマー国内での仏陀バンクをスタートさせられる可能性も今なら高いと、目を輝かせる。

「将来必ず実現させよう」と、このとき固い握手を交わしたことが忘れられない。

バボ村の仏陀バンク

ス・ランは37歳、ビルマ（ミャンマー）から出てきたのは2歳の時だという。妻と2人の子どもがいる。家に立ち寄ると、生まれたばかりの赤ん坊を抱いた感じのいい若い妻。驚くほど若く美人だった。壁にかけてある結婚式の写真、ラカイン族の衣装で正装した2人の初々しい姿、そ

ス・ランと妻（結婚式の写真より）

こから湧き立つように放たれる民族の伝統と慣習がなんともノスタルジックだ。何年前か知らないが、写真当時、なんと幼い花嫁か……こいつ犯罪やろ！

この土地の僧侶は残念なことに仏陀バンクには全く興味を示しておらず、それどころかミャンマーから難民となり入植したラカイン人に対し差別意識が強く、協力は期待できそうにない。しかし訪問で一番の大きな収穫は、すべての受益者の家庭訪問ができ、仏陀バンクがどのように生かされているか、直接この目で確認できたことだ。

ババボ村の主な産業は焼畑による農業。ほかにバナナ栽培、豚の飼育など。

ス・ランは広い土地を所有していて、バナナ栽培を始めた仏陀バンク受益者全員に土地を無料で貸すなど、仏陀バンクにかける意気込みは本物のようだ。

NO59　アラカン革命軍の村

ス・ランのたっての願いで、亡命ラカイン人の反政府ゲリラ（ミャンマー）とその家族のコミュニティに向かう。昔からそこに暮らす、幾つかのまとまったラカイン族の集落があるナチャオソリタナ県のドショパラ村である。

そこでは散らばるように、30年ほど前からミャンマーのラカイン州から亡命したアラカン革命軍の元兵士と家族ら20家族ほどが、難民となり、ひっそりと暮らしていた。

反政府ゲリラと言うといかにも危険で攻撃的なイメージがあるかもしれないが、もとよりミャンマーは軍事政権である。ラカインのほか、カチン、モン、カレン族など、数あるエスニックに長い間、武力で従属を強制してきた。それに対し文化や言語など民族のアイデンティティを守るため、自治権を求め抵抗してきたエスニックの対抗勢力に、反政府勢力とか反政府ゲリラというレッテルを貼って、自らを正当化しているのが実情である。

それらはチッタゴン丘陵地帯に暮らすジュマや、中国のチベット、ウイグルなどと同じ構図だと言える。最近では体制側がテロリストなどという言葉を悪用し、彼らを非難し国際社会の承認を得ようとする傾向も強い。実際は権力と力を手にした体制側がやっていることのほうがよっぽどテロ行為だったりする。ここで暮らすアラカン革命軍難民は、まさにその被害者と言えよう。

ラカイン族のドショパラ村

メンバーの1人の小さな小さな家で、15人程で仏陀バンクの集会を開いた。これまで集会をおこなった会場の中でも、最も狭く質素な室内だった。まるで地域の中で彼らの置かれている立場を象徴しているかのようだ。

リーダーで元将軍のモンソウインさんは、こちらに来て25年。1970年代に家族全員を殺され、彼も脚を銃で撃たれ自由には歩けない。当時たった1人でこの村に逃げてきたという。話によると、彼の妻、兄と妹、そして娘、全員が暴行され、拷問を受け、そして殺されている。それも見せしめのため、住民全員の見ている前でだそうだ。

ほかにも、左手を銃で撃たれ自由の利かなくなった元軍曹。その場にいた中年女性3人は、旦那さんを戦争で失ったり、刑務所で亡くした未亡人である。20年以上の亡命生活を強いられている人も多くおり、以前からラカイン人が定住しているこの土地で、肩身の狭い思いで暮しているという。

ラカイン難民コミュニティと仏陀バンク説明会

リーダーで元将軍のモンソウインさん

難民認定を受けている者はわずかで、当然国籍もなく、ほとんどの公的サポートはない。国籍を持っているのは95年以降にこの土地で生まれた者だけである。機会を待ってミャンマーに帰還することが、唯一彼ら彼女らの望みなのだ……しかしもうみんな年を取っていて、疲れた印象を受ける……。

矢野氏の言葉を思い出した……柵のない難民キャンプ、見方を変えると最も無防備な難民。

実際に見たところ、以前から暮らすラカインの人たちに比べ、明らかに厳しい生活を強いられている印象を受ける。ス・ランが言うには、彼らは何もない、仏陀バンクだけが今は救いなのだ、と。

亡命難民を束ねるリーダー、元将軍のモンソウインさんは信頼も厚く、少人数なだけに結束も固い。初めはこの難民コミュニティの中で仏陀バンクを始めるが、のちに村落全体に浸透させせたいと語る。

長い共存生活で、協力関係こそが生き延びる道であることをよく知っているのだろう。こういう所こそ、最もブッダバンクを必要としている。また、こんな人達のために仏陀バンクが存在するのかもしれない……。

仏陀バンクミャンマーに向けての一歩

ところが村を出た後で残金を調べると、プロジェクト費は底をついていた。

「ぜひ始めましょう。仏陀バンクを成功させましょう」。潤んだ目で熱い握手を交わし、ドショパラ村を後にした俺だった、今さら中止だなんて言えない。将軍の威厳ある姿が目に浮かぶ。そして家族を全員殺された深く悲しい眼が、残像となって脳裏に映し出される……失望させるわけにはいかない。

その夜、チッタゴンで、アウンと会い事情を伝えた。すると彼は快く資金を立て替えることを申し出てくれた。

新たな領域で、また1つ仏陀バンクが立ち上がった。

数年後、結論として矢野氏が言った「動かされやすい人々」は現実のこととなる。ミャンマー民主化の動きが強まり、エスニックグループによるビルマ軍との相次ぐ停戦。ラカイン族の亡命コミュニティは相次いで消えていった……。

その後、音信は途絶えたまま。だがこのことは、彼らにとって悲願がかなったということで、けっして悲観する必要もない。仏陀バンクがその夢を支えるために少しでも役に立ったのであれば本望と言える。「四方僧伽」が伝えた救済と自立支援を可能にする類い稀な循環システム、仏陀バンクまたはその同類なものが、ミャンマー国内で生かされることを願う。

厳しい暮らし

記念撮影

NO60　バルワの姑息な動き

そんな中、「四方僧伽バングラデシュ」役員の1人、バルワ族のアヌパンからアウンの携帯に電話が入る。「伊勢は今どこにいるか知らないか?」アウンは俺の顔を見ながら話す。「さあ、たぶんラカイン族のス・ランの所だろう」としらばっくれる。

アヌパンから電話がある時は、きまってアシッシが裏で指示しており、伊勢とアウンの動きを探っている。面倒を避けるためアウンはそうやってはぐらかしていた。

だが今回は少し違った。電話の目的は、アウンへの会議の参加要請だった。アヌパンによると、6日後の4月18日、伊勢公認のもと「四方僧伽バングラデシュ」の役員会議を開くことを決定したので、必ず参加するようにという半は強制的な要求だった。

そもそも伊勢公認って、当人の俺は何も知らされてない……。

アウンはすぐに偽りと見抜き、その日は仕事で出席できないと伝える。それに対しアヌパンは、出席しないのであれば欠席証明書にサインしろと要求した。そこまで要求するということは、欠席証明書が委任状を兼ねていると思うほうが自然だろう。会議の決定事項に異議は言わせないということだ。

同じ内容の電話が、役員のビプロップとスノモジュテ僧侶にもあった。ビプロップも18日は伊勢がランガマティ県にいる予定になっているので、おかしいと思い、出欠の返答を濁らせた。また同日はスノモジュテ僧と彼の担当するナランギリパラを訪問することになっていたため、アヌパンから連絡を受けた彼は混乱し、アウンに確認の電話を入れたのである。

なぜアヌパンが招集をかけているのか？　後ろで糸を引いているのはアシッシであることは疑いの余地はない……その影に黒幕のシャンガプリヤ僧。

この時アウンはついに心のうちを明かした。

これまでのバルワ側の行動と、前年起きた、破壊された寺院の緊急支援における裏切り。ついに呆れはて、堪忍袋の緒が切れた彼は、もう彼らとは関係を持たないと決めていた。そしてアシッシおよびシャンガプリヤのテリトリーでの活動を続けるなら自分抜きでやってくれと、その意思は固いのだった。

バルワ期待の星

こうなることは想定しており、初期メンバーであるバルワ、とりわけアシッシとシャンガプリヤ僧の影響力をいかに弱めるか、その対策は始めていた。

イスラム教国家バングラデシュで1パーセントに満たない仏教徒がアイデンティティを守り、公平な人権を勝ち取り生き抜くには、ベンガル人仏教徒バルワ族とジュマ（エスニック）の協力関係は必須であり、それを繋げるパイプ役が「四方僧伽」の使命であることは前にも書いたとおり。したがって2つを分けることはできない。とは言えバルワにはいろいろなグループがある。なにもアシッシやシャンガプリヤでなくてはならないという道理はない。彼らを切ることはしなくても他のバルワを受け入れ存在感を薄めることは可能だと、すでに人材をあたっていた。

1年ほど前にさかのぼる。当時「四方僧伽ジャパン」の事務局長で初渡航を果たした上川氏と共に、ある有力候補と思われるバルワ族の男性に面会した。その方は日本に滞在したこともあり流暢な日本語を話す。日本に知人が多く、人材探しで網を張っていたわれわれのホームページにヒットした。こちらからの問いかけに手応えのあるレスポンスで、この日面会にこぎ着けた。場所はチッタゴンのある大学の敷地内にある、学部長、僧侶のキャンドラ（仮名）教授の専用室である。

中に入ると、そこは大きなガラスドアで仕切られた応接間になっており、大理石の床に、真鍮をあしらった照明、質の高そうな仏像や絵画などの美術品が飾られ、大きな花瓶に花が生けられている。ショールームのような洗練された室内はバングラデシュとは思えないほど……そこへ美しいサリーを纏った秘書の女性がお茶を運んでくる。日本の大学でも、教授と呼ばれる人の部屋に何度か出入りしているが、私立の学長室でもこんなに洒落てはいないだろう。

そんなに凄いのか、チッタゴンの大学の学部長とは……。

話を聞いていて、実績と実力を考えると、納得せざるを得ないものがあった。教授は日本の大学で教鞭をとっていたこともあり日本語がベラベラ、さらに少し前まではタイのバンコクにある大学で仏教学を教えていた。

興味深い傾向として、ここバングラデシュの社会では、国を出てタイに暮らすことがステータスになっているらしく、タイが目標とする国でもあるらしい。ほとんどの教育者がバングラデシュを出てタイで暮らすことを希望しているとか。

このキャンドラ教授はそれとは逆にタイからバングラデシュを改革するために、あえて戻って来たのだと言う。

チッタゴンの大学に来てわずか3カ月で学部長に抜擢された彼は、腐りきった学部内の慣習を、苦労に苦労を重ねて改革したと話す。

受けた印象は偉ぶらず気さく。なんと言っても日本語ができるのは魅力だ。地域通貨やマイクロファイナンスなどの金融にも詳しい。この教授が仏陀バンクをどう見るか。

この時は時間がなく挨拶だけだったが、いずれ関わってくれれば有力な知恵袋になるだろうと、われわれは大きな手応えを感じ、期待を膨らました。

面会から半年後、われわれはその機会をセッティングした。2013年6月開催予定の「四方僧伽」国際会議への招待だ。バルワメンバーの不審な動きを得て、予定していたシャンガプリヤ僧侶の参加を取りやめ、代わりにキャンドラ教授をバングラデシュのプレゼンターとして開催地バンコクに呼ぶというものだった。同時に、これを機に彼を「四方僧伽」および仏陀バンクに引き込み、同じバルワ族のアシッシとその取り巻きの力を中和するという狙いである。

期待の星、驚愕の期待はずれ

が、しかし、良くない評判を聞き、この話は思いとどまることになる。

矢野氏を通して聞いたバングシャ僧の話では、キャンドラ僧はトップクラスの僧侶としての学識と権威を利用して外国の多くのドナーからドネーション（寄付）を引っ張り、肥え太った僧侶だという。多くの支援金は現地には届かず彼の懐に入ったとか……。

あくまでも間接的な話なので、アウンの意見を聞くようにとの矢野氏からのアドバイスを受け、後日アウンに確認。結果は同じ意見が返ってきた。

翌年その話を裏付ける出来事があった。

そこはラグニア地区、バルワ系仏教徒の村落がたくさん集まる地域。後に仏陀バンクの村が多く生まれることになる土地である。

初めて視察に入った時のこと、集落をまとめる寺院のスマンガル住職に仕えるベンという若い僧侶が終始サポートしてくれた。彼は、1年前、日本に3カ月ほど滞在し、ほんの片言だが日本語ができる。もちろん英語力も抜群。アウンを交え多岐にわたって話しているうちに、とんでもない事実が発覚した。

若いベン僧は、アメリカに住むバングラデシュ人の僧侶の紹介で、日本に滞在中に東北にある寺院の住職、北里（仮名）僧侶に世話になっていた。彼が北里さんから聞いた話によると、北里さんは支援として、バングラデシュの、とある地方に学校を寄贈するため、総工費及び教師の雇用、教材などの費用、日本円で８００万円を、あるバングラデシュ人の僧侶の口座に送り事業を託したという。ところが学校建設はおろか、お金はすべて消えたそうだ。

はじめは、とんでもない坊さんがいるもんだと聞いていた。彼も名前は明かさなかった。そこでピンときたアウンが、ベン僧に問いただした。「その僧侶の名は、キャンドラじゃないのか？」と言ったとたん、ベン僧は驚いて顔色を変えた。

その僧侶はやはりあのキャンドラだった。日本から多額の支援を受け、私物化しているという噂は本当のようだ。このことは北里さん自身が学校建設予定地を訪れて確認しているという。

NO61　バングラデシュ在住の日本人僧侶、仏陀バンクを始める

70年代内戦で流出する孤児や未亡人を救済するため、日本人僧侶の渡部天井師により、マハムニ母子寮がチッタゴン州マハムニ村に設立された。以来日本の援助のもと運営されている孤児院である。少数民族やバルワを中心とした仏教徒の子ども120人ほどが現在も住んでいる。

マハムニでは山本氏という若い日本人僧侶が教鞭をとっていた。彼の熱意で2015年にこの地で始まった仏陀バンクは、現在どうなっているかわからず、当人も僧侶という立場を一度離れ、日本に暮らし音信不通である。

そこで将来、後を引き継ぐ人が現れ、復活することを願い、そういう事実があったことを、ここに記録する。

山本僧は自ら望んで3代目を継承する僧侶として、ここ、マハムニ母子寮に赴任していた。まだ36歳と若い彼は日本で苦労して蓄えた貯金を切り崩しながら生活し、無償で働き教育改革などに献身していた。

2014年の話になるが、われわれがバングラデシュに到着した直後、懇談の機会を持つことができた。彼はバングラデシュの事情にとても詳しく、一本気で納得のいくまで追求するタイプ

という印象を受ける。

偶然にも、マハムニ母子寮がある村は、ラグニア地区のすぐ隣であることもあって、仏陀バンク説明会に参加してもらった。ちょうどラグニア地区数カ所で新規開設の村があり、仏陀バンクの運用の現場に触れた。そのとき「四方僧伽」の理念と仏陀バンクの仕組みに強く共感した彼は、驚いたことに自身で資金を出し、マハムニ母子寮で仏陀バンクを始める決意をしたのであった。

そこでその夜、急遽マハムニ母子寮へ向かい、施設の関係者と住職との懇談の席がもたれたのである。

設備の整った大きな寺院、大勢の子ども達、これまでバングラデシュの寺院をいろいろ見てきたが、学校や孤児院を営む施設で、こんな巨大で立派な施設は初めてだった。さすが日本の支援で運営されているだけある。

事務所らしき部屋に住職と、施設の幹部の男性2人が待っていた。

始めは、われわれが何者なのかも分からず、何がしたいのか？　という感じで素っ気ない対応だった。

仏陀バンクの話をしても、「北部の貧しいエスニックの人達に施しをしてみてはどうですか」とか、「法律に引っかかることは立場上関われない」などと、はなから否定的だった。

しかしせっかく山本氏が善意で自腹を切ってまで仏陀バンクを始めて住人を助けたいと決意し

ているのだ。俺としては、はいそうですかと引き下がるわけにはいかない。

そんななか、「四方僧伽」の創立者である井本氏の名前が出た。そう、井本氏は以前ここを訪れていたのだ。そしてマハムニの人たちは彼に対し非常に良い印象を持っていた。これはチャンスと、すかさずわれわれの組織を設立したのは彼であり、仏陀バンクの構想も彼のアイデアであることを伝えた。

そこから状況は一変し、先方も耳を貸してくれるようになり、俺の解説にも熱が入る。仏陀バンクとは、あくまでも慈悲と救済の行為として行なう自立独立の支援であること。名前は仏陀バンク（銀行）だが、原資はすべてお布施で出資者への返金義務もないため、通常の小規模融資のようなリスクはないこと。さらに形はお金だが、信者が感謝のしるしとして寺に供養したお供えや、浄財を、僧侶が弱者に分け与えるのと何ら変わりないと主張した。そして、その根底には、イスラム教国家バングラデシュにおいて、1パーセントに満たない仏教徒が協力し生き延びるための礎となること。それが仏陀バンクであり「四方僧伽」が目指すことなのだと。

その熱意が通じたのか、彼らの目つきが変わり積極的に検討を始めた。最終的にはマハムニ母子寮が責任を持って年明けから実行すると約束してくれた。

この時の山本さんのうれしそうな顔が忘れられない。

我ながら不思議としか思えない。この時の語りは、菩薩が宿ったか、通る明朗な声、迷いのない確信に満ち淡々とした口調は説得力に満ちていた。相手は引き込まれるように聞き入り、返す言葉をなくした。

横で話を聞いていたアウンは俺に向かって感心したように言った。

「お前の説得は、なんとエクセレントなことだろう！」

マハムニ母子寮の裏庭にて

マハムニ母子寮の寺院

NO62　孤児院型仏陀バンク

バボ村から1時間ほどの距離、ズィナマイズ孤児院に2度目の訪問となった2013年4月。校門からメインロードまでは100メートルほどの坂道になっており、その左右両サイドに孤児院の女子生徒全員約40人ほどが、1人1人綺麗に一定の間を空け、並んで立って待っていた。

車を降りた俺は、人間アーチに似たそのまん中を、左右から熱い女子達の視線を一身に受けながらゆっくりと坂道を登る。まるでバージンロードでも歩くかのように、こっ恥ずかしいやら、照れくさいやら。

ズィナマイズ孤児院がある地ラマ（LAMA）郡は、バンダルバン県中央部の西端に近い。訪問の目的はBOBショップか仏陀バンクを始めて欲しいという依頼があったからでもある。

施設は2つの寺院と、小学生世代と中学高校生世代とに分かれた孤児院の複合施設になっている。親のいない子、また、いても育てられない親を持つ中学生、100人ほどの先住民の子が暮らす。訪れたのは中学高校の施設。校内に小さな狭い教室があり、2人の教師がいる。生徒は女子だけで、マルマ族やチャクマ族など先住民の少女たちだ。

ズィナマイズ孤児院の生徒達

寝泊まりする寮は教室のすぐ横に10畳ほどの部屋が3つ。7人ずつでシェアしていた。驚いたことに、何の仕切りもなく、硬いコンクリートの床にビニールシートを引いただけの床、薄い毛布一枚で雑魚寝のように寝ていた。

年頃の子どもがこんな硬い所で寝て身体がおかしくならないのか？　バングラデシュとは言え冬場の朝晩はかなり冷える。時期によっては凍える程寒い。まともな人間ならこれを見て何かしてあげたいと思わないはずはない。

「予算とか、プロジェクト優先とか、言ってられる場合かよ！」と俺の心の声。住職や生徒達の切実な訴えもあり、俺の独断と偏見で寝具（ベッド）の支給を検討することにした。

そのほかにも、孤児院の抱えている大きな問題は電気である。夜になると多い日で3、4時間の停電が起こり勉強にならない。ソーラシステムを利用する方法が最も現実的であり、リース料は月々メンテナンスもありさほど高くない。だが、そのための保証金が莫大だという。

院長のナンダマラ僧は前年からマルマ族の地域で始めたＢＯＢショップに強い興味を示し、日用品のほか文具や書籍などの教材を安く売り買いできるＢＯＢショップを始めたいと願っていた。そこにいた同孤児院出身で教鞭をとっている若い男性教師がマネージメントに積極的だ。「四方僧伽」としても再度訪れたからには、何かお役に立ちたいが、予算的に要求がわれわれの許容範囲を超えている。

それで今最も必要な物はＢＯＢショップか、ソーラーパネルか、それとも生徒達のベッドか？と訊ねる。速攻ベッドという返答があった。ＢＯＢショップは、可能なら翌年始めることとし、近日中に木製２段ベッド10セットの搬入を決めた。かかる予算は５万タカ（約６万円）ほど。その様子は翌年の訪問の時この目で確認した。

交流の時

住職とテーブルを囲み野外パーティーのような宴を設けてくれた。心のこもった食事、生徒達と会話したり記念撮影など、和やかな交流の時を過ごしたその夜。

清らかな眼を持つ先住民の少女達。厳しい生活環境と迫害や差別、マイノリティとして異文化、異人種の中で生まれ育つ宿命に挫《くじ》けず、前向きに大きく育って欲しいと切に思えてならない。

そんななか、ベッドが来ることが孤児院の少女達に伝わる。その喜ぶ姿は、映画の感動シーンよりも残像に残り、はしゃぐ声は、高僧の読経より心地いい。

少数民族ジュマの人と関わることで時より体験するようになったこと。それは罪のない清らかな眼と、その純朴さに心を洗われることだ。その時、へばりつき業となった我の醜い心の垢が流され、忘れてしまった何かが蘇る。

交流の時

農業を教育費に

人情に厚い院長、ナンダマラ僧侶の、教育のための費用が切迫しているとの切実な援助の訴えを受け、仏陀バンクを活用できないものかと話し合う。孤児院は近くに小学校や高校もあり、アクセスの良いメインストリートに面している。ナンダマラ僧はそれを見越し、この地に中学生を中心にしたズィナマイズ孤児院を設立した。

バングラデシュの義務教育は小学1年から5年まで。中学からは授業料がかかるが、成績の良い子は政府の援助で高校にも行ける。そんな背景を考慮すると、子ども達に高等教育を受けさせたいと思う僧の心情が痛いほど伝わる。それだけにわれわれは、使ったらなくなってしまう一時的なお金のサポートではなく、堅実で自分たちで末永く運営できる仏陀バンクを提案してきた。

そこで考案されたのが、これまでにない新しいタイプの仏陀バンクだった。寺院の持つ敷地には、比較的広く、使われていない荒れた土地がある。その土地を農地として活用するのである。

仏陀バンクから融資を受け、その資金を元に、苗を植え、野菜や果物の栽培を行なう。作業をするのは、先生や生徒達で、収穫した作物は日々の食材となり、余剰は市場に出荷される。その売り上げで原資を返済しながら、残りの利益を教育費に転用するという仕組みである。

作物を育てた経験のない俺としては、そんなことが簡単にできるのかと半信半疑だった。が、そこは先住民の教師と子ども達。彼らの主産業は遥か昔より農業なのだ。これが成功すると仏陀バンクの可能性がまた大きく広がることになる。

名付けて「孤児院型仏陀バンク」の誕生だった。与えるだけの寄付には限界があり、使ったらなくなる。最も求められ必要と思われている教育費などは、特にそうなりやすく、一時しのぎにはなっても、状況が変わらなければ、これまでのように慢性的に不足する。どうにかして仏陀バンクを教育費の一環に役立てられないものかと、検討を重ね、生まれた知恵であった。

初年度の原資は、従来の村と同じように5万タカとし、スタートした。その後の訪問時には、すでに農場プランテーションの開墾と種植えも終了し、翌年にはバナナ5000本を収穫し、収益を出すことに成功した。バナナは3年から5年は実を付け続ける。今後の継続も可能になっていくだろう。

NO63　最後通告

孤児院を出た直後、アヌパンからアウンに電話が。フェイスブックなどでわれわれのバングラデシュ滞在を知った彼らは、「なぜわれわれに来ていることを黙っていた！　なぜ隠していた？」などとアウンに噛み付いた。さらに「これ以上勝手なことはさせない！」など、脅迫まがいなことまで言ってきたという。アヌパンに電話させているのは疑う余地なくアシッシ……。

俺は、これまでの経緯から、妨害や面倒を起こされるのを恐れて、あえて連絡を取らなかったというのが実情。しかし日本に帰国する前日の最終日、チッタゴン泊の時に挨拶ぐらいしようかと考えていたのだが、すでにチッタゴン着は深夜になるため中止せざるを得ないと決めたまさにそのすぐ後の電話だった。

「やっぱりか！」。毎回そんなに事がスムーズにいくわけがないのがバングラデシュミッション。高揚感に浸り始めた絶妙のタイミングで水を差されることになっている……。

「浮かれるな！」との仏陀の戒めか……。

懸念するのは今後、逆恨みした彼らによるジュマ役員および仏陀バンクへの妨害行為である。この国ではなにが起きるかわからない。すべては常識でははかれない。

そこでアウンの要請もあり、今後のためにも「四方僧伽」代表となった上川氏から、彼らに向け公式に警告を促すことになった。

その内容は、

……今後グループを2つに分け別々に行なう方針が決まったこと。

……そのうえで、お互いに足を引っ張ったり、邪魔をするようなことがあれば、「四方僧伽」から脱退してもらう。

というものである。結果的に偶然とは言え、最後通告となった。アシッシから代表への返答は「ばかにしないで下さい」だった……。

ひとつの時代が終わったのだ。

NO64　トンチャンギャ族

トンチャンギャ族のトンは「丘」を意味し、チャンギャは焼畑。ジュマと同じ意味で焼畑で丘に暮らす民ということだ。人口2万人ほどでミャンマーやインドにも一部暮らしている。言語はチャクマ語とよく似ているが、アクセントが違うようだ。

これまでに関わってきた部族は、ベンガル系仏教徒バルワ族のほか、ビルマ系ラカイン族、そして少数民族ジュマ12部族のうちマルマ、チャクマ、キャング族。さらにトンチャンギャ族が関わることで、ジュマ民族の主要な仏教コミュニティすべてが仏陀バンクに関わったことになる。

ジュマ民族は12部族に分かれるが、合わせると50万人ほど。その8割近くをマルマ族とチャクマ族が占め、そのほかのトリプラ族、ルサイ族、ムロ族他を合わせて2割ほどで、キリスト教徒やヒンズー教徒が多くを占める。

星の王子

視察したトンチャンギャ族のマリチョリモ村は、ディグリバ村と同じくカプタイ湖に浮かぶ離れ小島。船だけが交通手段だ。

船に揺られて1時間ほどすると、狭い入江に入る。細く入りくねった水路を奥深く進み抜けると、視界が広がり、岸が見える。のちにそれは乾季のせいと知る。雨季には水没し情景も変わる。船を降りると、そこは広い田園が広がっており、泥が乾いただけのあぜ道を長々と歩き集落に向かう。山と丘に囲まれて360度緑に包まれた豊かな自然と、静かで美しい景色。のどかな田園風景を見渡し、「あ〜ここにまた来たい」との思いが湧き上がる。

足場のゆるいあぜ道をひたすら歩き、トンチャンギャ族のマリチョリモ村の中心に到着した。寺の境内に繋がる、これまた長い石の階段には、歓迎のため着飾った女性たちが両サイドに並び、花びらいっぱいのカゴを持って立っていた。歩を進める俺の足元に向けて、美しい赤やピンク、黄色の花びらが蒔かれる。俺は花で鮮やかに染まった石段を1歩1歩上がる。まるで映画『星の王子　ニューヨークへ行く』のように。

寺に上がる時には、若い女性が靴を脱がしてくれ、足まで洗ってくれる。さらに伝統の機織りで編んだ民族衣裳と民族楽器（太鼓と口琴）を贈呈された。これまで味わったことのない最大級の丁重なもてなしを受け、俺の気分は国賓級のＶＩＰ。この時、日本人はおろか、この村を訪問した最初の外国人であったことを知り、さらなる感激が押し寄せる。

寺院で仏陀バンクの説明会が終了し、帰り際には、大きなビンに入った濃厚なマンゴージュースと、ぶっといバナナ1房を土産として手渡され、そのホスピタリティの高さに、俺は高揚感に満ち足りた。

出迎え

トンチャンギャの魅力

それから数日後、再びマリチョリモ村を訪問し、仏陀バンクがスタートした。そのときの歓迎と感銘は今もまぶたに鮮明に残る。同行したアウンやビプロップほかのスタッフも、こんなことは初めてだと驚いていた。

それは先日の初訪問をはるかに凌ぐ、これまでに類のない村あげての歓迎ぶりだった。それも、たった1人の日本人のために……。

全員がトンチャンギャ族特有の民族衣裳を纏い、祭りかと思えるほど華やかだった。衣装の特徴は、チャクマ族と同じように「ピノン」と呼ばれる巻きスカートに、スカーフ「ガディ」を巻くのだが、ほかに、美しい刺繍の入った「マタボポン」とよばれる布の帽子をかぶる。織物だけじゃなく、刺繍の文化を持つのもトンチャンギャ族の魅力だ。年

木の実を使ったゲームで遊ぶ娘達

配の女性は「パウドゥリ」と呼ばれる日本の帯のような太い布を巻き付け、若い女性は金色のコインをあしらった長いネックレスを首から下げている。そして男性は真っ白な綿のズボンに羽織、頭に原色のターバンを巻く。他部族と比べ華やかに着飾り、小物や色使いが凝っていて洒落ている。

ジュマ12部族の中でも、最も昔からの伝統衣装を保持し、手織り技術の継承に力を入れていると聞く。

伝統楽器による踊りと演奏が披露される。目を見張ったのは演奏に使われる楽器。竹を割って穴をあけた打楽器、横笛、何と言っても北海道アイヌ民族のムックリと瓜二つの口琴。倍音を奏でる口琴は、世界の先住民の間でさまざまな物があるが、金属の物が多く、ムックリのように竹に紐をつけた物は珍しい。北海道の人間として親近感を持つなと言われるほうが無理というもんだろう。ほかにも、まるい木の実を使ったビー玉遊びに似たゲーム、竹馬などもある。

そして、とにかく明るいキャラ。リズミカルでノリがよく、伝統楽器に合わせ、みんなで歌えや踊れや……。

郷土料理はブタの角煮、煮魚、タケノコなどの山菜料理。これらはもちろん他部族も共通するところだが、ここでは竹で編んだ御盆やバナナの葉を皿代わりにするところなどは風情がある。そして米を醗酵させた地酒と来たもんにゃあ、たまらんぜ！

悲しい出来事

しかし、こんな明るく朗らかな住民、平和そうに見える土地でも、以前、とても悲しい出来事があったことを知った。

1990年に軍隊の兵士40人にもよる集団レイプが起きた。大勢の被害者の中には12、14歳の少女も含まれ、妊娠中絶を強いられたのである。

そのことを聞いた時の気持ちは、胸が突っかえるような、心がざらつくとでも言おうか、やりきれない怒りを覚えたのが記憶に新しい。

NO65　BOBショップの大成功と大失敗

チッタゴン丘陵地帯では壁と屋根のある店のオーナーのほとんどがベンガル人入植者である。産物取引で窮地に立たされた先住民に向けて、収穫物や工芸品などを少数民族から適正な価格で仕入れ、適正な価格で販売することで、生き残る機会を与えるのがBOBショップと言っていいだろう。

アウンはNGOの長い経験の中でもBOBショップのようなプロジェクトは前例がなく、彼個人としても非常に興味があり、「四方僧伽」と関わったことの利益の1つに捉えていると語る。

成功させるためには、まず自分の目の届くところで信頼のおけるスタッフと相応の能力が必須と考え、バンダルバンに集中させた。そこで芽が出始めた今、必要に応じて方々の仏陀バンクのサイト（活動地）での展開を考えていた。

それを最も必要とする地域が、あの山奥深くにあるマルマ族のナランギリパラ村だった。

村では築35年の今にも倒壊しそうな寺を高台に移動して新しく建てる計画があるが、もう何年も前から土地が確保されているだけ。さらに小学校を作ろうと着工はしているが、竹の柱にトタンを貼り合わせただけで、強風が来たら吹っ飛びそうなお粗末な外観。工事が進行する気配はなく、困窮していた。そんな貧しさには原因がある。

住人の99パーセントが農家で、コメや野菜、果物の収穫が生活を支えるすべてである。ランガマティ県南部、バンダルバン県との県境ラジャストリ郡の山奥深くにあって孤立し、交通手段は険しい山道を歩く以外にない。したがって村人が収入を得るには、収穫された作物を町まで片道2時間かけて運び、売りに行かなければならない。それは時間と労力を消耗し、暮らすだけが精一杯という厳しい生活の主な要因にもなっている。そして売り場を持たない村人は、持参した作物を買い手（ベンガル人）に法外な値段で安く買い叩かれてしまう。買い取る側は、地理的な状況や、村へ戻らなければならない時間のリミットを知っているだけに、ギリギリまで取引を引き延ばす。村人にとっては、重い荷を背負って遠い坂道をひき返すことは苦しく、実入りもなければ作物の鮮度も下がる。その結果、言い値で売るしかなくなる。

そんな不公平な現状がある。とことん足下を見られているわけだ。

そもそもＢＯＢショップとはこんな地域のために存在する。このような理不尽な構図を変えるための構想である。

村民のたっての願い、売り場を持つこと。それをかなえるためのＢＯＢショップを実行するのにネックとなるのは、商売の経験やノウハウが全くないことにある。２０１４年、われわれは、ナランギリパラ村の住人と話し合いを持ち、１週間リサーチをして検討を重ねた。俺は失敗を恐れ躊躇する村の代表を前に言った。

「何事も勇気を持って実行して欲しい。どんな優れたプロジェクトもその気持ちがなければ成功はなく、村の繁栄もない」

するとみな目の色を変え、真剣に考えようという空気が伝わってきた。

数日後、村の若いリーダーとスノモジュテ僧侶は町のメインロードに良い物件を見つけた。ナランギリパラから約8キロ、村人の足で1時間半から2時間。壁続きにさまざまな店商が建ち並ぶ一角にあり、広さは8坪ほどと、このあたりでは、比較的広いテナントである。

3年契約で使用料27万タカ。月にすると9000タカ（約12000円）と割安だった。立ち上げに必要な総予算は10万タカ。われわれとしては予算的に厳しいが、1件の店が開店し村人の苦しい生活が改善されるならと了解した。村人達にとって無理だと思われていた店舗が、待ちに待った出店が、ついに実現した。

翌年

出店を果たしたBOBショップは、毎週水曜日に市場を開催し、多くの少数民族の人でにぎわう。野菜、香辛料、果物など、たくさんの作物が並べられ、近隣の村人にも多く利用され、ちょっとした拠点になった。

水曜以外は一般の日用品の店として営業し、村から選出されたオーナーとその家族が生計を立てている。周辺を見たところ、やはり他の街の通りと同様に、数ある店の店主は、みなベンガル人であり、先住民ジュマの人が運営するのはBOBショップのみのようだ。

先住民が店を運営することで嫌われたり、いやがらせなど起きないかと懸念していたが、地域住人のほとんどがマルマなどの少数民族なので大丈夫だという。

これにより、農産物が買い叩かれる問題は、かなり解消されたと言える。

さらに注目されるのは、マルマ族以外の近くに暮らす先住民ジュマの人々もBOBショップで農作物を売り必要な食材を買うセンターとなっていることだ。これは想定外の相乗効果だった。

それにより、BOBショップの返済も順調で、捻出された10パーセントの寄付が、仏陀バンクにも転用され、新たな受益者3名を生み出していた。さらに翌年には2店舗目ができる予定だというから、われわれとしては、逆に順調すぎて不安なぐらいである。

では以前に始めたBOBショップはどうか？　バンダルバン市の米屋のほうも、利用者が増え、場所も立地の良い市のメインストリート沿いに移っていた。鉄筋コンクリートの建物の1階が倉庫兼販売店で、以前に比べ店舗らしい構えになり、店内は所狭しと天井近くまで米俵が積んであった。訪問時は市場の開かれる日とあって、遠くから米を持ち込む少数民族ジュマの人たちが、入れ替わり立ち替わり出入りしていた。

ほかにも、軽食とお茶のBOBショップも以前よりは品数も増え、お客さんでにぎわっていた。

そして、増加した原資を元に新店舗が誕生した。

このようにBOBショップは、全体的にとてもうまくいっているように見えた……。

ＢＯＢショップ米問屋

返金と布施により新たに誕生したＢＯＢショップ
(Catuddisa Sangha Store= 四方僧伽ストア)

撤収するBOBショップ

ところが、翌年の2015年には、撤収を余儀なくされることになる。

理由はさまざまだが、具体的にBOBショップの1つ、八百屋のオーナーが病気で死亡。もう1カ所の野菜屋は、他の人に又貸しされ、行方不明。

成功の証とも言える、新たに誕生した商店は、初めは繁盛していたが、それを見た近隣の人達が次々に同じような店を出し、競争に勝ち残れず閉店。

最大の誤算は、あの大成功しているかのように見えた、ナランギリパラ村が運営するBOBショップの閉店である。

確かに大成功だった。みんなに喜ばれた。村の住人はもちろん、マルマ族や他の少数民族ジュマの人たちにとって公平に取引が行なわれるようになり、農産物が買い叩かれる問題は解決に向かうかのように見えた。

しかし問題は外ではなく中にあった。

ナランギリパラ村の組合で選抜されたBOBショップの店主が、儲けすぎて、これまで持ったことのない大金を手にし、欲に走ってしまったのが原因だった。その利益でオートバイを買い、配達のビジネスに手を出し失敗。真面目に店の仕事をしなくなり、自分だけ贅沢をしすぎて奥さんに逃げられるなど、すっかり村人から信用を失い、BOBショップの運営は立ち行かなくなってしまった。

やむを得ず組合員と相談し、次の準備が整うまで撤収とした。翌年の4月満期の折に残金を回収したのち、村の女性達を中心に協議を行なう。その意思次第でこちらの支援の姿勢を検討することにした。

翌年、原資の3分の2は回収されたが、残念ながらBOBショップの目処はいまだ立っていない。

したがって以前の暮らしに戻ってしまった……。

バンダルバンでも米屋と軽食屋を残し、他のBOBショップの原資は撤収し閉店の運びとなった。

結果的に失敗と言ってしまえばそれまでだが、人材を確保し組織で管理できれば画期的なシステムであることは、ナランギリパラや、米屋などで証明されている。いずれ仏陀バンクの村が増えた時、必ず需要が生まれ、このノウハウや経験は生かされるはずだ。

NO66　ナランギリパラ村、それから5年

火事直後のナランギリパラ村

そして時が過ぎ、２０１８年4月、この書籍の原稿を書いているその最中、ナランギリパラ村で大火事が起き、その被害は52世帯が全焼するという壊滅的な惨事となった。

この件が起きた時、これまで丘陵地帯で幾度も起きている、セトラー（ベンガル人入植者）など暴徒の襲撃による放火ではないかと日本側では緊張が走った。

また起きたのか、ついに俺達の村が！　と……。

しかし、原因は古いソーラーパネルのショートによる火災と思われる。このような電気が来ていない村には、ＮＧＯなどから寄贈された幾つかのソーラーパネルが設置されている場合が多いが、老朽化のう

えにメンテナンスがされておらず、また予算もない。

強風に煽られ、一瞬のうちに火が回り、粗末な木造の家屋は黒い炭と灰に代わった。翌年の収穫の時まで暮らすために蓄えられた米などの食料もすべて土となり、瓦礫と黒こげの柱だけが無惨に地面に刺さる廃墟となった。


この時、現地「四方僧伽バングラデシュ」より、村復興のための緊急支援の要請があった。この件で日本側での協議はもめにもめた。大きな理由は、前例を作ることで、今後同じようなことが起きた時、同じような支援ができるのか？　一時の同情や正義感で、公平さを欠くようであればやるべきではない、というものであった。

これは正論である。実際毎年のように破壊行為、政治闘争、さらに水害による自然災害で大勢の人が被害にあっているからだ。

仏陀バンクをやっている「四方僧伽」にとって縁の深い土地だから、ここだけ助けるというのにも矛盾があるのではないか……そんな意見が飛び交った。

最終的には、縁があり、困っていて、助けを求められ、そのとき助ける術があるのであれば、そうしようじゃないか、ということになった。できないときはできないのだから。現地の中心メンバーのアウンやビプロップと協議し最も早急に必要とする住居の確保を考え、全焼した家屋の建て直しにともなう全54世帯の屋根の寄贈を決めた。そして現地及び日本国内の双方で寄付を集めるキャンペーンを起こした。
もしこれが焼き討ちならば、同情を買い寄付を募りやすいかもしれない。とは言え、そうだとすれば、加害者が存在し、恨みや遺恨が深く尾を引き、悲壮感を伴う。政治色も強く出ることになり、民間の人は巻き込まれるのを避けるため、支援は主に政府やNGOなどの組織によるものになるだろう。幸い事故による災害だったため現地の民間人同士で支援金を募るという動きが現われた。それも丘陵地帯各地の仏陀バンクの行われている地域が率先して支援に参加したのである。バンダルバン県、ランガマティ県、さらにラグニア地区で支援金を募った。

支援金により復興した村

そのムーブメントを起こしたのも現地「四方僧伽バングラデシュ」のメンバーたちだった。この現象こそ本来の仏陀バンクが意図する主旨、ユニティと相互扶助の姿であると言っていいだろう。

ナランギリパラ村、この村へ俺たちが次回訪問する時には、再びBOBショップ復活への試みが始まることになりそうだ。

NO67　新天地ラグニア

こうして仏陀バンクの存在は、先住民の暮らす丘陵地帯に浸透し始め、施行を望む村が次々と増えていった。２０１５年には20カ所以上の村落で稼動するようになる。

その中に、新たな地域、ラグニア地方という所がある。そこは先住民の暮らす丘陵地帯３県とは別に、チッタゴン市からランガマティ県に抜ける手前に位置し、ベンガル系仏教徒バルワ族の暮らす地域だ。

とは言っても、あの古参のバルワ族、アシッシやシャンガプリヤのテリトリーとは離れており、別コミュニティと言ってよい。

この一帯を取り仕切るのは、ワジャハト市近郊にある寺院の住職であり院長のスマンガル僧。ラグニア地区で最も信頼の厚い僧侶で人格者と聞く。寺院内には孤児院と学校があり、そこはアウンが幼少の頃暮らし修行した寺でもあり、住職とは長い間、強い信頼関係を持つ。

ラグニア地区内では、５カ所ほどの村で仏陀バンクが稼動しており、スマンガル僧は開設のための段取りと、村の選定にすべて関わった。強く優しい眼孔に静かな物腰が威厳漂わす。バルワ族の僧侶として、「四方僧伽バングラデシュ」にとって重要な存在となっていた。

のどかなラグニア地方

アシッシとシャンガプリヤの旧バルワグループだが、２つの別動グループという形を施行して以来、連絡は途絶え、事実上おさらばしたと言っていい。その代償として、苦労して認可を受けた「四方僧伽」ナショナルNGOとしての権利は、彼らに贈呈した形になった。大袈裟に言うと剥奪されたようなものだろう。

それは一からのやり直しを意味するが、これを機に古参のバルワとの呪縛から解放されたと言ってよい。そのうえで信条であるバルワとジュマのソリダリティ（連帯）は、スマンガル僧を中心とした新バルワメンバーとラグニア地区の住人を取り込むことで守られたことになる。俺が仏陀バンク現地責任者である以上選ぶ道はそれしかない。

NO68　ふるさとの音と再会

前年の2014年。そこはランガマティ市からチッタゴン、ダッカに通じるメインロードを10キロほど行った、チャクマ族のガグラ村。

民族衣装をまとった女性による歓迎の唄と演奏が奏でられる。ハーモニウムという伝統楽器を演奏しながら美しい声でチャクマ語の民謡を唄う女性、隣に座る男性は打楽器タブラを軽快に叩く。

ハーモニウムは木製の置き型箱に蛇腹の付いた楽器で、アコーディオンのように動かし音を出す。イギリス植民地時代に定着したもので、パイプオルガンの音を模していると言われている。タブラはインドの太鼓で独特の乾いた軽い音がする。チャクマ族のこのような歓迎の機会には、ほぼ必ずこの2つの楽器による演奏があると言ってもいい。

ジュマ民族は本来、平原地帯のベンガル人とは異なり、ミャンマーの文化や習慣の影響が強い少数民族だが、こうしてインドやイギリス音楽などがジュマの伝統と融合し独自のコロニアル文化として根付いている。そう、バングラデシュはつい70年ほど前まではインドだったということが、こういうところに垣間見られて興味深い。

チャクマダンス

ハーモニウムとタブラの演奏

この音色、唄……すでに何度も聞いている俺にとっては、すっかりふるさとの唄のような哀愁を感じる。

1年前、この村では公に訪問した最初の外国人ということもあってか、参加した住民は全員が握手を求めてきた。俺はただただ、うれしくて、1人1人、眼を見て握手を交わした。

印象的だったのは、熟年世代の彼、彼女たちの清らかな目。疑うことを知らない正直な眼差しに胸がいっぱいになった。たくさんの笑顔に満たされたその日の夜は、寝顔で自分が微笑んでいるのがわかるほどだった……。

この村でもう1つ忘れられない出来事がある。

到着し車を降りてまもなく、民族衣装で正装した美しい少女から花束を贈呈された。そのとき撮影した写真がやがて「四方僧伽」ホームページのカバー写真となり、カレンダー、さらに「四方僧伽」のリーフレットの表紙になるなど、アイコン的な存在となった。

それから4年後の2018年、「四方僧伽ジャパン」が民間参加者を募って実行した初のスタディーツアーで、ここガグラを訪問した際、感動の再会を果たす。中学生になっていた彼女はリーフレットに写っている本人を見て、飛び上がらんばかりに喜んだ。

その無垢で屈託のない姿との遭遇は、カメラマン冥利に尽きる……（カバーのプロフィール写真で著者と一緒に写っている少女）。

沐浴（バンダルバン市内

第6章 衝撃

NO69　顔の見える支援

ゴダバラ村という貧しいマルマ族の村落へ寄る。

アウンは俺にこの村を見せたかったと言い、「四方僧伽」のイベントなどでプレゼンができるように写真を撮って欲しいとリクエストされた。

30世帯の村人はその日暮らしで未来がないと語る。比較的大きな街から近い所だけにその貧しさが際立つ。埃まみれのボロを来た子ども達が裸足で無邪気に遊んでいる。その傍らで中年の男性が3人ほど、竹でカゴを編んでいた。暫く見ていたが手を休めることなく、手際よく行われている。けっして楽な仕事ではない。手間と熟練の技のいる作業だ。しかしカゴは1つ日本円で数十円ぐらいにしかならない。それらを仕入れて販売するのはベンガル人入植者の商人である。以前の王国時代はこのような貧富の差はなかったと、アウンは悲しそうに語る。


住居と呼ぶにはお粗末すぎる、竹の柱にトタン屋根をのせただけの家、突風が吹くたびに修復が必要となる。床上式の家の中は敷物も仕切りもなく、生活用品らしきものは水瓶に鍋が数個、壁も屋根も隙間だらけで、容易に雨風にさらされるのが見て取れる。

農地となる土地がわずかしかないことも貧しさの大きな原因である。

アウンはこんな村がバンダルバン県には無数にあり、教育を受ける機会がないことに大きな原因があると言う。

仏陀バンクを始めたいが、どうやって彼らに理解させたらいいか考えが浮かばないと言い、「まずは関係を深めるしかないだろう……」と呟いた。

大手の組織が現地で戦略的に進めるさまざまなプロジェクトにおいて、アウンの印象に残る談話がある。丘陵地帯では、現在までUNDPやADPなどの組織が豊富な資金で各地にたくさんのプロジェクトを展開している。だがそれらの多くは失敗している。なぜなら彼らは現場を訪れようとしない。住人と交流しようとしない。立派なホテルに泊まり、安全な車に乗り、街中のオフィスの会議だけで終わらせてしまうからだと……。

このことは、われわれ「四方僧伽」において特に肝に銘ずるべきこととととらえている。これまでの成功の鍵は顔の見える活動、現場主義、交流。これがあっての仏陀バンクである。それらをおろそかにすることはけっしてあってはならない。

NO70　王国の痕跡

バルワ族の多く暮らす土地、ラグニア。バルワとジュマの共存を見据えた仏陀バンクの展開を模索している地域だ。チッタゴン市の東、丘陵地帯のランガマティ県との県境に位置するが、以前ここはチャクマ王国の一部だった。

王国時代を彷彿させる、チャクマの王族の暮らした宮殿が今も残っている。その他の宮殿は全て崩壊したか、王宮とともに人工ダム、カプタイ湖に沈んだ。今では、ここラグニアに、たった1つだけ残った宮殿の跡が、王国の存在した貴重な証である。

2階建てだが、日干しレンガを高く積み上げた壁に高い天井、建物の四方には、アーチ形の門があり、壁は漆喰を施し、けっして大きくはないが、中世ヨーロッパの貴族の屋敷のようでもあり、明らかに一般の建物とは違う。

グランドフロアの中心に立ち、あたりを見渡すと、美しかった王宮、綺麗に飾られた調度品の数々、着飾った従事達、国民から奉納された果物や酒類などなど、想像力がかき立てられ、失われた過去にトリップする。穴のあいた屋根から青空の見える天井を見上げ、今は亡き王国に想いを馳せる。

チャクマの王宮

悲しいことに現状は破壊された残骸のように変わり果てた姿。天井は落ち、石作りの床は反り返るようにはがれ、隙間から草がぼうぼうと伸びている。倒壊を防ぐためか鉄骨で補強してあるが、かろうじて原型を保っているという感じだ。

手をかけて修復すれば貴重な歴史遺産になることは間違いない。そうなればいつの日か栄華を誇った王国とその暮らしを映像で再現したり、発掘や復刻にも役立つだろう。何よりもチャクマ族の誇りとその存在の証拠である。しかし残念なことに朽ち果て、哀れにも崩壊寸前であることは誰の目からみても明らかだ。その姿にチャクマを始めとする絶滅寸前の少数民族ジュマの運命を重ねてしまう。

今では王家の子孫である1つの家族が、すぐ横に暮らし、ひっそりとパレスを見守っていた。

NO71　政治闘争

コックスバザール県ラム地区での寺院破壊事件の動揺がまだ静まらないさなか、ランガマティ県でも2014年に大きな暴動があり、打ち壊し（襲撃）が起こる。イスラム教徒と仏教徒の学生による大きな暴動であり、軍が介入して仏教徒の家屋数百を無差別に破壊した。それらの家屋の多くは野ざらしのままになっており、復興の兆しはなく避難した住民は厳しい生活を強いられている。

「四方僧伽」として、ラム地区の寺院破壊炎上があった時と同様に、ここランガマティ県の被災者への緊急支援を申し出ていたが、政治的事件に関わることになりかねず、またどちらか一方を支援することで巻き込まれることを懸念したアウン及びビプロップの指示で取りやめとなった。

ランガマティ県では同じチャクマ族同士の政治対立があり、反対勢力の活動家を拉致、誘拐するという事件が多発しており、2014年だけで70件以上も起きているという。政党の幹部であるビプロップの兄も、誘拐された1人だった。

3つの政治政党がそれぞれ覇権を狙って長い間過激な争いを続けている。特に90年代後半、政府と先住民との協議で、武装放棄や平和協定を受け入れるかどうかを巡って、血なまぐさい抗争が相次ぎ、その溝は取り返しのつかないほど深くなった。泥沼と言ってもよく、解決の兆しはない。

この根本的な原因は先住民で一番数が多く、強い勢力であるチャクマ族を対象にした分裂工作だった。バングラデシュ政府によって、一方だけを意図的に、あらゆる面で支援し、仲違いを起こさせて内部から弱らせる戦略が内戦時から行われていたのである。力あるものが、無いもの同士を争わせ弱体化させるのは、以前植民地支配をしていたイギリスの十八番であり、そのストラテジー（戦略）をバングラデシュ政府は利用し、先住民側はみごとにはめられたということだ。

2018年5月、この時から4年後のことだが、とんでもないことが起きた。3政党の1つの政党でトップとなったビプロップの兄が銃で撃ち殺された。同乗していた他政党のトップを含む3人の男性が、車から路上に引き出され複数の弾丸を撃ち込まれた。

俺はこの事件の1年前、ビプロップの両親の家で会っていた。兄貴肌で気さくな人だったが、まさかこんなことに……。

信じがたいが、日常的に起きていることだという。アウンやビプロップが、政治的介入になぜそこまで慎重で神経質になっていたのか、その理由をこの時痛感させられた。

われわれ外国人と違って彼らは逃げる所はない。そこで生き続けなければならない。われわれの行動いかんによっては、残された彼らにいつどんな形で危害が及ぶのかわからないのである。

NO72　仏陀バンクを成功に導いた男、アウン・マルマ

アウンのバックグラウンドに少し触れるとしよう。

彼はバンダルバン県の少数民族村落の1つ、マルマ族のプル村（Pullpara）で生まれた。1970年、内戦のため、多くの先住民がそうだったように、両親と親族はまだ赤ん坊だったアウンとともにミャンマーに避難する。そのとき全員が三日三晩を徒歩でバンダルバン県からミャンマーに脱出したというから、その行軍の過酷さは想像の域を超える。

その後、国に残してきた祖父母に嘆願され、アウンの両親はバングラデシュに戻る。ところが、あるはずの農地や住居などいっさいがなくなっており、極貧の生活を強いられることになる。アウンは孤児院へと預けられた。

その孤児院こそがラグニア地区のスマンガル僧が住職を務めるダマナンダ（Dhamanannda）僧院にある。

アウンの両親は森で切った木などを売って歩き、毎日12時間という重労働の末、生活は少しずつよくなり、成績の良かったアウンはカレッジを卒業する。その後、バングラデシュ最大規模の非営利組織「カリタス・バングラデシュ（CARITAS-BANGLADESH）」で5年間働き、すべて

のノウハウを身につける。

そして20年前の1995年、バンダルバン県で初の、ジュマ民族（少数民族）によるNGO組織エコ・デベロップメントを設立した。幾つもの海外のドナーを持つまでに成長し、多くのジュマ民族出身の活動家がアウンの元で働き、そして多くの人材が育っていった。その証拠に一緒に各地を回っていると、どこに行っても、後輩や同僚がいる。

本人曰く、各地に出向いた時、元同僚が積極的に迎え入れてくれるか、避けられるかで自分の真価が問われると言う。

マザーテレサ賞

２０１５年、われわれが滞在中、うれしい出来事があった。アウンと彼の運営するNGOのエコ・デベロップメントが、長年の人道支援活動を評価され、首都ダッカにて「バングラデシュマザーテレサ賞」を受賞したのである。

その年、同賞を受けたのは全国で３人。アウンがその１人に選ばれたことは快挙であり、「四方僧伽バングラデシュ」のメンバーとして大いに誇らしい出来事となった。

こんなにも頼もしいメンバーが「四方僧伽」の仏陀バンクを牽引してくれていると思うと、そんなうれしいことはないのではないか。

ＮＯ73　想像を超えた暴力　非道なアウンの体験

それは２００９年に著者が初めて彼に会う約2年前の出来事である。以下は彼自身が書き残した記録である。（A short description of incident took place during the period of June 25 through July 3,2007.）

その日は丘陵地帯の6団体ほどのＮＧＯの代表と役員が集まり、あるプロジェクトのコーディネートのためミーティングを開催していた。

場所はバンダルバン県のタンチ郡キブリ村。そこへ突如として武装グループがやって来て、銃を発砲し威嚇、と同時に、そこにいたドナーでＮＧＯ「ダニダ（ＤＡＮＩＤＡ）」代表のスモン氏とドライバーのハニフが誘拐された。

はじめこの会合には外国人ドナーの出席が予定されており、事情があって欠席となっていた。武装グループはその外国人ドナーを誘拐しようと画策していたが、そこにはいなかったため、代わりにスモン氏とドライバーを誘拐したのだった。

事件の直後、アウンと村長、そしてその息子の3人は、近くの軍の基地に駆け込み、セキュリティー・フォース（治安部隊）に助けを求めた。ところがセキュリティー・フォースはその訴えを陰謀と決めつけ、アウンを含め現場にいたNGO関係者全員を軍の基地にある収容所に拘束し、9日間の間、虐待、拷問を繰り返したのである。

村長と息子は柱に吊るされ、蹴る、棒で殴るの残忍な拷問が夜通し繰り返され、その姿は言葉にできないほどだったという。さらに治安部隊は調書を偽造し、誘拐がNGOのメンバーにより画策された犯罪であると決めつけ、誘拐されたスモン氏の妻に対し強制的に書類にサインを迫った。彼女は、スモン氏はそのような事実や繋がりはいっさいなく、敵対する相手もいないと、断固拒否するも、しつこく白紙の書類にサインをするよう強要される。しかしそれに屈せず、彼女の勇気と裁量で最後まで拒否し続けた。

いずれにせよ、無知で罪のない先住民を陥れようとする陰謀なのは、疑う余地がない。

さらに治安部隊の兵士は、拘束した村長の2番目の息子も拘束し、柱に吊るして無情にも棒で打ち続ける。一緒にいたアウン達は、一晩中、青年の唸ったり叫んだり、救いようのないぞっとする声を聞かされた。その結果、青年の身体は極めて深刻な状態になった。

連日兵士達によって行われる残忍な拷問にアウン達の精神は傷つき、耐えられるものではなく、ある段階で兵士らに、自分たち全員を撃ち殺してくれるよう託す決意をしたという。与えられる、ほんのわずかな食事は、とても空腹を満たすものではなかった。そのうえ殆ど睡眠を取ることが許されず、次第に身体は衰弱し傷ついていった。

そんな状況の中、1人が自殺を試みる。その一方で治安部隊の兵士は、村長の2人の息子を吊るし拷問を繰り返す。兵士はアウン達を何度も撃ち殺すと脅し、少数民族がこの土地で平和に暮らすことは許さないと言った。

その後、アウン達は誘拐された1人、ドライバーのハニフが無事発見されたことを知った。誰もが疑いが晴れ、すぐにでも解放されると信じた。ところが驚くことに対応は全く逆で、治安部隊は、さらに村の住人数人を基地の収容所に拘束した。そして同じように柱に吊るし、これまで行われた残酷な拷問が、また一晩中行なわれ、それは6月25日から7月3日までの9日間、毎日繰り返された。

彼らはその間、狭い室内に立ったまま閉じ込められ、寝る時も起きている時も、座ることを許されず、立たされ続けた。ある者はあまりの過酷さに記憶を失い、ある者はスタミナもパワーもなく意識が薄くなり、またある者は時に首を絞め窒息しようとした。

兵士による拷問が行なわれている間、もし誘拐された人間を無事発見することに失敗したら、お前達全員生き埋めにすると脅されていたという。

命の危機を感じたアウンは、殺される覚悟を決め、皆の代わりにコマンダー（隊長）に忠告した。

「なんでこんな酷いことをするんだ。人のやることではない。いつか必ず神があなたを罰するだろう」

それを聞いた隊長は正気になり一瞬戸惑いをみせたという。

それからまもなくのこと、数人を残して解放に向かった。

2007年5月、アウン達は解放される直前、治安部隊により、バンダルバン市にあるバングラデシュ軍旅団基地に連行された。そこで言われたことは「起きたことは全て忘れろ。考えるな」であった。バングラデシュの治安を維持し住民の安全を守るはずの治安部隊の現実を、この時アウンは学んだと言う。丘陵地帯に暮らす無知で罪のない先住民は、どんなに救いようがなく、そして無力であるかを……。

この残忍な治安部隊の行為は、今でもアウンの胸の内にあり続けると言う。

アウンが解放された後も、NGO関係者3人と、村の住人は許されず、そこに残された後、留置所に送られてしまう。アウン達は奔走して政府にかけあい、ようやく解放が許されたのは、それから6カ月後だった。

残忍な行為を行う中、治安部隊の兵士は、NGOの存在による腐敗が法と秩序を悪化させたと言っていたという。軍隊にとっていかにNGOの存在自体が厄介者であるかが伺われる。

これまでも、永遠に表に出てこない治安部隊や過激なベンガル人の行為行動が、長い間、先住民の暮らしを損ね、影を落としている。そのため、これまで国内外のNGOにより少数民族の社会経済開発のため実行された活動の多くがストップさせられてきた経緯がある。

アウン達の訴えにより、この事件に関し、全ての諜報局、バンダルバン旅団指揮官、バンダルバン市、新聞社が協力して問題の究明と掘り下げのために、さまざまな角度から調査を始めた。

それにより、この事件は明るみに出て連日報道され、大きな社会問題となった。

その後、拘束に関わった治安部隊の兵士数人が逮捕され、最も拷問を繰り返したコマンダーは、のち原因不明の全身麻痺となり、その息子は父の車を運転中に交通事故で死んだ。最後まで罪を逃れた指揮官は、２００９年ダッカで起きた大惨事、軍内の反抗勢力による銃撃で射殺された１５０人の軍幹部の１人となった。

アウンは言った。けっしてわれわれはこのような罰を望んだわけではない。しかし神は許さなかった……。

原文

A short description of incident took place during the period of June 25 through July 3, 2007.

1. Representatives of donor agency of international NGO DANIDA Mr.Hossain Shahid Sumon, Mr.Kirti Nishan Chakma and their driver Md.Hanif went to a village named Khiburi para under the sub-district of Thanchi in Bandarban hill district of Chittagong Hill Tracts in Bangladesh to attend a co-ordination meeting of villagers held on June 25, 2007. In the wake of the meeting, a group of miscreant came in and kidnap Mr.Sumon and Hanif at gunpoint around at 3.00 pm. While trying to stop the miscreants from kidnapping the duo, they threaten to open fire on us. Without wasting of time, head of the village, Khiburi, his son and I went to the security forces' camp

and inform them the incident in an effort to get their help. Instead the security forces detain us in their camp and began to carry out a violent physical torture on us consecutively for 9 days. All the concerned NGO workers, who were present on the spot, are brutally tortured alike. Their torturing was so cruel that it haunted my mind over and over again to this day. The security forces hung head of the village Khiburi and his son on a pillar and brutally torture them the whole night in such a way that it cannot be described in words.

2. The security forces began to put a pressure on the wife of kidnapped Mr.Sumon so that she puts her signature on a made-up report prepared by the security forces against the local NGOs in an attempt to incriminate all the related NGOs. Anyhow, she bluntly refused to put her signature telling them that these local NGOs are not responsible for the incident. Because her husband did not commit any offence against this people or there was no any enmity between them so far, she says. On the other hand, the security forces continue to convince her to sign on a blank paper. Nevertheless, knowing their conspiracy against the naive and innocent indigenous people she denied to comply with their evil tricks. Because of her unprecedented discretion and courage, we have been spared from the consequences of unfair legal complication.
3. The security forces detained the second son of head of the village Khiburi at their camp. Hanging him on a pillar they started beating him mercilessly. We all were appalled at the scream and growl of the helpless guy the whole night as a result of severe affliction on his body. No longer able to bear the pain of their brutality, we at one stage urge them to shot all of us death. They provide us light and very little food which were not enough to meet the

need of our hunger. Due to severe pain in our body and without proper food, none of us could sleep in the night. As a result, we gradually become weak and fragile. Under the circumstances, some of us even try to commit suicide. On the other hand, the security forces continue to hang and torture the two sons of head of the village. They also continue to threaten us to shot death saying no indigenous people will be allowed to live in peace in the region.

4. We became to know that the driver Md.Hanif was found alive. At this, we thought that we will be released anytime. To our surprise, the opposite of what we had expected has happened. The security forces have detained some more villagers at their camp. They hung them on pillars the whole night and torture them in a very brutal way exactly as they did on us the other days. During the period of 9 days (June 25-July 3), apart from brutally torturing on us, we are kept standing in a narrow and tiny room for which we all spent sleepless night during the entire period. As a result, some of us lost memory power and stamina and began to behave strangely. While torturing us, they intimidate us to burry us alive if they fail to rescue the kidnapped in safe. The bestiality of the security forces remains in my hearts up till today.

5. The security forces brought us to the Brigade Camp of army at Bandarban district town on July 5, 2007. At the camp, we were told to forget and stop thinking about everything that happened to us on the spot or failure to abide by their advice, we will have to bear the consequence of it. In this situation, we have learned one thing about how we the innocent and naive indigenous people are helpless and vulnerable to the security forces who

are supposed to ensure our security and safety in times of need in the Chittagong Hill Tracts in Bangladesh.

6. All the intelligent agencies, Brigade Commander at Bandarban district town and daily newspaper agencies began to put us into trouble by trying to dig out a cooked-up story from us in one way or the other, so that all the activities of local NGOs, national NGOs and international NGOs, who were engaged in the socioeconomic development activities for the poor indigenous people in the Chittagong Hill Tracts in Bangladesh, are stopped from carrying out their works in the region. Because the perpetual ulterior motive of security forces as well as violent group of Bengali people in the Chittagong Hill Tracts was to cause socio-economic condition of the indigenous people cripple down. While carrying out atrocities on us, the security forces would say, law and order situation got deteriorated in the region due to the negative effects of NGOs. The followings are the information carried out by various local and national newspaper agencies on the related incident.

NO74　100カ所村プロジェクト

難航するパーミッション（入境許可書）

２０１５年8月8日夕方、指定されていた市内のホテルにて、アウンと合流。つい先日まで農園共同プロジェクトでミャンマーにいたアウンは、伊勢のバングラデシュ入国のタイミングに合わせ帰国した。

目的は内務省に一緒に出向き、申請してあった丘陵地帯へのパーミッション取得のため。なぜなら直接２人で赴くことで、より許可書が発行される可能性が高いと考えていたからだ。そうしていなければ多くの金と時間を必要としただろう。実際それほど近年パーミッション取得は困難な現状にある。

これまでも観光以外で丘陵地帯に入る許可を取るのは簡単ではなかったが、当局による圧力と治安の悪化などの理由で、年々取得が難しくなっており、さまざまな条件と複雑な手続きが課され、さらに監視の目が厳しくなっていた。

パーミッションを取得するまでの流れはこうである。丘陵地帯は3つの県があるため、全ての県に入境するにはそれぞれ県別のパーミッションが必要となる。地域ごとの役所への、公的な組織を通した申請が義務づけられている。したがって、バンダルバン県はナショナルNGOの資格を持つアウンのエコ・デベロップメントが、ランガマティ県はビプロップのASHIKA、カグラチョリ県はスジェル（スジェル・カンテ）のJUM FOUNDATIONにより詳細なスケジュール表を作成する。内容には便宜上、キノコや蜂蜜、フルーツガーデンなどのプロジェクト現場視察など、あることないことが分刻みで事細かく記載されている。ほかに決められた宿泊施設が記載され、それ以外は許されない。

それら必要書類を内務省に提出する。そこから各県の行政に送られ、さらに各地域の警察及び軍の諜報局に渡る。軍の要請でビプロップやアウンに説明義務が生じ、出頭し質問に答える。そしてもう1度ダッカの内務省に書類が戻されることになり、意図的に手間と時間を要する仕組みになっている。

2014年の暴動、破壊事件以来、そのような締めつけが増しており、政府および当局は外国人の入境には神経を尖らしていた。これまでの渡航ではなかったことである。

朝8時に出発しダッカ内務省ビルへ。厳しいセキュリティーを通過し、1階ロビーで待機していると、アウンの知り合いの役人が現れた。役人とともにわれわれ3人で内務省のビルを出て、少し離れた関係のない別の役所の建物に移動した。1階にあるロビーのようなスペース、人目のつかない待ち合いの椅子に腰掛け、こっそりとパーミッションと、お金の受け渡しが行われた。この時の手数料（非公式）は前金2000タカ、現場で8000タカ、いわゆる賄賂である。内訳としてこのお金は、パーミッション発行に関与した役人4人に分配される。非常識が常識の世界、金のためにせよ連中も危ない橋を渡っているのだろう。

日本では考えられないことでも、この根回しがなければ何カ月も待たされることになる。実際ほかの海外からの活動家が何人も許可が下りず、ここダッカで足止めを食らっていたのである。

後日、この時の役人が電話してきて、「他の3人に全部お金を取られたので俺の取り分がなくなったから追加してくれ！」と言ってきた。やむを得ず、追加として2000タカ払ったが、さらに数日後また追加を要求してくる始末。それに対し「これ以上は俺が日本人に叩かれるから無理だ！　お前も日本人に叩かれたいか！」とアウンは切り返したという。

こういった汚職で腐敗した連中の扱いは、さすがである。

8月9日は、ちょうど国際先住民の日にあたり、ダッカ大学の広場にて先住民の文化や生活を紹介するジュマ民族フェスティバルが行われていた。敷地内にアウンのエコ・デベロップメントも含め20ほどのNGOによるブースが設けられていた。各土産、山岳の山菜や工芸品などが展示され、ステージでは少数民族ジュマの踊りや唄が披露されていた。

その中にアウンの知人で、NGOのECSDIの代表がいた。彼は「あの日本人はどうやってパーミッションを取ったんだ?」とアウンに質問した。このNGOの代表は3人の外国人のドナーを迎えるために政府にパーミッションを要求しているのだが、申請から2カ月たった今も、まだ取得できていないと語った。

先住民フェスティバルにて

マザーテレサ賞（左から上川僧、スジェル・カンテ、アウン、ビプロップ、秘書のコクシ）

100カ所村プロジェクトとは

この年は仏陀バンク創立以来最大の総会、コンベンション大会の開催にこぎ着けるつもりでいた。新旧合わせた全ての村の代表および僧侶が集い、ユニティとスローガンを共有する。また新たな枠組みやルールの統一など、情報をシェアする。そして各地の受益者や委員会による質問や意見交換など、啓発の場を設けるのである。それぞれが触発し合い競争意識を高める狙いもある。

これは仏陀バンク躍進のための布石である。絵空事に見えたことが実写的に輪郭が見えだした。そこまで描かれたという証である。それに合わせ、仏陀バンクを軌道に乗せ安定させるための構想として掲げられた「100カ所村プロジェクト」をキックオフする。

1年前、上川氏がアウンに単刀直入に「今後どう考えているのか?」と訊ねた時の答えはジュマの村は4000あり、10年後には1000の村で仏陀バンクが稼動するのが希望であり目標だというものだった。それを受けた日本側の提案で、1000の村に向けた第一歩として「100カ所村プロジェクト」が立ち上がった。この決断はセンセーショナルだった。まだわずか20カ所ほどの仏陀バンクのサイト(活動地)を、わずか2、3年で100にするというのだから!

当然莫大な予算が必要となる。前線で動く俺にとって、資金繰りはいつも人任せと言っていい。なのでとうてい俺1人ではこういう発想には至らない。それだけに「ぐい!」っと牽引されたような、頼もしく、うれしい出来事だった。

「100カ所村プロジェクト」、いい響きだ……その意義は、日本など海外からの資金援助に頼らずとも、組織として独自にマネージメントを可能にするための基礎を確立することにある。仏陀バンクの村々が、お互いをカバーしながら原資を増やし、さらなる村を作っていくことを理想と考えるからである。そのためには最低100は必要ということだ。地域ごとにざっと、バンダルバン県30、ランガマティ県30、カグラチョリ県20、ラグニア地区20、計100カ所である。

厳しい現実

その実現のため、この年、俺は現地スタッフを伴い、積極的に多くの村を回り可能な限りのスタートをした。実施ができなくても仏陀バンクの存在を知ってもらう機会となり、将来に向け可能性のある村を探ることも兼ねた。

しかしそう簡単でない現実も浮き彫りになった。まずは仏陀バンクを実行できるだけの条件の揃った村が、そうたくさんないことにある。コミュニティがそれなりに纏まっていて、寺院を含む僧侶とカリバリ（村の長）の協力を得られ、運営能力のある実行委員会を立ち上げられること。それと「四方僧伽バングラデシュ」スタッフによりカバーできる環境と関係性などを考慮するとそう簡単ではない。さらに武装ゲリラや政治活動と深く関わりのある地域が多いことにも慎重にならざるを得ない。

そこに追い討ちをかけたのは、これまで以上に厳しい当局の監視だ。丘陵地帯での行動に制限が課せられる頻度は増す一方だった。滞在中、外国人の俺は、所在を常に見張られていることを肌で感じるほどになっていた。ホテルに訪ねてきたり、頻繁にアウンやビプロップなど地元スタッフの携帯電話に、所在や行動を確認する電話が入った。

「日本人は今日どこに行き、今どこで何をしてる?」というような感じである。

ある日アウンの自宅に招待され夕食をご馳走になっていると、警察から電話が来て「日本人は今どこで何をしている? 今すぐパスポートとヴィザのナンバーを教えろ」と、まるで命令のようだったという。そのとき持参していなかったため、深夜アウンは俺の泊まっているホテルに出向き確認後警察に連絡した。すでに12時を回っていた。

NO75　未知なる領域カグラチョリ県

カグラチョリ県は、チャクマ族の多く暮らすバンダルバン県やマルマ族の多いランガマティ県と違い、マルマ、チャクマ、トリプラなどそれぞれのエスニックが入り混じっている地域。その原因は、多くの住民が平和協定が結ばれる寸前までインドに難民となり避難していた人達だからである。帰国後は、ほとんど一から村を起こさなければならず、内戦の影響が色濃く残り、生活環境は未だ厳しい地域が多い。

亭主を戦争でなくした未亡人の女性の数が特に多いこともその背景を物語る。人口の3分の2以上が女性という村もあり、個人による自立が困難な人達が多い。仏陀バンクを必要としていることは明らかだ。

丘陵地帯3県の中でも、政治的に多くの問題を抱え、入境許可を取るのが難しいのがカグラチョリ県である。その理由の1つに基地、演習場など軍の施設が密集することが挙げられる。そして、過去にセトラー（ベンガル人入植者）による破壊や焼き討ち、レイプなどの事件の頻度が他県に比べとても高く、当局がいちばん外国人の立ち入りを嫌う地域なのである。

この年初めてカグラチョリ県へ入る許可を取り付けていた。それを可能にしたのは、2014

2003～2013年の入植者による全ての襲撃事件の被害（県別）

地域	住居全滅（%）		寺院全滅（%）		略奪（%）		負傷（%）		死亡（%）	
カグラチョリ	745	(58)	12	(75)	391	(88)	190	(39)	12	(46)
ランガマティ	546	(42)	4	(25)	13	(3)	166	(34)	10	(38)
バンダルバン	2	(0)	0	(0)	31	(7)	92	(19)	4	(15)
隣接県	0	(0)	9	(0)	9	(2)	37	(8)	0	(0)
合計	1293		16		444		485		26	

年から「四方僧伽バングラデシュ」に加わった現地NGOのJUM FOUNDATIONの代表スジェル・カンテだった。地域を知り尽くし、長い活動で信頼の厚い、この男の働きかけなしにはパーミッションは永遠に下りることがなかっただろう。

現にバングラデシュ在住で長く支援活動する日本人や、ボランティアグループなども、これまでほとんど入れていない地域である。満を持してカグラチョリ県で仏陀バンクをスタートすることは大きな成果だった。

厄介な土地

カグラチョリ県に向かおうとしていた矢先、県内で政府軍とミャンマーのラカイン州の武装ゲリラによる撃ち合いが起こり、5人が死亡する事件が起きた。そのため、検問の強化、軍や警察による取り調べがきつくなることが予想され、アウンはどうしたものかと懸念する。カグラチョリ県は前年だけで850人が政治闘争で誘拐されている。

アウンは過去に、外国人を狙った武装グループの犯行に巻き込まれ、拘束された経験があるだけに、慎重にならざるを得ない。状況を見極めながら行動する必要がある、とアウンは言う。

政治闘争や最近焼き討ち事件のあったランガマティ県とカグラチョリ県の危険地域へは外国人の単独での訪問は許されず、武装した軍の兵士や警察の同行が義務づけられる。また場所によっては、安全確保のため同行を依頼する必要があった。さらにそれは軍や警察の検問所をスムーズに通るためでもある。それは必要な処置として事前に打ち合わせてあったことだが、彼らの同行は同時に、全て監視されるということでもある。

カグラチョリ県パンチャリ（PANCHARI）郡に移動中、国家警察の施設に立ち寄り、監視官として軍の諜報員が同乗した。彼は、移動の間、「四方僧伽」のことを根掘り葉掘り聞きメモしていた。ホテルに戻った直後でさえ、地元の私服警察が来て、あれこれ質問される。

そういうわけで、訪問先では政治の話や、セトラー、ベンガリー（主に他民族がベンガル人を指す称号）、差別などのセンシティブな用語は使わないよう、そして仏陀バンクの話はせず、適当に挨拶し交流のみにするようアウンから忠告を受けていた。

このように厳しい規制がかかるため、外国からの視察や支援は住民にとっても貴重な機会である。それだけに人々の歓迎ぶりもひとしおで、北マルタカという村での説明会では２００人以上が参加するなど、どこへ行っても大勢の人が集まった。

この年、同県では４カ所で仏陀バンクがスタートした。

その中の1つ、ランガマティ県境、ハジョチョリ村というチャクマ族の村で、前年セトラー（ベンガル人入植者）による襲撃、焼き討ちがあった。その時約10カ所でほぼ同時にレイプ事件が起きた。農作業に出ている時に狙われたのだ。

そのため地元（ジュマ）の武装ゲリラが関与し治安の維持に関わっているらしい。それをしないとまたいつ襲われるか分からないという……。

この時、やはり丘陵地帯で活動する上で、政治問題に関わらないことは極めて難しいことを痛感する。避けて通れない、いや、避けることは関わらないに等しいのかもしれない……。

痛恨のミス

数日前に遡る。ランガマティとカグラチョリの県境、チャクマ族のシャリダシュ村は平坦な地にある90家族ほどの村だった。

入った瞬間から殺伐とした暗い印象を受ける。それもそのはず、8カ月前、ここでもセトラー（ベンガル人入植者）による襲撃があり、焼き討ちによって民家、寺、商店が破壊炎上するという惨事が起き、まだ黒焦げになった柱などの残骸が残っていた。

村の入口には、小さな軍の監視用テントが設置されており、3人ほどの武装した兵士が見張っていた。セトラーなどに再度襲われないためのセキュリティーである。手榴弾に自動操銃、ものものしく武装した姿、にこりともしない兵士の表情が、ざらついた緊張感をよび、いやでも重い空気を漂わせる。

寺院が全焼したため、一時的な仮寺となっている粗末な狭い小屋に、村人60人ほどが膝を突き

リーフレット表紙

右端が軍の諜報部員、その隣が国家警察
（シャリダシュ村の仏陀バンク説明会にて）

合わせて集まった。

朝から一緒に同行する軍の諜報員と駐在する国家警察の人間が並んで座り、一部始終を監視している。治安不安定の危険地域に、外国人（伊勢）が入るために強制的に義務づけられた、警備という名の監視である。これまでの説明会で、こんなやりづらい空気は初めてだった。

そして、このとき俺は、後悔してもしきれない痛恨のミスを犯す。それは、つい話に夢中になり当局の人間がいることを忘れて、仏陀バンクのリーフレットを会場の参加者に配ってしまったことだ。気が付いたときは遅かった。回収しようとしたが、すでに遅くアウンに止められた。

リーフレットを目にした諜報員と国家警察の2人は、暫くの間凝視し、リーフレットを指さしながら何やら話をしている。そして念入りに何度も写真を撮り複写した。

そこには仏陀バンクについての案内が記されているだけでなく、この地域で最も繊細な問題、軍や警察が隠蔽している、襲撃で焼き討ちにあった家屋と寺院の写真がばっちり載っている。使命感として知られざる現状を伝えるため、あえて掲載していた。具体的な固有名詞は掲載してないが、一目で問題提起していることはわかる。

これが今後「四方僧伽」と「仏陀バンク」にどう影響するかわからないが、確実にマークされることになっただろう。これまでもこの地域で活動する内外の人権団体や、教育・技術支援のグループが、政治、社会問題に触れることで厳しく入境が制限されてきた前例がたくさんある。うかつにリーフレットを出してしまったことで、アウンからも状況をよく見て判断するようにと強く忠告される。

このことは今回の訪問で最も悔しく、我の馬鹿さ加減にあきれ暫く凹む出来事であった。警察や軍にとって一番厄介で邪魔者なのは非営利機関、いわゆるNGOなのである。「四方僧伽バングラデシュ」のメンバーへのあらぬ疑いや、言いがかりの材料にされかねない。

当局による非難が起きると想定されるのは……バングラデシュにおいて、なぜ先住民ジュマの人間だけをサポートするのか、なぜ仏教徒だけなのか?……というような点で、それを理由に今後活動を邪魔される恐れが出たということだ。したがって先手を打つ必要がある。連中が行動に出る前に、この失態を埋めるだけの実績を作り問題を緩和させるのである。

そのストラテジー（戦略）は、われわれ「四方僧伽」が、少数民族ジュマや仏教徒だけではなく、実際にベンガル人の無償サポートもしているという事実を早急に見せることである。

このあたりの気転と行動の早さは、四面楚歌を生き抜いてきた男アウンだからなせる業だろう。素早く、この辺一帯を知り尽くした仲間のスジェルに当たらせる。

そして、支援を必要とする貧しいイスラム教徒、適切なターゲットがすぐに見つかった。

イスラム神学校

そこはカグラチョリ県、バイボンチャラ（BHAIBONCHARA）村のイスラム神学校。シャリダシュ村での大失態を補う苦肉の策として、少ない予算を割き、イスラム教徒の貧しいベンガル人への金銭的支援を行う。その候補として、土地の事情に詳しいスジェルによって抜擢された施設だった。

神学校は、村の個人が運営しており、老朽化した質素な建物の中にだだっ広い教室が1つだけ。5～10歳の子どもが120人ほど。子ども達は、全員が円く白い帽子をかぶり床に座って、イスラムの神学校特有の、頭を前後に大きく振りながら声を出してコーランを読む修行をしていた。

行政のサポートはないらしく、大勢の生徒を抱えて運営が困窮していると施設の指導者は言う。暗く淀んだ眼、その姿は重々しい。だがプライドは高く、決して媚びる様子はない。

検討して可能なら金銭的サポートを考えます、と伝えて握手し、その場を後にした。後日スジェルに寄付を届けてもらったのである。常にぴったり俺たちに張り付いている当局の監視役が見ている前で、われわれは先住民ジュマや仏教徒だけを支援しているのではなく、バングラデシュの貧しい人々を支援しているのだということをアピールすることはできたと言える。

〝For safety〟とアウンは何度も繰り返していた……。

はたしてそれが、どこまで功を奏したかは、俺には確認のしようもない。だが、このことがすぐに当局に報告されたことは間違いないだろう。その後もアウン、スジェル、ビプロップともに、効果があったことに自信を持っていた。

孤児院型仏陀バンク第2号の誕生

ギマラ（GUIMARA）郡デワン（DEWN）村は、カグラチョリ県内にあるマルマ族1000家族ほどの集落で、4つの寺院がある。その中の1つは、学校を兼ねた孤児院を運営しており86人の生徒がいる。孤児院にはこれまでUNDPによる支援が5年ほど続けられていたが、最近突然停止され困窮しているということで、「四方僧伽」に教育費などのサポートをしてほしいというものだった。

寺と孤児院のすぐ横に農地を持っていて、孤児達の手により農業を営んでいた。畑にはコットンやショウガ、バナナなどが栽培されていて、孤児達の主な食をまかなっており、わずかだが市場に出荷もされていた。見たところ、農地は比較的広く、作物の種類や量の栽培を増やす余裕も、労働力もある。そこで前例のラマ地区、ズィナマイズ孤児院のように、仏陀バンクを利用して生徒の教育資金を捻出する農業プロジェクトを提案し、実行に移した。

る。2019年に受けた報告では、今年も多くの実が見込まれると。その時の住職の談話では、

孤児院の生徒達

イスラム神学校

あるベンガル人がガーデンごと購入したいと言ってきたが、僧侶は倍の値段を言って追い返したとか。

蛍のカグラチョリ

カグラチョリ最後の夜、アウンのつきあいで元同僚の夫婦が営む食堂を訪ねた。再会を喜び、懐かしそうに当時の話などしている。俺はその合間、外に用を足しに出た。

1歩出ると、そこは闇。住宅地ではあるが、畑の中にぽつんぽつんと家が建っている程度で、街灯などなく、民家からわずかな光が漏れていた。

闇に閉ざされた畑の中に、小さな小さな光の塊がうごめいていた。

火の粉が舞うように飛ぶ無数の蛍……。

蝶のように小刻みに上下左右に動き回るイルミネーションが、消えては現れ、現れては消える。四方を見渡すと幾つもの固まりが飛んでいる。黙っていられなくて、きょろきょろしながら歩き出す。

道を曲がるたびにまた違う固まりが現れる。まるで闇夜を徘徊する夢遊病者のように夢中で蛍の群れを追いかけていた。

蛍、幼少の頃見た微かな記憶、日本の失われた原風景がそこにある。

なんて美しいのだろう……。

カプタイ湖に浮かぶ村落

第7章

仏陀バンクよ永遠に

NO76 コンベンション大会（大集会）

２０１５年のメインイベント、初の開催となる大集会は、ランガマティ県のビプロップと、彼の組織ＡＳＨＩＫＡの全面的協力のもと、総会の場所をランガマティ県のカプタイ湖の島にあり、仏陀バンクで最大の成果を上げているディグリバ村に決定した。第1回大会の開催場所として最もふさわしい場所である。

その準備のためバンダルバン県の視察をしていた時だった。ランガマティにいるビプロップから緊急の連絡が入り、総会に大きな障害が起きたことがわかった。カグラチョリ県の視察の間ずっと張り付いていた監視員、あの仏陀バンクのリーフレットを入念に複写していた軍の諜報員が、大会を監視しにやって来ることがわかったのだ。

アウンと俺は頭を抱えた。監視員の前では、仏陀バンクの説明や勉強会、また情報公開やお金の受け渡しも、すべて大きなリスクを伴う。

さてどうしたものか……スタートから6年、やっとここまでこぎ着け、大会を開くまでになった仏陀バンク。大切な軌跡を残すその大事な日を、台無しにされてたまるか……。

そう思った時、ランガマティにある、ビプロップのＡＳＨＩＫＡが有する施設の集会場で開催すれば、そこまでは来ないかもしれない、とアウンは閃《ひらめ》いたように言った。

開催できないよりは遥かによいが、それじゃあまりにも味気ないじゃないか……。

俺がこれまで描いた情景、それは皆で和気藹々とカプタイ湖を船で渡り、美しい小島のディグリバ村で、感謝と感激に満ちたセレモニー、青空の下で各地から来た参加者の和やかな交流……夢にまで見た特別な日、仏陀バンクの祭典なのだから……。

と、そこでいいアイデアが浮かんだ。それは「両方でやればよい」

監視されるディグリバ村では交流とセレモニー、僧侶による読経と説教、そしてティータイム。その後、集会場に移動してVTR上映にプレゼン、意見と情報の交換や指導など。そして最後に原資や追加融資の受け渡しを行う……。

このアイデアをアウン、ビプロップ双方に伝えると、即、賛同。諜報部員になぜ集会場でやる必要があるのかと聞かれた場合も「パワーポイントを使うので」との言い訳ができる。

だが俺的には、それでもまだ安心はできず、「軍の諜報部員が、もしどうしても集会場に来たいと言ったらどうする？」とアウンに訊いた。

「その時は賄賂で追い返すよ」と彼は自信たっぷりに言う。いったい幾ら必要なんだろう？少額じゃだめじゃないのか？　と訊ねると、「封筒に入れるから中身は分からない。連中は金が欲しいから大丈夫さ」と涼しい顔で言う。

NO77　夢に描いた日

記念すべき大会の開催にふさわしい晴れ渡った日、仏陀バンクがこのバングラデシュで実施されて初めて、全地域から代表が一堂に集まった。丘陵地帯3県、ランガマティ、バンダルバン、カグラチョリ、さらにベンガル人仏教徒のラグニア地区の新旧合わせて30の村から、それぞれ女性を含む2～3人、69人の代表が集い、僧侶、役員や関係者を入れると100人ほどになった。

この出来事は仏陀バンクが行われる全ての国、地域で初の出来事として歴史に残るだろう。

セレモニーは予定通りサクセスビレッジの筆頭、カプタイ湖に浮かぶ中洲の島、ディグリバ村。

初めて対面する村人同士が、シャイな少数民族らしく恥ずかしそうに、そしてほがらかに、自己紹介を行う。日本からは「四方僧伽ジャパン」の代表として、また僧侶として上川氏が参加した。日本とバングラデシュメンバー双方にとって極めて意義深い日となった。

各地から駆けつけた10数人の僧侶と共に行われた読経、その調和の響きは圧巻で、そこにいた全員が感応し合い心を一つにした瞬間となった。この時、仏陀バンクの描いた、あるべき姿が具現的に現れたと言ってもいいだろう。

心躍る瞬間、俺は自ら描いた夢のシーンの真っ只中にいた……。

わずかに撒かれた小さな種が芽生え、菩提樹として育ち始めた。そして今、多くの枝を伸ばし、実をつけようとしている。

船をチャーターして全員で移動

全村の代表が集った大集会

NO78 午後の部、合同会議

ディグリバ村のセレモニーが無事終わり、予定通り再び船で移動し、ビプロップ達が準備する集会所で本題の合同会議に入った。

懸念していた軍の諜報員は、終始和やかなイベントと、さらにスタッフや村の代表によるご機嫌取りにまんまとはまり、アウンから渡された封筒を持って、たいそう機嫌良く帰っていった。

大会の合同会議。びっしり埋まった会場には全員の食事が用意され、各地から来た参加者をねぎらった。なかには一泊しないと来れないほど遠くからの参加者もいる。会議冒頭で、これまでの訪問視察ビデオなどが流された。参加者にとっては、初めて見る各地での仏陀バンクの様子や「四方僧伽」の活動だった。その一員であることに喜びを感じている参加者の姿がたまらなく微笑ましい。

集会場では、これまでの成果や実例が紹介され、多くの質問が飛び交う。積極的な意見交換が行われ、そして新たに加わった地域が、成功している地域から多くを学ぶ機会となった。と同時に、さまざまな問題点の改善と将来の指針、またその取り組みについて協議された。

合同会議では、これまで混乱の原因となっていた独自な運営、たとえば緊急用資金の代用、又貸し、短期リターンによる高額融資、などなどを防止するため、禁止事項を設定。マニュアルを作成して読み上げ、ルールの一本化を計った。一部の例外を除き、基本ひと月ごとの10回返済プラス1回（布施10パーセント）に統一。各サイト（活動地）に必ず実行委員会を設立し、受益申込者には計画書の提出を徹底させるとした。

成果の証となったのは、地域別に専属の調査員4人を雇用し、この日任命式にこぎ着けたことである。それによりモニタリングや報告などの業務が容易になる。

合同会議の終盤では100カ所村プロジェクトが達成された後の展望も検討された。

その内容は、融資額が上限に達した地域から、初年度の原資を徴収し、新たな地域の原資とする。各村から寄付の一部を徴収し、管理スタッフの経費、そして新規仏陀バンク開設の費用を捻出する、というものだ。

そうすることで、もし日本からの援助がストップしても、バングラデシュの仏陀バンクは、理論的には自主運営が可能になっていく。

それに向けての試みとして「デモンストレーション」地域を確立する。そこでは仏陀バンク受益者共同による一定の規模の共同のフルーツガーデンや香辛料などの農場を作り、誰が見ても一目で分かりやすい成果として紹介する。

この試みは2019年、受益者100パーセント達成が目の前に迫ったディグリバ村の推薦で、近くにある3つの村からなる合同集落のたっての希望により行われることになった。仏陀バンク実施の際、村人と地元僧侶らの積極的な計らいで、いつでも受益者全員の家庭訪問と農場視察が自由にできるというもの。数年後の結果次第では訪問する人にとって説得力のある実証例となってくれるだろう。


コンベンション大会（大集会）最大の狙いは、何のために仏陀バンクが存在するのかを知ってもらうことだ。

一般のマイクロクレジットなら、このように各地から集まり集会を開く必要などない。重要なのはチッタゴン丘陵地帯で今も重くのしかかる、取り返しがつかない深く悲しい出来事、そしてまるで希望がないかのような酷すぎる理不尽な社会であるという現実。そういった中で仏陀バンクは、その矢面に立たされた、存在すら危うい先住民が結束して生き抜くために投げられた試金石なのだ。集会を開くのは、それが「四方僧伽」の願いであることを伝え理解してもらうためである。

この日、俺は光栄にも最後のあいさつを指名され、こう結んだ。

「今日ほど素晴しい日はない。これまでバングラデシュで過ごした日々で、最もうれしい日となりました」

その日の夕暮れ

ＮＯ79　苦難を呼ぶ年

ダッカテロ事件

２０１６年、この年は、仏陀バンク始まって以来の困難な年となった。

前年に初の総会、コンベンション大会を成功させ、１００カ所村プロジェクトという確かな歩みと目標を共有し、いよいよ大きな進化を遂げるかのように見えた。

しかし大きな難題がそれを阻んだ。

この年の7月、日本を震撼させたテロ事件、ダッカ日本人殺害事件が起きた。イスラム過激派により人質となった20人が殺害され、そのうち日本人7人が残虐非道に殺害された。いずれもＪＩＣＡの関係者だった。

イスラム国家のなかでも比較的緩い戒律で親日の国、ここバングラデシュで、異教徒の外国人を狙った近年まれに見るショッキングな事件が起きてしまったのだ。これにより全国に散らばっていたＪＩＣＡ関係者はもちろん、日本人はすべてと言っていいほどバングラデシュから消えてしまった。

懸念される渡航

われわれはこの年、プロジェクトの成功と前進を押し進める行事として、初の仏陀バンク視察を兼ねたスタディーツアーを企画し、役員や会員からの参加を募っていた。しかしこの事態で、参加予定者は次々とキャンセルとなった。正義感に燃え、困難な状況にも屈せず参加を希望した人も、家族の強い反対に中止せざるを得なかった。

やむを得ないことだった。したがって組織として、この年の視察は取りやめにせざるを得ないというのが全体の声だった。それは正しい判断だと分かっていたが、あえて俺は主張した。「こんな時だからこそ行くべきである」と。

現地の仲間はきっと、あんな事件があったから日本人はきっと来ないだろうと思っているはずだ。リスクを恐れ安全が確保されないと来ない……そうやって外国人はいつも最後は見捨てるのだと思われるのが悔しかった……俺達は同胞で、いつもそばにいるんだ、という姿を行動で示したかった。プロジェクトを開始してからこれまで、訪問しなかった年はない。せっかくの大きな流れをここで止めていいのか！　と胸ぐらをつかむような思いにかられる。

俺だけでも行かしてくれと組織に嘆願し、11月、ひとり機上の人となった。そしてもう1つ、これまでとは大きな違いがあった。

「四方僧伽バングラデシュ」の顔、仏陀バンクの要の男、アウンがいない……。

彼はこの年の初め、妻と2人の子どもを連れ、アメリカに移住していた。半ば未来も希望もない丘陵地帯の情勢と、家族の将来を危惧し、行動に打って出たのである。

ニューヨークでアパート暮らしを始めた一家は、バングラデシュの先住民として難民認定を受け、近い将来アメリカの市民権を取得する見通しがある。アウンが言うには、アメリカ国籍を持つことで、バングラデシュでの対応を劇的に変化させることが可能だという。出入国の自由をはじめ、政府や各界との社会的つながり、事業、NGOなど非営利機関での活動、全てにおいて大きなアドバンテージを発揮すると言う。先住民という劣勢な立場から逆転して一気に優位に立てるのだと。早ければ2年で市民権を所得できる勝算だと言う。

「伊勢よ、ここを出て海外で暮らすとしたらどこがいちばんいいと思う？」などと以前からそのような話は匂わせていたが、そのストラテジー（戦略）をこうも素早く実行するとは思いもよらなかった。

彼の持つNGO組織、エコ・デベロップメントは、彼が遠方からスタッフに指示を出しながら運営を続けており、いつになるか分からないボスの凱旋を待っている。

しかし難民認定により市民権を取得するには厳しい条件を伴う。その間、たとえ一時帰国でもすると、渡航する経済力および帰る所があると見なされ、認定は難しくなる。したがって市民権が出るまでひたすら待ち続けることになる。

そんなわけで、中心人物がいない中での渡航であり、そのことは仏陀バンクプロジェクトの実行において、最大の不安材料であった。

異常な監視体勢

やはり懸念した通り、ダッカテロ事件の影響もあり、当局はチッタゴン丘陵地帯への外国人の入境には、かなりナーバスになっていた。特に日本人が関わるトラブルは極力避けたい感が見て取れた。そのため、これまでで最も、少数民族の村への訪問が難航した。市内以外に出る時は必ず事前申告を必要とし、護衛と見張りを兼ね、最低4人の武装警官が張り付いた。監視の目はこれまでになく厳しく、警察の見張りがない時は、四六時中電話が入り、場所と行動が監視され制限されたのである。

突然の退去命令が出たり、許可が下りているにもかかわらず軍の検問で訪問を阻まれることもしばしば起きた。

そのため、この年新規開設された14カ所の仏陀バンクの村のうち5カ所ほどが訪問できなかった。それらの村には、これまで前例のない、顔の見えない融資を行わざるを得なかった。

当局の監視は尋常じゃなく、「なぜ外国人がこの時期にこんな所にいるのか？　数日ならまだしも観光や巡礼には長過ぎる」などの理由であらぬ疑いをかけられたりもした。

追い出された村

ランガマティ県のバガイチャリ郡ムカ（ＭＵＫＡ）村でのことである。

そこは人口１０００人の大きな村。寺院で開かれた仏陀バンクの説明会には３００人もの人が集まり、20人の受益者が誕生した。そこでは、この日のために盛大な歓迎イベントが準備され、老若男女500人以上の村人が集まり、ステージが設置されていた。セレモニーの演目には伊勢による日本語の歌まで組み込まれるなど、有意義な交流の時間を過ごすはずだった。

美しい衣装で着飾った女性達の民族舞踊が始まってまもなく、俺と一緒に並んでステージ上の来賓椅子に腰掛けているビプロップとスジェルが厳しい表情を浮かべる。

携帯で代わる代わる話している。当局から外国人（伊勢）へ、バガイチャリ郡からの退去命令が出たのである。

緊張が走る。慌ただしくステージから移動するわれわれに村人は怪訝な表情を浮かべる。進行役や村の長老達に理由を告げる余裕もなく、速攻村を出てランガマティ市に戻る。

退去の理由は情勢不安定、危険を回避するためだとか……。

村人の準備してくれた心のこもった歓迎の席は、ゲスト不在となり、台無しとなった。

同時に、翌日予定していたバガイチャリ郡の村の訪問は、全て中止となる。ムカ村のように訪問を心待ちにし、準備をしてくれている村民を思うと、中止せざるを得ないことが、たまらなく悔しく、申し訳ない。俺はただ肩を落とし、うなだれるしかなかった。

思い当たる節があった。前日立ち寄ったバガイチャリ県立大学で、報告義務があるのか、学校関係者により当局へリークされたらしく、国家諜報員がやって来た。その折、記念写真と称して俺の顔写真を撮っていった。おそらく、その顔写真が報告に回ったのだろう。これまでの経緯を考慮すると、伊勢の顔と名前がマークされていることは十分考えられた。特別区域であるチッタゴン丘陵地帯への渡航歴はすでに数えきれない。ただの観光や巡礼目的ではないと疑われても不思議じゃない。

たとえ政府が入境を許可しても、警察や軍が妨害するケースはここでは日常的に起きる。結局、警察の命令により、ランガマティ県、バンダルバン県で、街から離れた少数民族の暮らす地域での活動は全て禁止となった。さらに前年数カ所でようやく初の仏陀バンク開設にこぎ着けたカグラチョリ県への入境も禁止となった。

軍の主要テリトリーであるバガイチャリ郡やカグラチョリ県で外国人にうろうろされたくないのだ。それと賄賂欲しさの嫌がらせだと、ビプロップとスジェルは言う。その後もビプロップとスジェルの携帯には警察からの電話が数日間しつこく続いた。

「日本人はどこにいる？　いま何をしてる？」

それらの訪問できなくなった村は、村の代表にランガマティ市に来てもらい、融資を実行する。順番は逆になったが、翌年必ずや訪問して受益者や村人達ときっと逢おうぞ、と心に誓う。

NO80 奇跡の夜

厳しい監視の目は相変わらず光っていた。ホテルのロビーに座っている間も当局の人間が向かいに座って俺を監視していたとビプロップから聞かされ知った。電話も頻繁に来ているようだ。「日本人はそこにいるか？　この後どうするのか？」。申告してあった宿泊場所にちゃんといるかどうかを監視している。違う所にいれば違反したことになり、追い出す恰好の理由とされる。いずれにせよ、その日パーミッション（入境許可書）の期限が切れるため、有効なものが発行されるまで、いったんランガマティ県を退出しなければならなかった。当局の人間は俺がランガマティ県を退出するところを確認しに来ていたのである。

バンダルバン県に移動する予定だったのだが、アメリカにいるアウンの電話による必死の交渉にもかかわらず、厳しい滞在条件は緩和される様子はない。ここでも先住民の多く暮らす山岳地域へ足を伸ばすのは許されず、行動範囲はバンダルバン市近郊のみとされた。これは仏陀バンクの行なわれている主要な村へは、ほとんど訪問できないことを意味する。許された場所へ行くにも、散弾銃のようなデカイ銃で武装した3人のポリスガードを伴う。移動は警備しやすい車のみで、バイク、モーターリキシャ（三輪自動車）など、身体が露出する乗り物は許されない。

さらに悪いことに、予定されていたバンダルバン県のパーミッションの発行が今日の当日に間に合わなかった。だが夕方までにランガマティ県を出なくてはならず、やむを得ず比較的どちらの県にもアクセスの良いラグニア地区に移動となったが、ラグニア地区にはホテルがないため、その夜は、バンダルバン担当スタッフの紹介で、仏教寺院に泊めてもらうことになった。

幸いラグニア地区は入境許可を必要としない地域なので、監視の目はなく、精神的に解放され、気を緩めることができた。宿泊したＤＨＡＭＡ ＣＨＡＫＲＡという寺院は３００年の歴史を持つ古い建物だった。背中の曲がった90代と思われる住職がいた。もう1人、後を引き継ぐことになっている20代前半の若い次期住職がいて、食事の世話をしてくれたほか、その晩は俺の寝床として彼の部屋を譲ってくれた。

珍しい来客とあってその夜は、近くに住む若者たちが集まった。この若い僧侶の友人たちだ。みんな日本に興味いっぱいで、質問攻めにあう。1人の若者は将来のためのサポートをして欲しいと言い、また1人は、しつこく日本に連れてって欲しいと言う。国を出て成功したいと思い、そのためチャンスを手に入れようと必死なのである。とうてい俺にそんな力はないが、アドバイスや説教まがいなことは言える。「努力もしないで、そうやって人をあてにする奴にチャンスはない」とか「そんな考えだから成功しない」などなど……それでも諦めず食いついてくる。

若い僧侶の本棚にはキリスト教の聖書やイスラムのコーランなどもあり、あらゆる宗教の知識を身につけるのだと鼻っ柱の強いことを言う。そんなバングラデシュの若者の貪欲なエネルギー、したたかな生き抜くための執念……日本にいるとあまり感じられない新鮮な夜だった。

その夜寝床についてまもなく、これまで味わったことのない不思議な体験をしたのだった。

ベッドで横になり天井を見つめていると、なぜかとても安らいだ気持ちになり、身体全身から、ゆっくりと力が抜け出していった。緊張と疲労で、がちがちだった身体が次第にゆるみ、じわーと熱を帯びる。それはまるで溶けていくかのようだった。力が抜けるとともに身体は軽くなり、横たわった身体がまるで浮いているのかと錯覚するほど……。

それと同時に、なんとも言いようのない、ありがたい気持ちが、全身から湧き立つかのように涌現する。そのとき涙が目尻から溢れ、こめかみから首筋へ流れ落ちる。

これまで仏教寺院は数えきれないぐらい訪れている。が、宿泊したことはわずかしかなく、バングラデシュでは初めてだった。人が祈りを捧げる神聖な場所というのは、こんなにもありがたい気持ちになるのかと驚嘆するも、そう思った瞬間、身体全身から感謝の想いが溢れるように押し寄せた。何に感謝しているのかすらよく分からない。だがとめどなくありがたい……。

きっと、仏様の膝元だからなのだろうと想い巡らす。すると黙っていられなくなり、飛び起きて部屋を出た。まず寺院の本堂に向かう。仏像の前に座りこんで手を合わせ暫くひれ伏せる。そして外に出た。闇夜の中を月明かりだけを頼りに、敷地内にある全部で10数体はある仏像、その1つ1つの前で膝をつき手を合わせた。深々と頭を垂れ、心の底から感謝の思いを祈りに込めた。

こんな衝動に駆られたのは生まれて初めてだった、当人すらその行動に驚きを隠せない……。

仏像達が設置された広い庭では、濡れた緑の芝生が月明かりに反射し、きらきらと光っている。空を見上げると、青白く透き通った大きな満月が、ぽっかり浮かんでいた。

後に、２０１６年11月14日、その夜は68年に1度のスーパーフルムーンだったと分かった。そしてこの不思議な出来事がなんだったのかは３日後に分かることになる。

寺院に泊まった翌日には無事許可が下り、バンダルバン県に入り、さらにその次の日、再びランガマティ県に戻ることができた。そして翌朝、ホテルのロビーでやっとインターネットが繋がり、メールなどを確認する。そのなかに、珍しく姉からのメッセージがあった。

そこには、〝父逝く〟とあった。死亡推定時刻は２０１６年11月14日22時。時差の３時間を引くと、ぴったり、あの不思議な体験をした時だった。そしてスーパーフルムーンが最大の満月となった瞬間とも、ほぼ一致する。

その2日後、忙しさにかこつけ考えないようにしていた父の死、ふと命日となった11月14日という響きに、何かしら馴染みがある、と言うか、親しみを感じ、もしかして！　と思い出した。それはすっかり忘れていた母の命日だった。父の逝ったその日は、母の35回目の命日だった。

そう、あの不思議な体験をした瞬間は、父と母が仏の化身となり、揃ってここバングラデシュに現れ、我が身と1つになった瞬間だったのだろう。

……来てくれたんだね、俺を守り勇気を与えるために。

NO81　仏陀バンク葬

翌日初めて訪問したランガマティ県のウチャラ（Uw chare）村の寺院では、先日の父の死と、その最中での訪問とあって、村人は同情を寄せ、僧侶の好意で父のために30分間ほどの葬儀が行われた。そこに集まった50人ほどの村人全員が参加し、「四方僧伽バンクラデシュ」メンバーが皆1つになり、手を合わせ祈る。遥か遠い土地で見ず知らずの人達が、心から父のために経を唱え祈ってくれている……。

その光景は、言葉では表せない感動となり、心ゆさぶる。じわっと身体が火照り、目元から熱い滴が静かに頬を垂れシャツを濡らした。

初めて参加したバングラデシュでの葬儀が我が父のものになった。命日となった、あの不思議な夜からずっと、そばにいるような気がしてならなかった。親父はきっと俺のそばで見送られたかったのだろう……。

父は本来日本文学の研究者となるべく早稲田大学で学んでいたが、家の事情で北海道に戻され、やむなく国語教師となった。志は頓挫したが、代わりに国語の道を究めようと独学で漢字の博士号を取得。定年後、大学などで日本文学を教えるかたわら、世界の文化や歴史に相当な興味を示し、研鑽していたことは、彼の多くの書籍が物語る。

しかし、病気などの事情で異国の扉を開けることは生涯なかった。

肉体から解き放たれた今、ここインダスの地に馳せ参じ、息子の導きで魂はジュマの大地に埋葬された。

これまで大勢の死を看取った癌病棟に勤務した看護師の姉が、通夜で見た父の姿は、まるで屍のみで、魂はそこにいなかった、と興味深いことを言っていた。

姉は一言「あんたの所にいたんだね」と……。

そして姉はこの地を訪れることを望み、2年後、一緒にここジュマ民族の村で3回忌を迎えたのである。

NO82 背筋の凍った日

２０１６年11月18日のことである。ビプロップ、スジェルと共にランガマティ市から幹線道路で5キロの所にあるギラチョリ村まで向かう。村まであと5分ほど手前の所にある軍の検問で通過を許されず膠着状態になった。関係各所に問い合わせ、約1時間、交渉はならず通過を許されなかった。それどころか、われわれ3人、1人ずつ写真を撮られ、ランガマティ県軍本部に出頭命令が出された。その足で本部に出向き、取り調べとなった。

調べはベンガル語なので詳しいことは分からなかったが、２人の表情に緊張が走ったのを見て取れた。解放されるまでの終始重い空気。帰路につくが誰も口を開かない、空しさと無力感に苛まれた夕方だった。

許されなかった理由は、表向きは治安不安定な地域での安全確保だが、２つのローカルＮＧＯの代表および巡礼という名目の外国人観光客1名というのが問題なのか、先住民の村を訪ね歩いて寄付などしているとの、こちらの言い分に疑いを抱いていた。ギラチョリ村の有力者が政治的な活動家であるため、外国人の訪問も資金提供者と疑われる理由になったようだ。

こういうことを避けるため、数日前には県の警察署長を訪問し面談していた。その時署長から直接許可を取り付けて安心していたのだ……。

軍隊は全くの別組織。丘陵地帯で覇権を握っているのはやつらにほかならない。パーミッション（入境許可書）に記載されている内容には何の落ち度もなかった。政府の発行した許可書があろうが、警察の認可があろうが、軍がノーと言えばアウトなのである。

訪問予定のギラチョリ村では、村をあげてセレモニー、民族ダンス、花束贈呈に、郷土料理など、すべての準備を段取り、今か今かと待っていた。村の有力者やカリバリ（頭《かしら》）は落胆していたと聞いた。たとえ当局の圧力で訪問できなかったにせよ、似たようなことはこれまで幾度も起きており、想定できたはずだ。こちらの戦略と対策が足りていなかったことも否定できない。それを思うと悔しくてやりきれない。

おそらくグループや団体ツアーであれば、疑われることはなかっただろう。僧侶の参加があれば巡礼や宗教的な意味合いで筋は通る。「四方僧伽」とは名前の通り僧侶が中心になって構成された組織のはずだ。見た目にも説得力がある。見るからに風来坊な外人野郎1人とはわけが違う。このとき僧侶が一緒だったら……頭を丸め黒い袈裟を身につけた、仏陀のしもべが1人でもいたら通過できたはずなんじゃないのか……。

その夜、ホテルの俺の部屋で、ビプロップから検問とその後の軍本部に出頭した際に起きた詳しい状況を聞いて背筋が凍った。

軍本部で詰問にあったとき、あの気丈なビプロップは心臓が破裂しそうだったという。なぜローカルNGOがガイドをやっているのか？　なぜ1人の民間の日本人が何度も渡航し先住民の村を訪問するのか？　さらに伊勢のカメラにより撮影した写真も検閲すると言ったそうだ。俺が記録のために、禁止されている軍の検問所の様子などを、こっそり撮影していたこともビプロップは知っていたので、加えて心配したと！

ビプロップは、この時、これまでチャクマ族をはじめ先住民ジュマが受けてきた軍による拘束、虐待、拷問、そして自ら過去に体験してきたことのトラウマがよぎったという。俺もにわかに知っているこれまでのジュマ民族の虐げられた歴史、現在も起きている暴力、アウンが受けた拷問などを思い出し、ぞっとして身震いした。

ダッカの殺害テロ事件から、バングラデシュ政府にとって日本人に何か起こることは最も避けたいことなのである。今この国にいる外国人で、日本人が最も安全だと言っても過言ではないだろう。しかしそれとは対照的に、現地の仲間にとっては全く逆であり、大きな脅威になりかねない。その時ビプロップの頭をかすめたのは、

……ここで拘束や拷問でもされたら家族はどうなる？　ＡＳＨＩＫＡはどうなる？

それほどここの軍は酷いのだ。

そして、この取り調べの瞬間から、外国人（伊勢）だけではなく、ビプロップ、スジェルも監視されることとなり、目立つ行動はできなくなった。したがって、すでに開催が決まっていた最重要行事、仏陀バンク各地の代表が集うコンベンション大会（大集会）は、リスクが大きく、中

止するしかなくなった。

その日のために入国以来奔走してきたと言ってもいい、それだけに落胆は大きかった。だが地元の仲間にこれ以上の負担を与えるわけにはいかない。この年にバングラデシュに入国して以来、ビプロップが何度か言った。「俺が全力で伊勢を守る。もし伊勢に何か起きるようなことがあれば、先に俺が殺されることになる！」と。

大袈裟に聞こえるが、これはマジな話だ。誘拐、暗殺、拷問が日常的に起きている土地だということを俺達外国人は、ついつい忘れがちだということ。安全な国の人間だけが危険を回避し、現地の協力者だけを危険にさらすようでは、信頼を勝ち取れるはずもない。どんな素晴しいプロジェクトも本当の意味での成功はない。警察や軍を含む過激なグループの妨害に遭う恐れが出てきた以上、大会は中止にせざるを得ない。

先住民ジュマの暮らすCHT（チッタゴン丘陵地帯）の状況は良くなっているかと思ったが間違いのようだ。素晴しいから、人道的支援なのだから、または正義であり人として正しいことをしている、などというような綺麗事は通用しない土地だということだ。知恵を絞り、したたかに、ストラテジー（戦略）とタクティクス（戦術）を駆使して臨まなければ、痛い目に遭いかねないということを肝に命じる必要がある。

まず必須条件として、今後は日本人僧侶の参加が不可欠だ。

俺はその夜やりきれない悔しさ、鉛のように重い身体を引きずり、1人ホテルのレストランの夕食の席でぼーっと天井を見つめる。目線をテーブルの上に落とし、日本から持参した書籍を何気なく見る。『ビルマのゼロ・ファイター』（井本勝幸著）、ミャンマーの内戦を集結に導いた男の物語だ。裏表紙の帯の文が目に入る。そこにはこう書かれていた。

ビルマの開国は終わりじゃない、それは次への始まりじゃ、諸君には、チベットやウイグルやモーンやジュマやカンプチア・クロムとかの取り残された仲間達を、なんとしてでも救ってもらわなきゃならん、そんときはよろしゅうたのむぞい

この文章を目でなぞったあと、俺の背中は微かに震え、そして涙をこらえながら思った。

……これこそ俺らがやることじゃなかったのか？「四方僧伽」の使命じゃないのか！

仏陀バンク、それは浄財を僧侶から僧侶へ、僧侶から信者へ……肝心の僧侶がいなくて、何の仏陀バンクだ！ 何のための「四方僧伽」か！ リスクを恐れず自ら現場を訪れる気骨のある僧侶はいないのか……。

深夜、泊まっているホテルで顔なじみのマネージャーに呼び出される。「いつまで滞在しますか？」と言うので、「なぜだい？」と訊ねると、「ＤＧＩＦ（政府の諜報機関「Directer General Intelligence Forces」）から連絡があり報告しないといけないのです」

NO83 数より質

2016年に新たに始めた土地は14カ所。ランガマティ県6村　そのうちバガイチャリ郡3村、カグラチョリ県1村、バンダルバン県4村、ラグニア地区3村。これにより稼動している仏陀バンクの合計は43。交流の途絶えたアシッシ、シャンガプリヤ、アヌパンなどのバルワの村および存在の有無が確認できないラカイン難民の村の2カ所を合わせると、約50カ所。

いずれにせよ100カ所村の達成まで、先は遠いようでもあり、近いようでもある。

ある程度の数になると、質の問題が浮上してくる。成功している所とそうでない所の落差も大きいと言える。数を増やすに伴い質の向上に取り組む必要性を痛感する年ともなった。

悪い例として、ラグニアのバルワ族の地域では、受益者が他の金融機関からの融資とを掛け合わせで利用しているケースが多い。たとえば男性の受益者による携帯電話店、電気製品の修理屋、モーターリキシャ（エンジン付き三輪車）の部品店の経営といった資本のかかる事業などは、明らかに仏陀バンクでカバーできるはずもなく、その割合は銀行や他組織のマイクロクレジット、さらには闇金や個人から借り入れした借金を合わせた全体のほんの1割以下に過ぎない。ラグニアの受益者は少なからずそのような状況であり、仏陀バンクのニーズがあるとは言えない。印象としてバルワの人達は、街の暮らし、すなわち資本主義経済の影響を色濃く受けた環境で暮らしている。その点ジュマのような山岳民族の暮らしは、農業や漁業が中心であり、村落社会ならではの物々交換のような習慣も残り、現金を必要とする頻度の差が大きく違うのだろうと思われる。孤立したジュマの村では少額の融資でも利用価値が高いが、多くがマテリアリスティックな社会で暮らすバルワ族にとっては、出資のほんの一部にしかならない現状があるのかもしれない。

とは言え、直接受益者から話を聞くと、高額の借り入れは男性に圧倒的に多く、女性に限ってみれば、ニワトリやヤギの飼育で子どもを増やしたり、ミシンを購入して洋裁で月3000タカの収入を得ている主婦や野菜畑を営み成功している女性も数人いた。

仏陀バンクの成功は、使い方と性別に大きく関係することが見て取れる。

バルワ族の暮らすラグニアは成績は悪いが、ベンガル人の暮らす地域でもあるため丘陵地帯と違い入境許可が必要なく、一般のバングラデシュの田舎同様、自由に出入りできる。それに比べ、リモートエリア（遠隔地域）に仏陀バンクの主要な村が多くあるバンダルバン県は、特に制約が多く、近年限られた村にしか訪問できていない。たとえ許されたバンダルバン市の近郊地でも、常に監視の目が光っているため、集まった村人を前に、挨拶程度の話でお茶を濁すことになる。そんな中でも可能な限り訪問することの意味は大きい。後のことは現地「四方僧伽バングラデシュ」スタッフがなんとかしてくれる。

バンダルバン市にあるエコ・デベロップメントでは、俺の滞在中にアウンの留守を守るマネージャーのトォウン氏が通訳など多岐に渡りサポートしてくれている。彼の話では、チッタゴン丘陵地帯の国際NGOは次々と撤収しているという。その原因は、世界中に広がる難民問題、紛争、自然災害により、支援の矛先が変わっていること、そこに加えて丘陵地帯での活動にさまざまな制約が多くなり、これまでのプロジェクトの状況や成果を確認することすら困難になっているからである。

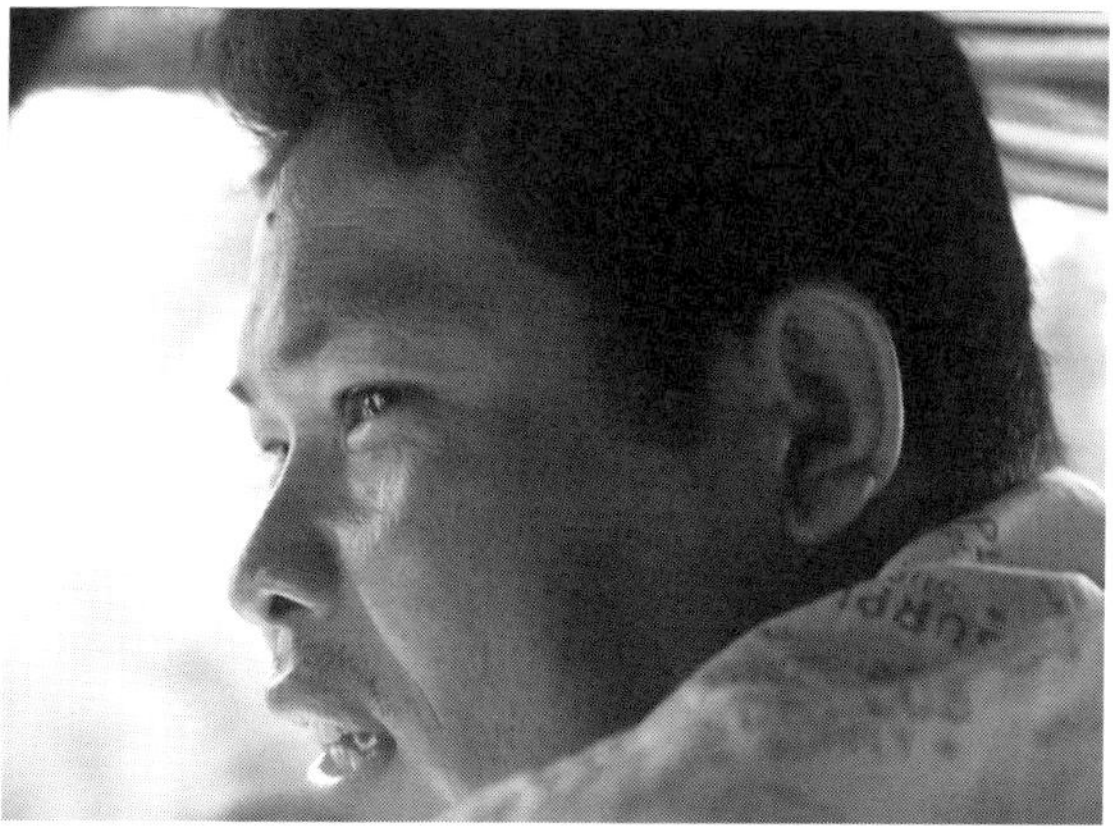

ビプロップ・チャクマ

それに比べ「四方僧伽」の取り組みが広がりを増していることはとても意味深いと語った。

仏陀バンクの中核を担ってきたアウンは、現場にこそいないが、事前の調整から後処理まで全てに関わっている。滞在中は毎日、時には1日に何度も電話で協議するなど、一部始終を見守った。まるでバングラデシュにいるかのように。現在ボストンに移り住み、タクシードライバーをしながら家族を、またバングラデシュに残してきたNGO エコ・デベロップメントを外から支えるハードな暮らしを強いられている。連絡を取り合う度に、過労が見て取れるが、家族を含め安全で命を脅かされることがなく、彼の子ども達が適正な教育を受けられることは何にも代え難いと語る。思うにアメリカの市民権を取れるまで、バングラデシュにはおそらく5年は帰れないだろう。

いずれにせよ、もしアウンという人間がいなければ、バングラデシュでの仏陀バンクは存在しないと断言できる。だから、たとえどんなに時間がかかろうとも、その日まで「四方僧伽」の仲間と共に待ち続けよう。

その留守を守れるのはビプロップしかいない。この男が加わってなければ、仏陀バンクは終息、あるいは頓挫しただろう。本人もそのことを自覚しており、アウンが帰って来るまで、全ての責任を持って守ると言い、アウンが戻った時、ボスは彼だと自ら語る。

ビプロップ曰く、今や仏陀バンクは広く知れ渡り大人気である。皆がよろこび待ち望んでいると。

その裏付けとして、日本人がやっているということが大きな意味を持つのだと言う。それは俗に言うジャパンブランドなんかじゃない。日本人の真面目で礼儀正しく、勤勉な国民性が尊重されていること。そして何と言っても仏教の国だからである。仏教国として唯一、大国と肩を並べ対等に渡り合っている頼もしい同胞として賞賛しているのだと。

NO84　日本の僧侶、続々と丘陵地帯へ

かねてから思い描いた、視察と研修を兼ねたスタディーツアー。前年度にテロ事件で中止を余儀なくされたりなど長い道のりだったが、2017年、ついに実現にこぎ着けた。

このとき俺は、知っている限りの僧侶にメールを送り参加を求めた。

バングラデシュのチベットと言われるチッタゴン丘陵地帯で暮らす少数民族、取り残され絶滅寸前の仏教徒を救うために力を貸して下さい。

この呼びかけに呼応して、多くの僧侶から前向きな返答があった。それにより3人の僧侶と、一般から2名が加わり、代表の上川氏引率のもとに計7名による「四方僧伽」初のバングラデシュスタディーツアーが実行された。

念願だった初のスタディーツアーもトラブルの連続……最初に立ちはだかった難題、それは出発の数カ月前、ミャンマーのラカイン州で起きた軍事行動により避難したロヒンギャ族難民60万

人がバングラデシュに押し寄せたことにより、当局の制約や監視体制が前年にも増して予想以上に厳しくなったことだ。バンダルバン県のパーミッション（入境許可書）には10項目もの厳しい条件がつけられた。少数民族と接触してはならない、村落や住居に立ち寄ってはならない、少数民族と会話してはならない、決まった宿泊施設から無断で外に出てはいけない、などなど。

そんな中でも、移動途中、幹線道路沿いの近くの村へ駆け足で立ち寄ったり、事前に村人に出て来てもらい偶然出くわしたように装ったりするなど、ツアー参加者と現地メンバーによる知恵と工夫で、制約の中できる限りのことを行えたと言える。これだけの日本人僧侶が同時に丘陵地帯を訪れることは極めて稀であり、敬虔な仏教徒である住民の喜びはとても大きく、限られた時間と場所の中で、両者にとって貴重な体験となった。

日本の僧侶の姿は、仏陀バンクイコール仏の銀行であることの生き証人だと言ってもいい。土地の関係者および受益者にとって、説得力を持つ。また僧侶にとっても、奉納された布施が仏陀バンクの原資として人の助けとなり、こうした現地の人々の生きる姿に触れることは、何にも増して喜びとなるはずだ。

また一般の日本人女性の参加により、村落の主婦や若い女性、また子ども達に共感の輪が広がり、微笑ましい光景が生まれた。女性同士だと警戒心がなく、懐に入り言葉の壁を越えた交流が始まる。女性ならではの柔らかくきめ細かな対応が、心を開き両者の距離を縮める。仏陀バンクの受益者の多くは女性であり、今後も女性の参加が大切なファクターになっていくだろう。

この年、新たに増えた地域を足すと、仏陀バンクは全部で59カ所となった。

追い返された軍の検問で隠し撮りした写真
（P 382、NO 82 背筋の凍った日）

スタディーツアーにて

NO85　続出するアクシデント

スタディーツアー参加者の1人、武道の達人で僧侶の菅原師範（現在「四方僧伽」副代表）は、現地スタッフの手違いでパーミッションに記載された名前が既に帰国した参加者の僧侶（佐和田氏）の名前になってしまったため、1人だけチッタゴン丘陵地帯への入境が不可能になっていた。この件で当日の朝まで毎日のようにアウンがアメリカから電話で役所に掛け合ったが、最後まで彼のパーミッションは下りなかった。

そこで軍の検問で、名前を偽る、いわゆる〝なりすまし〟をするという危ない橋を渡ることになった。

今思い返しても、もしあのときパスポートの提出を命じられていたら、嘘がばれ、大きなトラブルになったかもしれない。

これは仏陀バンクスタッフでエコ・デベロップメントマネージャーのトォウンとアウンの戦略が功を奏した賭けだった。通常そこでの検問は、外国人の場合にはランダムに抜き打ちで車から降ろされ、パスポートチェックがあるが、下車命令が出ない場合はパスポートを見られることはない。それを知っていたアウンはトォウンに指示し、2つのオプションを用意した。そのとき運良く下車の指示がなかったため、トォウンは無言で〝なりすまし〟のゴーサインを出した。

助手席のウインドガラスから顔を突っ込んだ軍の兵士が刺すような視線で一人一人を物色しながら「ミスター佐和田はどいつだ?」。すかさずトォウンは菅原師範を指さす。何も聞かされてない彼だったが、とっさに状況を飲み込み「イエス」と答え、「何年生まれか?」との問いにも動じず問題なく答えた。さすが武道の達人、肝が坐っている。

冷や汗物の出来事ではあったが、アウンとしては、せっかく来てくれた日本人僧侶をなんとしてでも村人に会わせたい、僧侶にジュマ民族のことを知ってほしい、それにツアーを主催し今日まで仏陀バンクでジュマ民族のために尽くした伊勢や上川のために充実したツアーをアレンジしたい。そんな強い思いがあったからにほかならない。

検問を突破したわれわれは、ビプロップ達が待つランガマティ県のガグラ村に到着した。パーミッションの件を知ったビプロップが、これからも幾つか通らなければならないであろう軍の検問のことを考えリスキーと判断し、村での行事と交流の後、菅原師範はトォウンの引率で道を引き返しラグニア地区に戻った。ラグニア地区の仏陀バンク拠点、ダルマナンド(Dharmanando)寺内の孤児院に1人留まった彼は、子ども達に空手指導をして過ごすというひと味違ったスタディーツアーとなった。50人以上いる孤児院の少年達は大喜びし、彼が去った後も暫くの間、エイ! ヤー! オッス! の声が院内に響き渡ることとなる。

そしてその直後この孤児院で感動秘話が生まれた。

3カ月後、バングラデシュ史上最大の寒波が襲った。そこで院長のスマンガル僧からアウンを通し、孤児院の子ども達へのベッドや毛布など寝具支援の要請があった。「寒さに震える子ども達を助けてほしい」と。同孤児院出のアウンはその辛さを痛いほど知っている。最低気温6度の大寒波の中、冷たく硬いコンクリートの上で寝る子ども達には命に関わると言っても過言ではない。

それにより公式に「四方僧伽」の事務局に要請し緊急支援プロジェクトとして実行した。そのとき行ったキャンペーンは大きなシンパシーを呼び起こし、「四方僧伽」の会員や協力者はもちろん、SNSなどのネットワークを使って広がり、あっという間に必要額を十分満たす額が集まった。

そして告知からひと月以内に50人分のベッドと寝具一式の搬入を完遂した。寄付に協力してくれたのは圧倒的に子を持つ母、女性達だった。彼女達の真心が、孤児の子ども達の身体を暖めることとなる。

この経験は、現地と日本人スタッフ全員が感動を共有した瞬間だった。協力してくれた多くの人達にとっても、その共感の輪は測りしれない。目に見える成果として意義深い。現場に行く、行かないにかかわらず、日本の「四方僧伽」メンバー及びサポーター全員が主体的に、そしてリアルタイムに関わり、1つのことを成し遂げた。大勢の人を巻き込みSNSなどで皆が見守る中で、その可能性を証明してみせたのである。

このとき「四方僧伽」の理想的な姿を見た思いがしてならない。

最大のclose（寸前の惨事）

ツアー終盤、命に関わる危険なアクシデントが起きた。それはカプタイ湖の中洲にあるチャクマ族の村の帰り道に、水上で起きた。スピードボートで狭い運河を移動中、伐採された数えきれない丸太が水に浮かんでいるのに阻まれ、かなりの時間をロスする。そのため日が落ち始めて視界が悪くなり、浅瀬で座礁しかけたり、漁師の網が引っかかるなど、走行を阻むアクシデントが連続する。しかしこれはまだ序章にすぎなかった。

あたりはすっかり暗くなった。まずいことにボートには照明がなく、まさに闇夜の手探り走行となり、方向が分からず、無駄な旋回を繰り返す。懸念したのは燃料切れで遭難すること。カプタイ湖は日本の琵琶湖に匹敵するほど広い。

そうこうしているうち、警備のために、すぐ後ろにぴたっとついて走行していた警察官6人を乗せたスピードボートが突然視界を失い、われわれの乗ったボートの左後方に激しい勢いで激突した。爆発音にも似た「ドン、ガッガー！」との大きな音と共に突っ込んできたボートは、反動でくの字に旋回し、われわれの乗ったボートは左右に大きく揺れた。

幸運にも損傷は少なく全員無事だったが、もしこちらのボートが突っ込んできた警察の乗るスピードボートより船上が低ければ、間違いなくその勢いで警察の乗るボートは舟底から乗り

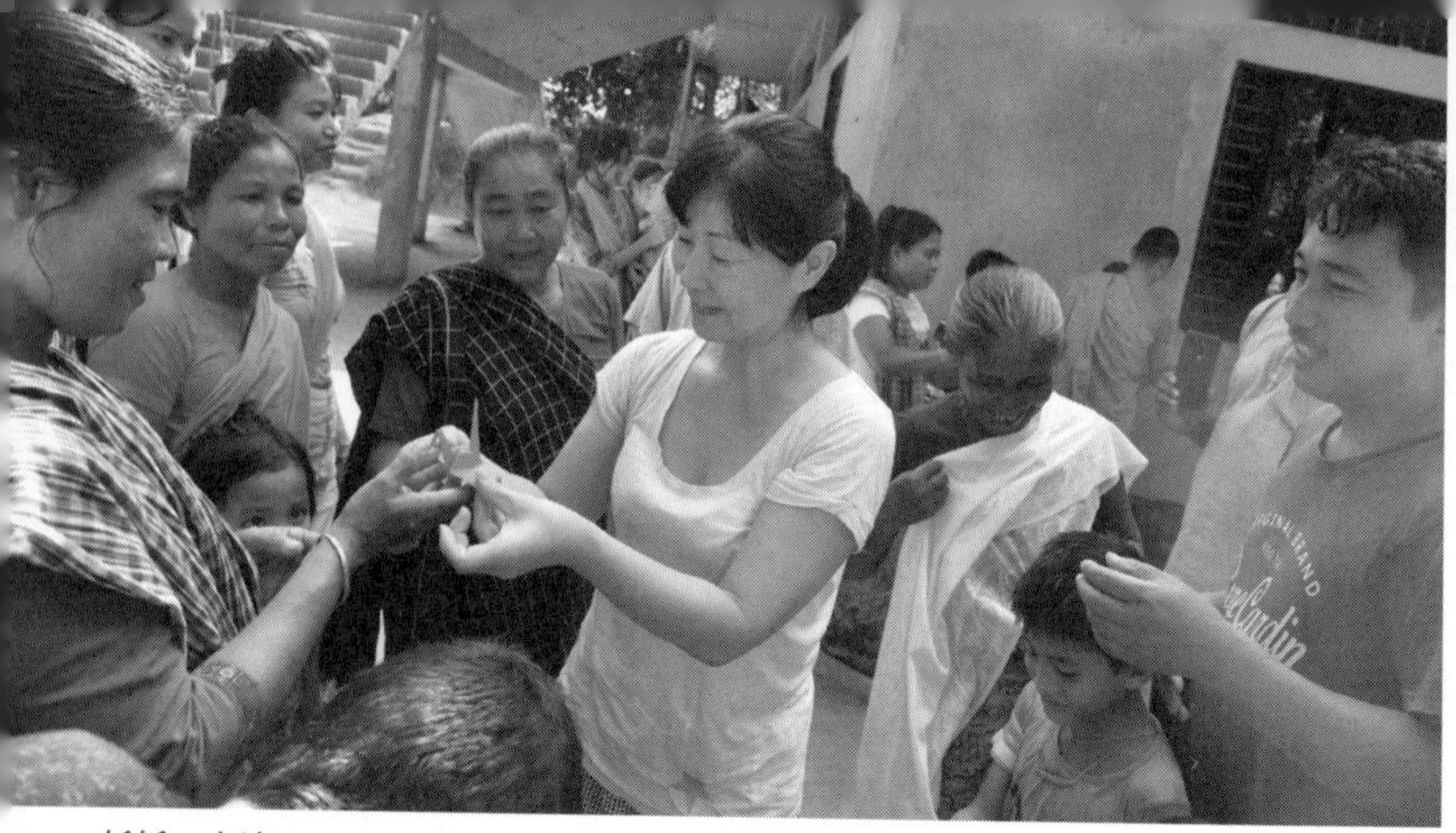

折紙で交流するスタディーツアー参加者

上げてジャンプし宙を舞っていた。そうなれば双方のボートとも横転、転覆していたかもしれない。それだけのスピードと大きな衝撃があった。救命胴衣なし、水深30メートル、カプタイ湖のど真ん中だった。闇夜での発見は不可能で、沈んだらもう上がらないだろう。そうなれば、湖底に沈んだチャクマの王宮や、たくさんのジュマの村のように、仏陀バンクも沈んだことだろう。

うさんくさい言い方だが、守られた、仏に生かされたと思うしかない……。

このように、第1回目のスタディーツアーは、チャレンジとスリルに満ちたものとなった。誰も参加しなくなっても文句の言いようがないこのようなアクシデントをあえて書くのは、翌2018年に再びスタディーツアーを実行した際、参加者全員がリピーターを希望し、さらにその翌年の2019年には、20人近くの希望者が現われ、その半分以上が僧侶だという明るい兆しによるものである。

NO86　希望

スタディーツアーの女性参加者の声として、強く印象に残ったことがある。それは仏陀バンクの融資額があまりに少額で驚いたということだった。それは紛れもない事実。

それもそのはず、提供する原資は1つの村落に平均5万タカ（約6万5000円）ほど、少ない所になると3万タカ以下の所もある。例えば100世帯、800人ほどの人口の村で、3万タカ（約4万円）を10人の受益者で分けるのだ。1カ所の地域の原資は、日本なら一晩の接待で、あっという間に飛んでいく。受益者1人の額は、小学生の月のお小遣いなみと言ってよい。

いくらシステムが素晴しくて順調にいったとしても、やれることに限界がある。率直な意見として「こんなはした金でいったい何ができるんだ」という声も多い。少人数しか借りられず、選別に不満や誤解を生むなど、さまざまな問題もある。

しかし、それがわれわれ「四方僧伽」にできる精一杯のことなのである。そしていつまでも継続できるとは限らない。だが、これだけは言える。仏陀バンクは俺たちの向かう希望の道、そして「夢」。

だから俺の目の黒いうちに100カ所村プロジェクトは達成しなければならない。

100カ所村プロジェクトの達成は終わりではない。むしろ始まり。それは、彼ら自身で運営する可能性と形を残すことに過ぎない。残すことができれば、きっと微かな「希望」となり、生きのびるのに役立ってくれるかもしれない。

言い換えれば、チッタゴン丘陵地帯の少数民族ジュマにとって、今の現状は、微かな希望もないに等しい……達成されるまでは、たとえ途中で俺が倒れても、きっと誰かが後を受け継ぎ希望の火を絶やさないことを願う。

千の村へ向けて……。

NO87　あとがき

個人的な心情かもしれない。だが、「四方僧伽」および「仏陀バンク」を代弁して、その願いとして記す。この双方の名前は、「僧」「仏」、の二文字が核になっていると言ってよい。したがって僧侶でも仏に仕える身でもない俺が代弁するというのは少々気が引けるが、あえて綴らしてもらう。

タイ、カンボジア、ミャンマー、スリランカなど主要な仏教国には毎年大勢の日本人僧侶が訪問する。失礼な言い方だが、一部を除き、そこまで必要とされているとは思えない。現代では以前のように切羽詰まった危機感は見て取れない。大勢いる地元の僧侶で十分足りているように見える。

せっかく仏の示した崇高で尊い使命の道に生きるのであれば、そこがたとえ異教徒の国であろうが、けっして安全とは言えない土地であろうが、望まれ必要とされる所へ出向くことが本望ではないだろうか……。

自分がもし医師や看護師なら「国境なき医師団」への参加を望むだろう。ジャーナリストなら「国境なき記者団」へ、自衛隊なら国連平和維持軍、またはレスキュー部隊に入り災害地などへ向かう。もちろん適正にかなえばだが、その努力は惜しまない。

一般の職業しかり、料理人なら被災地で炊き出しをし、ミュージシャンなら音楽を届ける。人としてそれらの道に進むと決めた動機の原点が、また理想の姿が、そこにあるのではないだろうか。大抵の人は、職につく動機として、その道を通して人のために尽くすこと、また世の中に役に立つことを純粋に切望したのではないか。

たとえ動機は違っても、続けるうちにそんな気持ちが芽生えるに違いない。警察官は市民を守るという情熱が、政治家は世の中を良くしようという思いの発露があっただろう。後にどう変わろうが、初心の思い、また、1度はそんな瞬間があったはずだ。そうでなければ、そいつは偽物としか言えない。

その行為は菩薩そのものであり、僧侶など聖職者のあるべき姿と何ら変わらない。

自分は、今でこそ写真家とか非営利機関の役員などの肩書きを持つが、元はと言えば美容師である。その誇りとモチベーションを保つことができたのは、人々を素敵に、美しく、そして幸せな気持ちにしたい、その喜んだ姿が見たい。それにつきる。

東日本大震災のボランティアでヘアカットをした時、長い美容師人生で、これほど、この仕事をしていて良かったと思ったことはなかった。どんな高額な報酬より価値のある、笑顔と感謝の気持ちをもらった。それは、かけがえのない宝となった。

知り合いの何人かの僧侶は、こんな時、何の役にも立てないと嘆いていた。「祈ることしかできない」と……。皮肉にも実際その時必要だったのは、製造の追い付かない棺桶と、フル回転でパンク寸前の火葬場の増築のほうだった。

寺院や僧侶が役に立たないのではなく、しがらみや慣習でがんじがらめで、本来の誓願に向かえないのではないのだろうか。

長く要職にあっても、初心の気持ちや動機を育んだ純粋な思いを、いざ実行するということは、職種に限らず極めて難しい。だが、もしそれを実現することができれば本望であり、かけがえのない人生となるのではないか。

それを実現できる舞台がここにある。

虐げられ、差別され、人権と財産を奪われた少数民族、バングラデシュの先住民、ジュマ民族の貴重な文化と歴史は失いかけている。今や取り残された絶滅寸前の仏教徒の存在が、ここに歴然とあるのだ。

それだけに仏陀バンクの使命は重く、火を絶やしてはならない。

僧侶にとって、そんな貴重な舞台がいったい世界中どこにあるというのか？　そばに寄り添い励ますことで、崇められ、心から喜んでくれる純真で信心深い仏教徒が、世界中どこに存在するというのか？

そんな情景は僧侶冥利に尽きると言っても過言じゃないだろう、と僧侶じゃない俺は思う。

著者にとって、この地を知り住民と出逢えたことは人生最大の喜びであり、仏陀バンクに関わつたことは人間冥利に尽きる。

伊勢祥延（いせ よしのぶ、写真家）

1960年北海道伊達市生まれ。中学卒業後美容師として働く。

1994年、写真スタジオを兼ねたサロン、Hair and Make Drawを札幌市に開業。

以後写真家として世界62カ国を撮影して廻る。自然被災地や紛争後の撮影がきっかけで人道支援グループ四方僧伽と巡り合い、共に活動を始める。

現在は仏陀バンクのプロジェクトリーダーを兼ねる。

主な出版物：写真集『Scenes』（1999年、自費出版）、写真集『TRIBAL VILLAGE』（2004年、新風舎）、写真集『Cambodian Voice』（2006年、四方僧伽北海道）、写真集『Little Tibet』（2010年、集広舎）、ドキュメンタリーフォトフォーリオ『子どもを産んで、いいんだよ』（2010年、寿朗社、撮影）

《監修》

上川泰憲（かみかわ たいけん、法華宗孝勝寺副住職）

1973年北海道夕張市生まれ。立正大学在学中に日蓮聖人入滅の地、池上本門寺にて4年間随身生活。その時、四方僧伽設立者井本勝幸氏に出会う。自坊にて副住職の任を務めながら、四方僧伽に賛同し、東南アジアを中心に仏教徒ネットワークの確立を目指す平和運動を行なっている。2014年3代目の代表就任。バングラデシュの少数民族仏教徒への「仏陀バンク」をメインプロジェクトに活動を展開している。

四方僧伽事務局
住所 〒061-3776 北海道石狩郡当別町太美町16 孝勝寺内
電話 0133-26-3755 または 090-6448-4730
ホームページ：http://www.catuddisa-sangha.org
（右QRコード）

仏陀バンクの挑戦 バングラデシュ、貧困の村で立ち上が
日本人と仏教系先住民たち

令和2年（2020年）4月8日 初版発行 定価(本体2,000円＋税

著者 伊勢祥延
発行者 川端幸夫
発行所 集広舎
〒812–0035 福岡市博多区中呉服町5番23号
電話 092-271-3767 FAX 092-272-2946
https://shukousha.com
装丁 クリエイティブ・コンセプト
印刷・製本 モリモト印刷株式会社

落丁本、乱丁本はお取り替えいたします。

ISBN 978-4-904213 91-9 C0036